Mein Everest

Andy Holzer

Mein Everest

Blind nach ganz oben

Patmos Verlag

VERLAGSGRUPPE PATMOS

PATMOS
ESCHBACH
GRÜNEWALD
THORBECKE
SCHWABEN

Die Verlagsgruppe
mit Sinn für das Leben

Für die Verlagsgruppe Patmos ist Nachhaltigkeit ein wichtiger Maßstab ihres Handelns. Wir achten daher auf den Einsatz umweltschonender Ressourcen und Materialien.

Umschlaggestaltung: Finken & Bumiller, Stuttgart
Umschlagfoto: © Wolfgang Klocker
Überarbeitet von Ulrich Beckers
Gestaltung, Satz und Repro: Schwabenverlag AG, Ostfildern
Druck: GGP Media GmbH, Pößneck
Hergestellt in Deutschland
ISBN 978-3-8436-1093-3 (print)
ISBN 978-3-8436-1109-1 (ebook)

Inhalt

HEIMKEHR I

Schlaftrunken erwache ich auf dem Beifahrersitz, neben mir sitzt meine Sabine, die gewohnt souverän den Wagen steuert, im Fond des Wagens meine Mutter. Meine beiden Freunde Wolfi und Klemens, die mir in den letzten Wochen Everest-Brüder und Lebensversicherung waren, folgen im Wagen hinter uns. Wir sind auf dem Weg nach Hause, in mein eigentliches Basislager. Vorhin haben wir das Nordportal des Felbertauern Tunnels passiert. Ich muss einen Moment geschlafen haben. Wo sind wir jetzt?

Die Heimkehr vom Dach der Welt ist, wie langsam und tief in ein gemachtes Bett zu fallen, wie eine Umarmung; in mir mischen sich Frieden, Glück und Erschöpfung, da ist Dankbarkeit und Demut. Ich lausche den vertrauten Stimmen um mich, aus dem Lautsprecher meines Handys meldet sich mein heimischer Mobilfunk-Betreiber zurück: Wir kommen an, es geht heimwärts.

Um 3 Uhr morgens Osttiroler Zeit sind wir in Kathmandu in die Maschine geklettert, jetzt ist es 20 Uhr 30. Seit mehr als siebzehn Stunden sind wir unterwegs.

Wir waren also tatsächlich oben, auf dem Dach der Welt. Noch kann ich nicht fassen, was wir erlebt haben. Drei Anläufe in vier Jahren hat es gebraucht, den Giganten zu besteigen, zweimal hat dieser unnahbare Berg uns abgeschüttelt. Katastrophen und Glücksmomente, Euphorie und Verzweiflung lagen auf allen drei Aufstiegen dicht beieinander, neue Freundschaften sind gewachsen – andere scheinen sich aufzulösen.

Es wird wohl Tage dauern, all das zu verdauen. Jetzt, in diesem Moment, überwiegen die Erschöpfung und das stille Glück, gesund zu sein; das noch zögerliche Wissen, es tatsächlich geschafft zu haben. Weiter kann ich gerade nicht denken.

Umso mehr freue ich mich auf die irdischen Wohltaten des Ankommens: ein heißes Bad, ein feines Abendessen mit Sabine. Allein die Vorfreude darauf, nach acht Wochen der Kälte und Entbehrung endlich im eigenen Bett schlafen zu dürfen, ist ein Gefühl wie Weihnachten.

Sabines vertraute Lenkbewegungen wiegen mich in Sicherheit. Und doch befremdet mich etwas: Sollte es hier – nach dem Südportal des Tunnels – nicht geradeaus gehen? Der vertraute Weg nach Tristach ist das nicht – unsere aktuelle Route ist mir fremd. Ist vielleicht seit unserer Abreise am 3. April die Straßenführung verändert worden? Gibt es einen Stau oder fahren wir eine Umleitung? Irgendetwas passiert hier gerade.

Sabine setzt den Blinker, sie fährt rechts ran. Jemand öffnet die Beifahrertür von außen.

Noch bevor ich realisiere, was hier gespielt wird, finde ich mich in der Umarmung meines Freundes Anda wieder, der mir in den letzten Jahren einer der wichtigsten Vertrauten war. Anda, der nicht mit auf den Everest konnte und der doch immer dabei war. Aber da sind noch mehr Menschen, viel mehr: Um mich herum singt ein freundliches Stimmengewirr, es folgen unzählige Umarmungen und Hände, die mich begrüßen, Schultern, Haare, Nasenspitzen und Wortfetzen, eine Klangwolke aus Blasmusik schwebt herüber ... Spielt hier tatsächlich eine Blaskapelle? Tut sie das etwa für uns? Erst jetzt begreife ich: Das hier ist ein Empfang, ein ganz offizieller, hier am Eingang nach Osttirol – und er gilt uns Everest-Heimkehrern Klemens, Wolfi und mir!

Freunde sind gekommen, eine Abordnung des österreichischen Bundesheeres ist vor Ort und eine Vertretung der »Alpenraute«, unseres Alpin-Vereins. Die drei Bürgermeister unserer Heimatgemeinden Untertilliach, Amlach und Tristach geben sich die Ehre, ebenso der Vorstandsdirektor der Felbertauernstraße, Gemeindevertreter aus Matrei, die Bezirkshauptfrau von Osttirol und wer nicht noch alles. Wir sind gerührt.

Zum Glück erwartet niemand, dass wir jetzt schon einen Reisebericht liefern oder Rede und Antwort stehen; wahrscheinlich ist uns – bei all der Freude – die Erschöpfung anzusehen. Und so lässt man uns bald wieder ziehen.

Wieder im Auto gleiten wir durch das Iseltal, von dort geht es Richtung Lienz, und diese halbe Stunde Autofahrt vergeht wie in Trance.

Bald zeigen mir die vertrauten Straßenprofile, wo wir sind: Da ist der Kreisverkehr in Lienz, das Rechtsabbiegen bei der Amlacherkreuzung und die Adegkreuzung in der Tristacherstraße. Im Kopf fahre ich die Strecke mit.

Aber dann verliere ich den Faden: Sabines Fahrstil ist jetzt zögerlich, sie biegt ab. Jetzt ist sie von der Lavanterstraße rechts in Richtung Kirche abgefahren. Sowohl Sabine als auch meine Mutter lassen diesen Richtungswechsel unkommentiert und ich denke mir meinen Teil: Da kommt also noch was! Oh je, da hat sich wer zu früh gefreut auf das warme Bettchen ...

MEIN WEG IN DIE BERGE

Wer immer sich auf den Weg macht, um seiner Leidenschaft zu folgen, wer den Kopf freihält und Fantasien zulässt, der hat auch einen Traum. Da ist zum Beispiel die Läuferin, die sich immer neu beweist, was zu leisten sie imstande ist. Vielleicht hat sie das Laufen erst spät entdeckt; womöglich hat sie nicht gewusst, was in ihr steckt. Und mit jedem Trainingsfortschritt setzt sie sich neue Ziele. Sie wird alles tun, um einmal dabei zu sein, beim New York Marathon.

Kleine Jungs träumen von Sportwagen. Wann immer sie einen Bugatti, Ferrari oder Porsche vorbeifliegen sehen, verrenken sie sich die Hälse. Und parkt so ein Bolide am Straßenrand, schleichen sie ehrfürchtig um das Objekt ihrer Träume und drücken sich die Nasen an der Scheibe platt, um wenigstens einen Blick auf den Tachometer zu erhaschen. Sie träumen sich auf den Fahrersitz, wollen einmal Pilot sein in diesem Boliden.

Oder nehmen wir die talentierte Pianistin, die sich schon als kleines Mädchen ihrem Instrument verschrieben hat; seit ihrer Schulzeit drückt sie die Klavierbank und studiert mit Hingabe die Meisterwerke der Klavierliteratur. Abends sitzt sie, zusammen mit hundert anderen Musikbegeisterten, in der Philharmonie und lauscht der Darbietung eines Solisten – und sehnt sich selbst hinauf aufs Podium. Sie träumt sich an dieses Instrument, dass ihr tatsächlich Flügel verleiht.

Für jeden, der seinen Wünschen nachgeht, formuliert sich fast wie von selbst ein Wunschziel, ein Sehnsuchtsort, ein Objekt der Begierde. Früher oder später liegt es klar vor dir: Es ist einfach das »Ding«, das dich motiviert, herausfordert, inspiriert. Dabei ist es zunächst nicht mal wichtig, ob du diese Zielmarke je erreichen wirst. Es ist die Magie, die Anziehungskraft des Ziels selbst, die enorme Kräfte in dir freisetzt. Diese Begeisterung für die Sache ist die Quelle, die uns täglich

Energie verleiht, geduldig macht und vielleicht sogar ein wenig demütig.

Ich war neun Jahre alt, als ich meine Leidenschaft für das Klettern entdeckt habe. Meine Eltern gaben meinem sehnlichsten Wunsch nach, mit mir, dem kleinen, geburtsblinden Andy, doch mal auf einen für mich auch heute noch anständigen Kletterberg zu steigen. Sie ahnten damals nicht, dass es mir genau dort, im steilen Gelände, viel leichter fallen würde, mich zu orientieren und selbstständig zu bewegen. Denn an der Kletterwand kann ich die Welt mit Händen und Füßen begreifen, das Gelände lesen und mich ganz ohne Augenlicht zurechtfinden.

Dieses erste Klettern, damals am 16. August 1975, war eine Initialzündung. Plötzlich waren mein Vater und meine Mutter nicht mehr schneller als ich; es ereignete sich ein Rollentausch – ich konnte Teile des felsigen Aufstieges sogar als Erster vollziehen.

Der Moment, als ich das Gipfelkreuz mit eigenen Händen berühren durfte, als ich erstmals so plastisch realisierte, dass alle Grate hier oben zusammenlaufen und wir wirklich am höchsten Punkt waren, dieser Moment nahm mir alle Fesseln ab und ich fühlte mich frei wie nie zuvor.

Dieser für mich so klare Weg direkt am steilen Abgrund, den auch Menschen mit Augenlicht nur mit Respekt gehen können, gab mir das Gefühl von wahrer Gleichberechtigung gegenüber den Sehenden. Und so ging dieser Tag da oben am Spitzkofel in den Lienzer Dolomiten nicht spurlos an mir vorüber. An diesem glücklichen Tag war der Samen der Begeisterung in mir gepflanzt.

Allerdings brauchte es noch Jahre der Entwicklung, bis ich mich wirklich als Bergsteiger begriff. Und vielleicht waren gerade die Jahre, in denen ich eben nicht auf Berge stieg, entscheidend für eine gesunde Entwicklung.

Mit 15, 17 oder mit 19 Lebensjahren hätte ich wohl noch nicht das Spektrum der Gefahren einschätzen können, das mich bei einer Tour in die Felswand erwartet; noch weniger wäre mir in diesem Alter bewusst gewesen, wie diese Risiken trotz meiner eigenen Einschränkung zu meistern sind. Vielleicht wäre ich mit 18 Jahren abgestürzt, wenn mich ein Bergsteiger damals schon mit in einen ernst zu nehmenden Fels genommen hätte.

Heute weiß ich, es war richtig und gut, dass mein Vater, der meinen innigsten Wunsch kannte, gewartet hat in all den Jahren. Erst als ich 23 Jahre alt war, hielt er die Zeit für gekommen, mir einen passionierten, erfahrenen Bergsteiger an die Seite zu stellen, den Bruckner Hans.

Mit Hans, dem so liebenswürdigen, störrischen und um 33 Jahre älteren Kletterer, und meiner Mutter, die bis dahin noch nie an ein Seil gebunden war und mir damit einfach nur helfen wollte, zog ich damals im Herbst 1990 zum ersten Mal mit Seil und Haken los, um die höchste Spitze in den Lienzer Dolomiten zu erklettern. Schwierigkeitsgrad II an der Großen Sandspitze war damals für mich das Ärgste, was ich mir als blinder Kletterer vorstellen konnte. Hans wurde schon bald ein wirklich guter Freund und er ist auch heute, nach so vielen Jahren, immer noch derjenige, dem ich mein Bergsteigerleben am meisten verdanke.

Die Kletterwochenenden mit Hans liefen meist nach demselben Muster ab. Samstags erkundete ich als Seilzweiter und unter Hans' erfahrener Führung eine neue Route. Und am Sonntag darauf stieg ich dieselbe Tour als Seilführer hinauf – und am anderen Ende meines fünfzig Meter langen Kletterseiles kamen Sabine oder meine Mutter hinterher gekraxelt, fluchend und schnaubend.

Meine ersten Erfahrungen als Seilschaftsführer lieferten mir die stärksten Impulse für die Entwicklung meines Selbstbewusstseins und den Umgang mit der Verantwortung.

Ich spürte in diesen Momenten glasklar: Es gibt jetzt keinen anderen auf diesem Planeten, der es in der Hand hat, ob unsere Seilschaft direkt auf den Friedhof oder in eine herzerwärmende Gipfelstunde geführt wird. Es liegt einzig und alleine an mir.

Und wenn es eben nur an mir liegt, dann habe ich noch nicht verloren. Dann habe ich noch nichts falsch gemacht. Dann habe ich alle richtigen Entscheidungen zur Verfügung. Natürlich auch alle falschen.

Dieses Maß an Verantwortung hat mich anfänglich sehr gefordert, später dann umso mehr beflügelt. Mit dieser Herausforderung umzugehen, musste ich erst lernen. Zuerst ist diese Situation kaum zum Aushalten, später wird es zur Wachheit und am Ende zum Salz des Daseins.

Mit den Jahren gesellten sich neben Sabine, meiner Mutter und dem Bruckner Hans noch weitere Bergpartner dazu und so wuchsen meine Fähigkeiten stetig.

1994 im September machte ich meine erste, unmittelbare Erfahrung mit einem schweren Alpinunfall in meiner Seilschaft. Hansjörg, mein damaliger Partner, stürzte in der ersten Seillänge der Laserzkopf Nordwand in den Lienzer Dolomiten dreißig Meter in die Tiefe und verletzte sich schwer.

Wieder sah ich mich mit dieser Frage konfrontiert: War das Klettern tatsächlich mein Weg? War dieser Unfall ein Signal für mich, es sein zu lassen – oder war er einfach eine hautnahe Verdeutlichung der Tatsache, wie nahe am Abgrund eigentlich jedes Leben steht?

Dank Sabines Hilfe und der meiner Eltern kam ich wieder auf die alpinen Beine und ging meinen Weg weiter. Ende der Neunzigerjahre konnte ich schon richtige ernste Felstouren in den Ambezaner, Sextener oder Lienzer Dolomiten klettern. Im Winter galt jedes Wochenende dem Pulver- oder Firnschnee, wenn wir auf unseren Tourenskiern ausrückten.

Am 18. August 2002 ereignete sich der nächste, schreckliche Rückschlag. Ich stand an einem der Sicherungsstandplätze in der direkten Laserz Nordwand in den Lienzer Dolomiten, circa vierhundert Meter über einem nach unten sich weit öffnenden Abgrund – die Wand ist hier überhängend – als plötzlich der Körper meines Freundes Sepp von oben über mich hinwegschoss; ich konnte von meinem lieben Freund, der danach etwa acht Meter unter mir in der leicht überhängenden Wand hing, nur noch ein leises Kratzen und Schürfen vernehmen, als sein bereits toter Körper am noch immer pendelnden Seil die umliegenden Felsausbauchungen streifte.

Als ich vier Tage darauf neben Sepps Frau Berti am Friedhof von Hermagor hinter Sepps Sarg zu seiner letzten Ruhestätte ging, kam wieder diese ganz große Frage auf.

Muss das Bergsteigen sein? Hat es nicht schon genug Opfer gegeben? Bist du vielleicht der Nächste?

Die Frage nach Sinn oder Unsinn will hier nicht greifen. Die Frage ist vielmehr: Ist es mein Weg oder ist es nicht mein Weg?

Wieder brachten mich an erster Stelle meine Sabine, aber auch meine Mutter und mein Vater, der Bruckner Hans und einzelne andere Bergsteiger zurück in die Spur. Es war nicht mein Unfall, es war der Weg und der Fall vom Sepp, das wurde mir dann immer klarer.

Wieder kaufte ich ein neues Seil, wieder träumte ich nachts von den Felswänden. Und immer öfter nahmen mich richtig starke und erfahrene Kletterer mit in die Wand. 2004 durfte ich nach der Durchsteigung der Gelben Kante an der Kleinen Zinne in den Dolomiten auch noch als erster und bis heute einziger blinder Kletterer die Nordwand der Großen Zinne, die Comici-Route, durchklettern, 2005 dann den Pilastropfeiler an der Tofana.

Im September 2005 bereiste ich zum ersten Mal einen anderen Kontinent. Auf Einladung meines Freundes Erik Weihenmayer, dem neben mir einzigen blinden Berufsbergsteiger und Everest-Bezwinger weltweit, flog ich nach Afrika. Gemeinsam mit meinem Freund Peter Mair aus Dölsach in Osttirol und Eriks Freunden erstiegen wir den Gipfel des Kilimandscharo in Tansania. Eriks Unterstützung hat mir diesen Trip zum höchsten Berg Afrikas ermöglicht; logistisch und finanziell wäre ein solches Unternehmen für mich damals utopisch gewesen.

Von da an ging es nun jährlich auf Tour für mich und meine Freunde. Schon im Frühjahr 2006, bei meiner ersten selbst geplanten und finanzierten Reise, brach ich mit Freunden zum Gipfel des Elbrus auf, dem höchsten Berg Europas.

Im Januar 2007 konnte ich mit Peter Mair das Dach Südamerikas ersteigen und im Mai 2008 den First von Nordamerika, den Mount McKinley.

Im Herbst 2007 hatte ich überraschend meinen ersten Flirt mit dem Mount Everest. In den Medien erschien ein Bericht über meine Geschichte und meinen Weg in die Berge. Dieses Feature erregte die Aufmerksamkeit eines damals in Österreich recht bekannten Bergsteigers und Expeditionsanbieters. Walter ist ein erfahrener Bergführer, er hat schon mehrfach Gäste auf den höchsten Berg der Welt geführt. Am Telefon war er ausnehmend freundlich. Und er präsentierte mir seine Idee: Er wollte mich als ersten blinden Bergsteiger Europas auf das Dach der Welt führen.

Grundsätzlich war das eine grandiose Chance und geniale Fügung; der Everest war doch genau das, was jetzt in meinen Bergsteigerkalender passen würde. Aber da meldeten sich auch Zweifel in mir. Weiß Walter überhaupt, wer ich bin und wie ich funktioniere, kann er sich vorstellen, wie fein die Symbiose zwischen mir und meinen Partnern am Berg gestrickt ist, wie wir im Ernstfall die Balance halten?

Ich wollte Walter in jedem Fall kennenlernen und so lud ich ihn auf eine Skitour im Großglocknergebiet ein. Anda begleitete uns als mein Personal Guide – nur das Wetter war nicht gerade perfekt. Auf circa 3100 Metern erreichten wir die Burgwartscharte, unser Tourenziel. Die wunderbare Skitour endete bei tobendem Pulverschnee und einer rasanten Abfahrt im Einkehrschwung zum Lucknerhaus und so waren wir am Ende alle glücklich.

Walter zeigte sich beeindruckt. Wenig später trafen wir uns in der Nähe von Salzburg wieder, um bei einem potentiellen Sponsor vorstellig zu werden. Walter hatte diesen Termin organisiert; er war fest entschlossen, mit mir auf den Everest zu steigen. Leider blieb dieses Meeting ohne Erfolg und so lösten sich unsere Pläne wieder auf. Aber mein Interesse am Everest war von da an geweckt.

Im Frühjahr 2009 ging die Reise zum ersten Mal in den Himalaya, und ich bekam von Lore und Hans, lange schon beste Freunde von Sabine und mir, die einmalige Gelegenheit, gemeinsam mit ihnen und mit zwei Freunden meinen ersten Achttausender zu versuchen. Leider mussten wir im Mai 2009 auf circa 7100 Meter Seehöhe im Camp II am Cho Oyu, dem mit 8201 Metern sechsthöchsten Berg der Erde, wegen eines fürchterlichen Sturms den Rückzug antreten.

Schon im August desselben Jahres flog ich mit Anda zur Carstensz Pyramide nach Westpapua, dem höchsten Punkt Ozeaniens; wir erreichten den Gipfel am 30. August 2009.

Zwischen all diesen Tour- und Reise-Highlights führte ich mit meinen engsten Freunden jährlich an die zweihundert Bergtouren durch, meist in den heimischen Bergen. Im Sommer waren wir im Fels unterwegs und im Winter auf meist perfektem Schnee.

Uns sind auf diesen Touren sicher auch große sportliche Erfolge geglückt, doch solche alpinen Leistungen blieben meist im Verborgenen. Aber hier in den Heimatbergen holen wir uns das Rüstzeug für die Touren auf die extrem hohen Berge dieser Welt, für die besonderen Momente, in denen es drauf ankommt, die körperliche und mentale Leistung auf den Punkt zu bringen.

2010 entwickelte ich ein Charity-Reiseformat, die »Bottom to Top«-Reisen. Diese Reiseidee, bei der ich mit Leuten auf dem Weg bin, die mit mir gemeinsam etwas erleben möchten, hat sich auch zum Ziel gesetzt, den Mehrwert dieser Unternehmungen blinden Menschen in der Dritten Welt zugutekommen zu lassen. So stieg ich im August 2010 mit 19 Teilnehmern der »Bottom to Top«-Reise noch einmal auf das Dach von Afrika, den Kilimandscharo auf 5895 Meter Seehöhe.

»Bottom to Top 2« führte im Januar 2012 auf den Mount Kenya, Afrikas zweithöchsten Berg. Ecuador und die Galapagosinseln waren der Aufhänger für »Bottom to Top 3«. Leider hielt uns das Wetter und akute Lawinengefahr vom Erreichen des Kotopaxi ab. Im Dezember 2010 gelang es mir, gemeinsam mit Andi, Thomas und Udo, den höchsten Berg der Antarktis zu besteigen, den Mount Vinson.

Mit dem Versuch an der Shisha Pangma, dem mit 8027 Metern kleinsten Achttausender, reiften meine Reiselust und meine Gabe zum Organisieren weiter heran. Leider musste ich dort um 8 Uhr morgens bei gutem Wetter auf circa 7700 Metern und nur dreihundert Meter unter dem Zentralgipfel wieder umkehren. Diesmal war es nicht das Wetter, diesmal lag es auch nicht an mir, dieser Tag war einfach nicht der Tag meiner Freunde. Für mich war damals die Umkehr eine harte Entscheidung, die ich aber niemals bereut habe. Mir war dort oben sonnenklar, wer mich bis hierher gebracht hatte: Anda, Hansjörg und Udo. Bis Lager 3 ging ja alles perfekt, nur am Gipfeltag, dem 17. Mai 2011, musste der Rest des Teams passen. Hansjörg musste wegen Kälte schon wenige Meter oberhalb von Lager III umkehren. Auch Anda gab eine Stunde später auf, auf vielleicht 7200 Metern. Und Udo vermittelte mir auf 7700 Metern, dass es für ihn keinen Sinn mehr machte. Als ich mit unserem Sherpa Lackba gegen 11 Uhr am Vormittag schon wieder unten an unserem Lager III eintraf, gab es bei mir und auch bei meinen Burschen Tränen, weil ich nicht weitergestiegen war. Aber schon beim darauffolgenden Abstieg war ich glücklich über meinen Verzicht, denn alleine, begleitet von einem nepalesischen Sherpa, hätte der Gipfelsieg für mich keinen Sinn gehabt.

2012 und 2013 folgten Touren nach Norwegen, Grönland, in die Türkei und nach Jordanien …

Und dann rückte der Berg der Berge in meinem Fokus.

DER EVEREST

Ein Ziel war also geblieben, nach all den Gipfelsiegen und über all die Jahre des begeisterten Bergsteigens hinweg: der Mount Everest. Viele Bergsteigerkollegen und auch solche, die wenig Ahnung haben, reden mittlerweile kritisch über diesen Giganten. Angeblich ist es keine Großtat mehr, dort hinaufzuklettern; fast scheint es, als sei der Aufstieg zum Freizeit-Event verkommen. Es ist auch viel diskutiert worden über angeblichen Massentourismus, die Umweltverschmutzung im Himalaya, über die Kommerzialisierung des Extrembergsteigens. Und nicht zuletzt über die vielen Katastrophen, die sich dort abgespielt haben.

Auch ohne das hier detailliert zu behandeln, möchte und kann ich das alles nicht ganz abtun. Es stimmt tatsächlich: Der Everest hat sich tatsächlich gewandelt – im Bewusstsein der Öffentlichkeit.

Aber das hat nichts mit dem Berg selbst zu tun. Der höchste der Achttausender ist ein unnahbarer Geselle und kein Menschenfreund. Er bleibt nach wie vor unberechenbar und das macht ihn zu einer Herausforderung der ganz anderen Art.

Ganz sicher gibt es Berge, die von einem Alpinisten eine feinere Klettertechnik verlangen. Es mag auch Bergriesen geben, die landschaftlich reizvoller liegen, einfach weil sie allein dastehen und weniger massiv und klotzig daherkommen als der Everest.

Was den Everest herausragen lässt aus all den anderen Giganten, das ist seine extreme Höhe über dem Meeresspiegel. Stell dir vor, dich wirft jemand aus einem Verkehrsflugzeug in über 8000 Meter Flughöhe. Es herrschen bis zu vierzig Grad minus, dir bläst ein eisiger Wind um die Ohren, vom normalen Sauerstoffgehalt der Atemluft steht dir nur noch ein Drittel zur Verfügung: das kannst du eigentlich nicht überleben. Und jetzt schnall dir einen Rucksack auf den Rücken und bringe die größte körperliche und mentale Leistung deines Lebens.

Es braucht tatsächlich Monate der Vorbereitung und Wochen der körperlichen Anpassung an diese fast außerirdischen Bedingungen, bis dein Körper da mitspielt. Und selbst wenn du alles richtig machst, die perfekten Partner an deiner Seite hast, dein Training stimmt, dein Geist stabil ist, die Technik nicht versagt und dein Body dich nicht im Stich lässt, dann kann es sein, dass du hundert Meter unter dem ersehnten Gipfel umkehren musst, einfach weil der Everest es sich anders überlegt hat. Der eben noch azurblaue Himmel verfinstert sich in Momenten, die Temperatur fällt gnadenlos ab und der Gipfel verbirgt sich hinter Schneesturm und Wolkenbänken, das schmale Zeitfenster für deinen Gipfelsieg schließt sich. Um das zu überleben, musst du bis zum letzten Moment einen kühlen Kopf bewahren: Du musst bereit sein, loszulassen und umzudrehen, so kurz vor dem Ziel.

Abgesehen von meiner kurzen Episode mit Walter und seinen Plänen für einen gemeinsamen Everest-Versuch im Herbst 2007 war der Berg der Berge zuvor kein ernsthaftes Ziel für mich. Natürlich habe ich von klein auf alle Geschichten rund um diesen magischen Berg aufgesaugt. Der heldenhafte Versuch von George Malory und seiner Mannschaft war mir genauso vertraut wie die Erfolgsstory von Edmund Hillary und Tenzing Norgay; der Mount Everest war ein mystischer Sehnsuchtsort meiner Kindheit. Aber eine tatsächliche Reise auf diesen Giganten erschien mir lange so wirklichkeitsfern wie ein Trip zum Mars.

Was tun wir mit den Zielen, die uns unerreichbar erscheinen? Wir reden sie klein, wir nivellieren sie. So war es auch bei mir. Mich interessierte dieser Berg als Reiseziel lange Zeit überhaupt nicht.

Zum einen schien der Everest schon deswegen nicht auf meinem Weg zu liegen, weil er mir und meinen eingeschränkten bergsteigerischen Möglichkeiten nicht besonders entgegenkommt. Ich bin ein Kletter-Spezialist, aus den oben bereits genannten Gründen. Die Art des Steigens am Everest dagegen sieht ganz anders aus. Dieses unwegsame Wandergelände, übersät mit unzähligen Stolpersteinen, dazu die unregelmäßigen Gletscheroberflächen, Schotterquerungen und Moränen, dieses Marschieren im aufrechten Gang und dazu noch in einer

Menschenkette, in der man von hinten Druck bekommt und nicht sein eigenes Tempo wählen kann: Nein, das alles schien mir lange keinen ernsthaften Gedanken wert.

Zum anderen war da die Frage der Finanzierung. Es war ja seit zehn Jahren Teil meiner Expeditionsphilosophie, dass ich nicht nur für die Logistik und Planung der Reisen die Verantwortung übernahm, sondern auch für die Frage der Bezahlung. Und da stellte der Everest einen Quantensprung dar; einen Trip zum Mount Everest für ein Team von drei bis vier Leuten zu finanzieren, das lag sehr lange außerhalb meiner Möglichkeiten.

KEYNOTE SPEAKER

Bis ins Jahr 2009 habe ich mein Geld als Heilmasseur und Musiker verdient. Meine finanziellen Möglichkeiten waren also begrenzt. Mein Vertrauen ins Unbekannte, gepaart mit dem nötigen Tritt ins Hinterteil, den mir mein Freund Anda im richtigen Moment gab, waren die Faktoren, die diese Situation grundlegend geändert haben.

Im Frühjahr 2004 erhielt ich eine Einladung ins Österreichische Fernsehen. Barbara Stöckl gab mir die Möglichkeit, in ihrer Freitag-Abend-Talkshow den Zuschauern einen Einblick in meinen Lebensweg zu vermitteln. Das Interview selbst lief für mich jedoch recht unbefriedigend. Mir als Blindem werden oft dieselben, banalen Fragen gestellt und das läuft dann auf klischeehafte Antworten hinaus. Zum Leidwesen der Moderatorin übernahm ich also die Interviewführung selbst, um in der begrenzten Sendezeit wenigstens ein paar Kernbotschaften loszuwerden.

Am nächsten Abend saß ich mit Sabine beim Abendessen, als das Telefon läutete. Der Generaldirektor einer großen Ölfirma war am Apparat. »Herr Holzer, ich habe Sie gestern Nacht im TV erlebt. Ich bin heute noch schwer beeindruckt und mir zittern die Knie, wenn ich daran denke, Sie persönlich in der Leitung zu haben.« Er kam dann gleich mal zum Punkt.

»Herr Holzer, ich brauche Sie unbedingt bei unserer nächsten Tagung für Automobilhändler im Herbst in Villach.«

»Als was brauchen Sie mich, als Masseur oder als Musiker?«

»Weder noch, Herr Holzer! Ich möchte, dass Sie den Händlern Ihre Geschichte erzählen, genauso, wie Sie das gestern im Fernsehen getan haben.«

Ich war verunsichert und machte ihm klar, dass ich tatsächlich noch nie eine Rede, einen Vortrag oder Ähnliches gehalten hatte. Ich bot ihm also an, mit meinem Dolomiten-Duo zu kommen und auf seiner Tagung für musikalische Unterhaltung zu sorgen.

Aber der Direktor wollte mich als Redner und war sich seiner Sache sicher:

»Wissen Sie was, Herr Holzer? Ich weiß, dass Sie das können! Bitte kommen Sie und waschen Sie diesen jammernden Automobilhändlern ordentlich den Kopf.«

Kurzerhand sagte ich ihm zu und legte auf.

Sabine war etwas perplex und wollte wissen, was genau ich da jetzt zugesagt hätte. Für mich war diese Entscheidung ein Schritt ins Ungewisse. Aber es sind genau solche Momente der Ungewissheit, die ich seit Kindestagen trainiert habe. Für einen blinden Menschen ist es ganz natürlich, dass der nächste Schritt zuerst einmal ins Ungewisse führt.

Mir fiel die Zusage zu diesem Vortrag nicht besonders schwer, ich fühlte mich sogar ganz gut damit; da war eher diese kindliche Neugier auf das, was kommen mochte, und wie ich damit umgehen würde. Der Direktor hatte ja meine Nummer gewählt, nicht ich seine. Und er war sich seiner Sache sehr sicher gewesen.

Strategisch allerdings hatte ich keinen Plan. Wie wollte ich das angehen? Wie schreibt man eine Rede? Was würde ich dort, auf dieser Tagung, vor einem Auditorium von 800 Händlern zu sagen haben? Wie spricht man vor solchen Leuten? Ich wusste nicht im Ansatz, wie ich diesen Abend füllen sollte. Zudem wäre ich vermutlich der Einzige im Saal, der nie selbst ein Auto gefahren ist – und ausgerechnet ich sollte die Leistungsträger der Branche motivieren?

Und an solchen Punkten kann ich mich auf meinen Freund Anda und seinen Rat verlassen.

Anda wohnt mit seiner Mira und seinen reizenden Töchtern Rosa und Lore nur fünfhundert Meter von meinem Haus entfernt. Er ist elf Jahre jünger als ich und arbeitet als Bauingenieur. Vom Wesen her ist Anda zurückhaltend bis schüchtern, aber im vertrauten Rahmen – ob mit mir am Seil an der Felswand oder im Sturm an einem Berg-Camp auf über 7000 Metern – da macht er sein Herz weit auf und gibt mir damit einen wertvollen Zugang zu seinem Innersten.

Kaum jemand kennt mich so genau wie Anda und ist in der Lage, mir ein präzises Feedback zu meinem Verhalten und meiner Wirkung auf andere zu geben. Dabei schlägt er auch die ehrlichen, harten Töne an, die man nur im Rahmen einer verlässlichen Freundschaft schmerzfrei äußern kann. So gewährt mir Anda seit gut 15 Jahren, während unseren Touren und endlosen Autofahrten, ein unbezahlbar wichtiges »Coaching« – auch wenn er selbst das nicht so nennen würde. Anda weiß, wann er mich bestärken muss und wann er mich besser zurückhält. Manchmal scheint es fast so, als könnte er für mich ein Stück vorausschauen.

So sprach er schon im Sommer 2003 von meiner anstehenden Everest-Besteigung und dass er dort im Basislager mein Koch sein würde. Anda ist es auch, der bei Film- und Fernsehaufnahmen, zum Beispiel beim Dreh meines Kinofilmes »Unter Blinden«, für mich die Locations aussucht. Er hat diesen dreidimensionalen Blick und das Vorstellungsvermögen, wie dieser oder jener Winkel später auf der Leinwand wirkt. In diesem Punkt traue ich Anda und bin ihm sehr dankbar, weil genau dieser Gesamtüberblick mir leider verwehrt bleibt. Als ich also einen Rat brauchte bezüglich meines Engagements als Vortragsredner, da war Andas Antwort glasklar: »Andy! Da musst du ran, das ist genau dein Ding!«

Der Sommer verging und mein großer Auftritt geriet aus meinem Fokus – bis mich Sabine daran erinnerte, dass wir noch die Zugtickets nach Villach organisieren mussten. Zur Tagung fanden wir uns pünktlich im Foyer des Kongresshauses in Villach ein; hier war offenbar gerade Pause, es herrschte lautstarkes Gedränge. Ich ließ mich an Sabines Schulter durch das Chaos leiten, bis eine kräftige Hand die meine drückte und ich den sonoren Bass des Direktors vernahm. »Herr Holzer, ich freu mich wahnsinnig, Sie hier begrüßen zu dürfen.«

Während ich an Sabines Seite bemüht war, eine gute Figur in dieser ungewohnten Situation zu machen, schossen mir die sorgsam verdrängten Fragen ins Bewusstsein: *Aber was mache ich hier? Was soll ich sagen? Was wird von mir erwartet?* Diese rationalen Gedanken besänftige ich immer wieder mit meinem guten Gefühl und dem Wissen, dass ich nicht zufällig hier war. Außerdem hatte ich dem Herrn Generaldirektor gegenüber ja nie behauptet, ein professioneller Redner zu sein. Er hatte das behauptet.

Einige Stunden später wurde ich dann endlich vom Moderator als Highlight des Tages auf die Bühne gebeten. Im Saal konnte ich diese verbrauchte Arbeitsatmosphäre fühlen; das Präsentieren und Diskutieren über die mit Power Point an die Wand geworfenen Verkaufsstatistiken, der ganze Frust, Stress und die Müdigkeit dieser Tagung lagen in der Luft. Und jetzt sollte ich diese verkaterte Stimmung aufmöbeln?

An Sabines Schulter ging ich durch den Saal, die lange, breite Treppe hinauf zu Heinz Brüller, dem legendären, österreichischen Formel-1-Moderator, der für diese Tagung als Conferencier gebucht war. Im Hintergrund vernahm ich den Applaus der 800 Gäste und Sabines verunsicherte Stimme:

»Andy, was sagst du jetzt, wie machst du das jetzt?«

»Es geht schon, ich mach das schon«, beruhigte ich sie.

Schon nahm mich Heinz Brüller mit seiner ersten Frage auf der Bühne in Empfang. In meinem Hinterkopf klang der Wunsch des Direktors nach: Ich sollte also den jammernden Automobilhändlern vor mir auf gut österreichisch »anständig den Kopf waschen«. Aufbauend auf der ersten Frage startete ich einen Monolog. Ich weiß noch, ich habe von Selbstverantwortung geredet, der einzigen Möglichkeit für jeden von uns, es selbst zu versuchen und dass es keinen einzigen Menschen auf Erden neben dir gibt, der für dein eignes Glück verantwortlich ist. Dass du selbst die Wahl hast, ob die Stolpersteine auf deinem Weg eine Hürde bleiben oder ob sie zu den Bausteinen deiner Treppe nach oben werden. Die Startnummer, mit der man ins Leben geschickt wird, die kann nicht der Auslöser für Erfolg oder Misserfolg sein. Ich redete ohne Punkt und Komma, alles floss aus mir heraus – ohne einen Anflug von Zweifel.

Als ich fertig war, brandete frenetischer Applaus auf; bei keinem meiner musikalischen Auftritte hatte ich so etwas je erlebt. Sabine holte mich vom Podium ab, unter Standing Ovations verließ ich den Saal, alles war so stimmig verlaufen, beinahe mühelos.

Als wir wenig später beim Buffet unsern Durst und Hunger stillten, nahmen die Schulterklopfer und Gratulationen kein Ende.

Auch den Generaldirektor hatte mein Vortrag offenbar bewegt, denn seine Tochter, die ebenfalls zu diesem Anlass gekommen war, bemerkte: »Heute habe ich seit Langem wieder gespürt, mein Papa ist nicht nur ein Spitzenmanager, mein Papa ist auch ein richtiger Mensch.«

Der Herr Direktor drängte darauf, dass Thema »Gage« gleich vor Ort zu klären. Ich war mit dieser Frage überfordert. Was bekommt ein Redner für einen 20-Minuten-Auftritt? Soviel wie ein Masseur – oder vielleicht dasselbe wie ein Musiker? Ich rechnete die Fahrtkosten dazu und traute mich aus der Deckung: »Geben Sie mir bitte dreihundert Euro für meine Präsentation.«

Nun war es still gegenüber. Ich war verunsichert. War ich übers Ziel hinausgeschossen?

Die große Pranke des Generaldirektors drückte meine Hand und er versicherte mir:

»Herr Holzer, bitte geben Sie mir einfach Ihre Kontonummer – Sie werden eine Freude haben.«

Als ich mit Sabine wieder im Zug saß, da ging mir erst auf: Neben Heilmasseur und Musikant ging noch was … Wenige Tage nach meinem Auftritt ging eine schöne, runde Summe auf meinem Konto ein.

Mein Auftritt in Villach hatte sich anscheinend schnell herumgesprochen; auch andere Veranstalter wollten mich jetzt auf der Bühne haben. Mein zweiter Auftritt führte mich nach Graz. Es folgten Veranstaltungen in Wien, Frankfurt und Salzburg; mit jedem Vortrag wuchs in mir die Gewissheit, dass ich hier eine ganz neue, eigene Möglichkeit entdeckt hatte, die ich nun forciert umsetzen wollte. Dazwischen gab es auch Anfragen von kleineren Veranstaltern wie Schulklassen oder Auftritte bei Bergfilmfestivals; jeder dieser Auftritte hatte sein eigenes Anforderungsprofil und so gewann ich schrittweise mehr Selbstsicherheit als Redner. Profitiert habe ich für meine Bühnenpräsenz natürlich auch von meiner langjährigen Laufbahn als Musiker in meiner kleinen Gruppe, dem »Dolomitenduo«.

Meine Anfänge als Finanzier meiner eigenen Bergtouren sahen dagegen eher bescheiden aus. Ich kann mich noch gut daran erinnern, wie ich im Frühjahr 2006 krampfhaft versucht habe, für meine Burschen und mich ein Sponsoring für unsere Reise zum Elbrus zu organisieren. Mir war damals schon klar, ich möchte von meinen Leuten nicht verlangen, dass sie in vollem Umfang für die Expedition bezahlen müssen, um dort dann einen Blinden auf 5000 Metern im Sturm auf dem Weg zur Toilette zu begleiten. Geben und nehmen! Das war immer der Grundgedanke, den ich von meinen lieben Eltern mit auf den Weg bekommen habe.

Ich fuhr mit Hansjörg, Sabine und meiner Mutter nur wenige Tage vor der Abreise zum Elbrus hinaus ins Stubaital, weil dort ein großes Fest mit schlagermusikalischen Darbietungen auf dem Programm stand. Ein kleiner, aber feiner Verein wollte mich damals auf dem Weg zum Elbrus finanziell unterstützen. Und dieser Verein war in dieses Spektakel im Festzelt im Stubaital, vielleicht zwei Autostunden von zu Hause, eingebunden und bat mich dorthin. Schlagerstar Semino Rossi und das »Alpentrio Tirol« waren die Stargäste.

Prompt wurde ich gebeten, auf der Bühne etwas einzubringen, um die Kasse meines kleinen Sponsors im Festzelt zum Klingeln zu bringen. Ich lieh mir die Gitarre des »Alpentrios« und stimmte mit den Musikern ihren wohl größten Hit– »Host a bisserl Zeit für mi« – an. Texte und Akkorde hatte ich intus und wieder half mir meine Routine als Musiker. Die tausend Menschen im Zelt waren begeistert und die Kasse füllte sich, der Elbrus war gesichert.

Bei der Reise zum Aconcagua, dem Höchsten von Südamerika, den ich im Januar 2007 besuchte, klingelte die Sponsorkasse schon einen Monat vor Abreise, dementsprechend lief die Vorbereitung schon viel entspannter für mich. Es ging damals um Beträge von etwa 2000 bis 3500 Euro.

Die Reisen zum Elbrus und zum Aconcagua waren auch nicht so hochpreisig und so konnte ich mit diesen Beträgen meine Freunde schon spürbar unterstützen. In den folgenden Jahren wurde meine Tätigkeit als Redner und auch meine Art, an Sponsoren heranzutreten, stetig professioneller. Parallel dazu wurden auch unsere Reiseziele und Bergexpeditionen kostenintensiver. Auf dem Weg in die Antarktis 2010 musste ich für unser kleines Viermannteam schon über 100.000 US-Dollar auf den Tisch legen. Zum ersten Mal stand mir damals auch ein richtiger Sponsor mit konkreten Gegenleistungsforderungen gegenüber. Ich bedanke mich heute noch für diesen Vertrauensvorschuss; ohne diesen Beistand hätte ich mich nicht in die Antarktis gewagt.

GEPFLEGTE ABHÄNGIGKEIT

So begann meine Karriere als Keynote Speaker. Immer ist mir dabei bewusst, dass das Geld, das ich auf den Podien verdiene, nicht für mich alleine bestimmt ist. Nach den Abzügen ans Finanzamt und an die Sozialversicherung geht es zurück in unsere gemeinsame Sache: Wir starten ein neues Projekt, nehmen ein neues Ziel in den Fokus und so ermöglicht mir dieser Kreislauf am Ende, auf der Bühne eine weitere, packende Geschichte erzählen zu können.

Immer wieder sind mir auf meinem Weg Menschen begegnet, die ihre finanziellen und logistischen Möglichkeiten in meine Sache investieren wollten. Meine Freunde und Bergpartner haben nicht unbedingt die Gabe, sich vor fünfhundert Menschen auf irgendeine Bühne zu stellen und dort dem Publikum ihre emotionale Geschichte so zu präsentieren, dass dadurch ein Mehrwert entsteht. Dass ich diesen Job mache, hat wenig mit meiner Einschränkung zu tun. Selbstverständlich gibt es auch sehende Bergsteiger, die ihre Abenteuer gekonnt präsentieren. Aber in meinem Team geht dieser Part wohl mir selbst am besten von der Hand.

Ich wiederum bin auf irgendeinem Flughafen der Erde, auf einem wildfremden Bahnhof oder in einem x-beliebigen Restaurant nicht mal in der Lage, auch nur den Weg zur Toilette zu finden. Das hat in erster Linie nicht unbedingt mit meiner Blindheit zu tun. Ich kenne durchaus blinde Menschen, die diese Basics perfekt beherrschen und damit kein Problem haben. Sie können alleine um die Welt reisen, was ich in meinem momentanen Status nicht könnte. Denn ich kann zum Beispiel nicht mit einem Blindenstock umgehen und keine Brailleschrift lesen. Das hat einfach mit meiner Lebensart und meinem Weg, kombiniert mit meiner Einschränkung, zu tun.

Wie sollte ich alleine auf einem fernen Berg unseren Zeltplatz finden – oder die Stelle ausfindig machen, an der eine Gletscherspalte sich am ehesten überwinden lässt? Wo überhaupt muss ich hin zum Essen, wo beginnt der Aufstiegsweg, wo geht es zum Gipfel? Noch banalere Details sind zu klären: Ich muss wissen, wo der Rucksack eines anderen Bergsteigers steht, damit ich mit meinen scharfen Steigeisen nicht hineintrete und das Ding zerstöre. Auf einem schmalen Grat muss jemand verhindern, dass ich auf einen anderen Gipfelaspiranten auflaufe; ich könnte ihn sonst den Hang hinabstoßen. Um all diese Details kümmern sich meine Partner. Meine Jungs haben das einfach genial im Griff.

Und so einfach funktioniert unsere offen gelebte Partnerschaft; ich nenne es »gepflegte Abhängigkeit«. Denn keiner von uns wäre ohne den anderen da, wo wir heute zusammen sind. Wir nutzen einfach bewusst die Vielfalt unserer Möglichkeiten. Wir müssen uns deswegen nicht verstecken und pflegen untereinander einen transparenten Kommunikationsstil. Ich glaube, meine lieben Partner und ich haben in diesem Punkt lange schon verstanden, dass vermeintlich männliche Coolness unsere gemeinsame Sache nicht voranbringt.

Nicht jeder ist gewillt und geeignet, sich in so ein Team einzubringen. Es gibt in meiner unmittelbaren Umgebung zu Hause in Osttirol auch andere Spitzenbergsteiger, die sicher imstande wären, am Berg noch mehr zu leisten, als dies meine eigenen Seilpartner tun können. Diese Athleten können den Einsatz meines Teams nicht nachvollziehen. ebenso fremd ist ihnen meine Denk- und Lebensart.

Wann immer wir uns in den Bergen begegnen, grüßen wir uns mit freundlichem Respekt und jeder geht seiner Wege. Das ist für mich vollkommen in Ordnung. Jeder entscheidet selbst, wo es für ihn langgeht und ich bewundere jeden, der aufrichtig seinen Weg geht.

Meine erste Expedition zu einem Achttausender, zum 8201 Meter hohen Cho Oyu an der Grenze zwischen Nepal und Tibet, wäre ohne Hannelore und Hans für uns niemals möglich gewesen. Im Frühjahr 2009 stand ich selbst noch nicht auf so starken finanziellen Beinen, als dass ich das Geld für das gesamte Team hätte aufbringen können. Und mit Hannelore und Hans begleiteten uns dabei zudem zwei Bergsteiger mit großer Erfahrung auf den Achttausendern dieser Erde. Bei unserem Trip zur Shisha Pangmar im Frühjahr 2011 war dann meine Kompetenz als Organisator schon einen Schritt weiterentwickelt. Ich finanzierte damals dieses Achttausenderabenteuer für unser Team zum Großteil selbst und fühlte dabei große Freude.

Aber für den Everest, der damals schon ein ganz kleines bisschen in meinem Kopf spukte, reichten meine Fantasie und mein Mut noch nicht aus. Der höchste aller Berge ist in jeder Hinsicht extrem; auch was den finanziellen Aufwand für seine Besteigung betrifft, spielt er in einer eigenen Liga.

DER RICHTIGE MANN: WOLFGANG

Im Frühjahr 2014 war dann die Zeit reif für einen ernsthaften Versuch am Everest. Endlich hatte ich den richtigen Mann für dieses Ziel an meiner Seite und damit schloss sich eine Lücke. Manch einer mag jetzt denken: Der Andy schreibt da seitenlang von seinen Bergpartnern und Freunden, dem Hansjörg, Peter, Andi, Thomas, dem Anda und wie sie alle heißen und lobt sie in den höchsten Tönen – was braucht der jetzt noch einen neuen Partner im Team?

Ich sag ja auch immer, es gibt keinen, der alles kann und es gibt aber auch niemanden, der gar nichts kann. Dies meine ich frei von Bewertung. Der Anda ist eben der Stärkste auf der Welt, wenn er in seiner Mitte ruht, genau wie David, Flo, Bernhard oder Franz Josef es sind. Und bei anderen Partnern bin ich vielleicht mal ein wenig enttäuscht worden und kann mich nicht mehr hundertprozentig auf sie verlassen. Meine beiden Andis und Klaus habe ich für den Everest gefragt. Sie konnten jedoch nicht die nötige Begeisterung für diesen Berg aufbringen, weil ihnen dieser Gigant vielleicht fremd oder nicht spannend genug erschien.

Also brauchte es für den Mount Everest auch einen ganz speziellen Mann, so wie es für jedes Ding auf meinem Lebensweg immer einen ganz Speziellen geben musste. Und dann trat Wolfgang in meinen Fokus. Bei einer Charity-Veranstaltung im Jahr 2013 in Tristach kam nach meiner Präsentation eben dieser Wolfi Klocker auf die Bühne. Er sagte mir in schlichten und ehrlichen Worten, wie sehr ihn mein Auftritt berührt hatte. Wolfgang stammt aus Tristach und wohnt nun seit vielen Jahren mit seiner Familie in Amlach, das drei Kilometer von Tristach entfernt liegt. Er wohnt also in jenem Dorf, in dem ich aufgewachsen bin – ich wiederum wohne dort, wo er groß wurde. Wir tauschten also im Laufe unseres Lebens unsere Heimatgemeinden wie die Profikicker ihre Trikots nach dem Spiel.

Wolfgang arbeitet beim österreichischen Bundesheer als Heeresbergführer. In seiner Freizeit betreibt er seit Jahrzehnten Leistungssport. Vom Extremmountainbiker entwickelte er sich zum Spitzenskibergsteiger und war zehn Jahre lang Mitglied der österreichischen Nationalmannschaft in dieser Disziplin. Er hat einige internationale Erfolge vorzuweisen. Allerdings hat mir Wolfgang nie eine Liste seiner sportlichen Erfolge zukommen lassen – dazu ist er viel zu bescheiden.

Wir beide kannten uns eigentlich nur vom Vorbeigehen – meist wenn wir zeitgleich auf Tourenskiern in unseren Lienzer Dolomiten unterwegs waren. Wenn ich mit Anda zum Beispiel früh im Oktober, wenn oben in den Bergen noch ganz wenig Schnee lag, trotzdem versuchte, unsere ersten Schwünge in den zaghaft an den Steinen klebenden Frühwinterschnee zu zaubern, da war Wolfi weit und breit der Einzige neben uns beiden, der Ähnliches versuchte. Wolfi hat sich damals nicht gefragt, wieso sich ein Blinder seine Knie schindet und den Belag seiner Ski auf den spitzen Steinen ruiniert. Er ahnte damals schon etwas von meiner Willenskraft und meinen heimlichen Zielen. Denn jemand, der keine ernsthaften Ziele verfolgt, der ist unter solchen Bedingungen nicht mit Tourenski oben in den Dolomiten unterwegs.

Und so ähnlich schaute es auch bei Wolfi aus. Er musste im Vorfeld seiner Wettbewerbe zigtausend Höhenmeter absolvieren, um dann im Winter bei den Worldcup-Rennen ganz vorne dabei sein zu können. Also haben wir uns eigentlich schon vor Jahren und ohne Worte verstanden.

Wenige Tage nach unserer Begegnung im Gemeindesaal von Tristach fand ich eine knappe, aber bewegende E-Mail im Postfach: »Andy, ich habe das Bedürfnis, meine Kräfte in Deine Sache einzubringen und vielleicht können wir gemeinsam was Cooles erleben.«

Mich hauten diese starken Zeilen vom Hocker und ich wollte ihn unbedingt näher kennenlernen. Keine zwei Stunden später saß Wolfgang bei mir am Kachelofen. Nach weiteren zehn Minuten war mir klar, dass ich mit diesem Mann etwas Ernstes angehen konnte.

Ich sprach mit Anda darüber. Auch er war begeistert; Anda kannte Wolfi und schätzte neben seiner Leistungsbereitschaft vor allem seine menschlichen Qualitäten. Ja, was sollte ich denn jetzt mit so einer Chance anfangen, mit so einem Wahnsinns-Menschen, noch dazu einem aus meinem Dorf? Nach einigen Verlegenheitsvorschlägen, bei denen Wolfi nicht wirklich anbiss, sprach ich ihn auf den Everest an – ich glaubte, seine Augen strahlen zu spüren. Wolfgang war dabei; damit war mein Weg zum Mount Everest endgültig frei!

Als zweiten Traumpartner wünschte ich mir den Anda, der sich mit seiner Entscheidung jedoch sehr lange Zeit ließ. Er war einfach mit Familie, Job und seiner eher zurückhaltenden Art etwas gebremst, um zu so einem großen Schritt ja sagen zu können.

Als dritten Partner für den Everest fragte ich Daniel, einen Bergführer und Freund aus dem Zillertal. Mit Daniel war ich bereits im Sommer 2012 in Grönland und im Dezember 2013 in Israel und Jordanien gemeinsam unterwegs gewesen. Ich schätze seine recht ruhige Art und seine überzeugenden Qualitäten, die er als Kletterer und Bergführer vielfach bewiesen hatte.

Wolfi war mit Daniel im Team ebenfalls sehr happy. Nach langem Hin und Her und zwei oder drei Deadlines, die ich Anda setzen musste, stimmte schließlich auch er zu meiner großen Freude dem Vorhaben zu.

Es galt nun, unsere Körper für diesen großen Berg fit zu machen. Und ich stand nebenbei vor der Herkulesaufgabe, die Finanzierung von über 100.000 US-Dollar zu stemmen. Als sich dann noch meine Freundin Juliane Möcklinghoff – sie ist Journalistin beim NDR – für meinen Everest-Versuch interessierte und tatsächlich ein Team der ARD als mediale Begleitung am Berg bereitstellte, war einfach alles perfekt.

EVEREST 2014 – DIE EISLAWINE

Mit Anda und Wolfi im Team hatte ich zum ersten Mal optimale Bedingungen, meinen Körper auf die Strapazen einer so großen Expedition vorzubereiten. Beide kommen aus demselben Dorf wie ich und so hatten wir optimale Trainingsbedingungen direkt vor der Haustür.

Ich bin ja auf jedem meiner Trainingsschritte auf jemanden angewiesen, der vor oder hinter mir, im maximalen Abstand von vielleicht 10 Metern, dieselbe Strecke in derselben Geschwindigkeit geht. Mit meinen Burschen und Mädels hier zu Hause, mit denen ich üblicherweise unterwegs war, konnte ich mit maximal drei oder vier Trainingseinheiten pro Woche rechnen. Dieses Pensum würde jedoch für die Besteigung des Mount Everest und den unfallfreien Abstieg für einen Körper ohne Augenlicht kaum reichen.

Das hat mit meiner Einschränkung und der daraus resultierenden »Gangart« zu tun.

Für ein und dieselbe Strecke, ob im Auf- oder im Abstieg, verbrauche ich ungleich mehr Energie als ein Sehender. Denn wer sehen kann, der geht vorausschauend; er scannt gewissermaßen die nächsten fünfzig Zentimeter vor seinem Fuß nach einer guten Trittmöglichkeit ab und setzt erst dann den nächsten Schritt; größere Überraschungen für das Gleichgewichtssystem seines Körpers bleiben ihm so in der Regel erspart. Er ist im Moment des Fuß-Aufsetzens bereits dabei, seinen nächsten Schritt vorzubereiten. Hier bei uns in den Heimatbergen auf einer Seehöhe von 700 bis 3800 Metern kann ein Sehender diesen Prozess etwa dreimal in der Sekunde wiederholen, was einen recht zügigen Schritt ergibt. Bei mir als blindem Bergsteiger funktioniert diese Übung ganz anders. Ich muss mich zuerst bewegen, und weiß erst danach, wohin ich da getreten bin. Mit »erst mal schauen« geht bei mir eben nichts. Dies ist nicht nur beim Wandern so, es ist die mir eigene

Art, mich durchs Leben zu bewegen. Ich setze also zunächst jeden meiner Schritte ins Nichts. Natürlich lese ich aus dem Geräusch vor mir, wo in etwa mein Vordermann hingestiegen ist. Und bei schwierigen Trittkombinationen wird mir mein Partner auch ansagen, was mich erwartet. Und doch geht jeder meiner Schritte erst einmal ins Ungewisse.

Wenn ich den Fuß erst gehoben und meinen Körperschwerpunkt nach vorne verlagert habe, dann ist höchste Konzentration gefragt. Denn jetzt erst kann ich ermessen, ob und wie mir der Schritt geglückt ist – und da kann allerlei passieren:

Da könnte an der Ferse ein Steinchen liegen, das meinen Fuß in unbequeme Schräglage versetzt. Mein großer Zeh könnte schmerzhafte Bekanntschaft mit einem Hindernis machen oder mein ganzer Fuß könnte in einem Loch landen und umknicken. »Gehen«, besonders im unwegsamen Gelände, ist für mich also ein hochkomplizierter Prozess, der mentale und körperliche Konzentration verlangt. Zum Glück habe ich diese Gangart von Kindesbeinen geübt und kenne nichts anderes. Trotzdem ergibt sich für mich so eben ein erheblich höherer Energieaufwand für ein und dieselbe Strecke als bei einem sehenden Bergsteiger.

Ich konnte darin nie einen Vorteil für mich erkennen, bis ich dann irgendwann in die ganz hohen Berge kam. Zum ersten Mal ist es mir bei unserer Besteigung des Elbrus im Kaukasus im Frühjahr 2006 aufgefallen. Ab etwa 5000 Meter Meereshöhe machen auch sehende Bergsteiger wegen der dünnen Luft im Normalfall nicht mehr zwei Schritte in der Sekunde. Das reduziert sich dann mit zunehmender Höhe und weiter abnehmendem Sauerstoffgehalt auf ein bis zwei Schritte.

Als ich dann am 15. Januar 2007 auf knapp 7000 Meter Höhe zum Gipfel des Aconcagua stieg, habe ich deutlicher bemerkt, dass es bei mir im Verhältnis zu den anderen gar nicht viel schlechter lief.

Bestätigt hat sich diese Beobachtung dann bei meinen Reisen zu den beiden Achttausendern Cho Oyu und Shisha Pangma, bei denen ich mit meinen Männern dann auf über 6000 Metern mit anderen Bergsteigern mithalten konnte.

Mich »auf Augenhöhe« mit Sehenden bewegen zu können, ist für mich sehr entspannend. Deswegen ist also nur logisch, dass ich das richtige Klettern, also die Fortbewegung auf allen vieren an der Wand, so sehr genieße, denn in dieser Disziplin komme ich viel näher an die Möglichkeiten eines Sehenden heran.

Mit zunehmender alpiner Erfahrung auf Bergtouren rund um den Globus ist mir auch eine andere Tatsache bewusst geworden: Die perfekte Vorbereitung auf eine Bergexpedition sieht völlig anders aus als das Training für einen sportlichen Wettkampf wie etwa einen Marathon.

Bei sportlichen Wettbewerben kommt es darauf an, dass man am Tag X die größte Leistung aus sich herausholen muss, während die Tage vor dem Renntag dem Training, der Entspannung und Erholung dienen. Im Idealfall geht man also mit einem Maximum an Ruhe- und Kraftreserven an den Start und kann dann auf den Punkt alles geben.

Bei der Ersteigung eines Bergriesen schaut das genau umgekehrt aus. Wenn der Gipfeltag gekommen ist, liegen bereits Tage oder gar Wochen des Schindens, des Zweifelns und der Überwindung hinter dir. Du bist im letzten Lager unter dem Gipfel angekommen und jetzt gilt es, die Kräfte zu sammeln, um das große Ziel zu erreichen; aber der Speiseplan der letzten Tage hatte wenig zu bieten und auch dein Flüssigkeitshaushalt ist nicht optimal. Wie viel Schlaf hast du bekommen in diesen stürmischen Nächten, eingezwängt zwischen deinem Zeltpartner an der einen und der flatternden Zeltplane an der anderen Seite?

Und jetzt, am großen Tag, willst du auf den Gipfel und dazu musst du dir noch einmal alles abverlangen. Genau an diesem Punkt scheitern viele Gipfelaspiranten. Sie sind es gewohnt, immer mit optimalen Voraussetzungen an den Start gehen zu können und nicht unter diesen Rahmenbedingungen. Deshalb haben wir uns im Team gezielt auf die denkbar schlechtesten Voraussetzungen für die Gipfeletappe am Everest vorbereitet.

Meine Idee war ganz simpel: Ich wollte im Gleichtakt mit meinen Partnern meinen Körper tagelang auf hohem Niveau beanspruchen, ohne ihm dabei wirklich zu schaden. Die gute Konstitution war aufgrund der jahrzehntelangen Bergsteigerei schon einmal vorhanden. Ohne diese Bergsteigerjahre hätte ich persönlich am Everest sowieso keine Chance.

Wir hatten uns auf Trainingsblöcke von fünf bis zehn Tagen verständigt, in denen wir in den letzten sechs Monaten vor der Expedition auf unseren Tourenski, zu Fuß oder auf Steigeisen richtig lange und körperlich anspruchsvolle Touren aneinanderhängen wollten. Der erste, der zweite und der dritte Tag dieser Tortur ging noch recht leicht von der Hand; nach der Dusche und dem üppigen Essen unserer Frauen krochen wir dann immer schon zeitig in die Federn.

Die Tage vier bis sechs waren dagegen richtig hart. An diesen Tagen konnte ich mir morgens auf dem Weg ins Bad nicht mehr recht vorstellen, dass mich meine müden, schmerzenden Beine heute noch mal diese unmenschlichen Höhenmeter hinauftragen würden. Wolfi, Anda oder einer meiner anderen Partner standen wie immer pünktlich vor meinem Haus, Rucksack und Ski wurden wortlos im Wagen verstaut, jemand gab mir die Autotür in die Hand und los ging's.

Oft starteten wir unsere Trainingseinheiten auch direkt vor meiner Haustür hier in Tristach. Im morgendlichen Stöhnen meiner Kameraden erkannte ich mich wieder und wir waren uns einfach einig: Wir mussten lernen, unsere Körper auch im schlechten Zustand im Schritt und in Funktion zu halten. Und das kann man üben. Vieles spielt sich dabei im Kopf ab. Denn kaum hast du die ersten 15 Minuten des Gehens hinter dir, schon kommen wieder diese Gutgefühle hoch und alles läuft rund. Ab Tag sieben wurde es bei mir dann wieder leichter. Ich war in dieser Phase schon wieder stolz auf meinen Körper und die nächste Pause von einem oder gar zwei Ruhetagen war nicht mehr weit.

Oft haben wir geübt, noch eins draufzusetzen, wenn der Zielpunkt, zum Beispiel das Schartenschartl, die Ödkarscharte oder nach der rassigen Skiabfahrt dann wieder im Tal der Ausgangspunkt beim Sportplatz in Tristach erreicht war. Dann kam spontan von einem aus dem Team die Ansage: »Sodala Burschen, alles wieder Auffellen!«

Und dann packten wir auf ein strammes Tagespensum von 2000 Höhenmetern noch mal einen Höhensprung von vielleicht 1300 Metern obendrauf. Wenn man dies immer wieder praktiziert, dann bekommen Höhenmeter und Distanzen plötzlich eine andere Dimension.

Und genau diese andere Dimension erwartete uns doch am Everest auch: Die Herausforderung, eine Tour auch mit halb fertigem Körper und müden Kameraden noch kontrolliert bewältigen zu können, obwohl eigentlich nichts mehr drinnen ist im »Tank«. Wir waren nicht vom Ehrgeiz besessen, irgendwelche Rekorde zu brechen oder jemandem zu imponieren. Es ging uns schlicht um die maximale Sicherheit während unserer Expedition.

Aber nicht nur von mir als Blindem forderte der Everest erheblich mehr Energie, als das bei anderen Bergsteigern der Fall ist. Auch meinen Freunden würde dieser Aufstieg ein deutliches Mehr an Kraft und mentaler Stärke abverlangen. Deshalb waren wir uns bezüglich des Trainingsaufwands absolut einig.

Ein anderer, entscheidender Punkt für das Gelingen war die klare Kommunikation. Ich kann es ja nicht sehen, wenn Wolfgang, Daniel oder Anda beim Aufstieg am Berg vielleicht im Gesicht die ersten Anzeichen einer Erfrierung oder eines Schwächeanfalles bekommen. Deshalb haben wir uns geschworen, in jeder Situation ehrlich miteinander zu reden. Diese hundertprozentig ehrliche Kommunikation auf höchstem Niveau, ohne Zwischenzeilen und cooles Gehabe, ist auch ein wesentlicher Baustein meines persönlichen Erfolges – und das nicht nur am Everest.

Das Organisieren der letzten Ausrüstungsgegenstände wie Daunenanzüge, super warmer Daunenschlafsäcke oder spezieller Unterwäsche, die auch nach einer Woche Tragen nicht besonders riecht, das alles verlief für mich dank der jahrelangen Zusammenarbeit mit den Herstellern recht unkompliziert. Die besten Expeditionsstiefel, leichte und stabile Steigeisen und superleichte Karbon-Trekkingstöcke wurden geordert, genauso wie Spezialhandschuhe mit eingebauter Heizung.

Ein neues Glied in unserer Ausrüstungskette war das CEECOACH: ein auf Bluetooth basierendes Gegensprechsystem ähnlich dem, wie es zum Beispiel Motorradfahrer während der Fahrt nutzen. Zündholzschachtelkleine Teile, die jeder von uns in der Brusttasche trug, verkabelt mit Ohrhörer und Mini-Mikro, sollten es uns dreien ermöglichen, auch im stärksten Sturm eine glasklare Sprachübertragung aufrechtzuerhalten. Wolfi kam mit dieser Idee und ich bin für Investitionen, die der Sicherheit im Team dienen, immer offen.

Das Essen auf so einer Expedition ist mehr als bloße Energieaufnahme, es ist auch ein Stück Heimat und Wohlfühlfaktor. So kamen wir auf die Idee, im Vorfeld je eine 120-Liter-Plastiktonne pro Person mit leckeren Sachen nach eigenem Gusto zu füllen und per Cargo nach Kathmandu vorauszuschicken: Schokolade, Speck, Hauswürste, Schinken, Salami, Schüttelbrot, Suppen und Fertiggerichte mit heimischer Geschmacksrichtung, Himbeer-, Apfel- und Zitronensirup, Teebeutel und Kakaopulver sowie das komplette Sortiment von Müsli, Energieriegel und Kraftpulver.

Unser Plan war es, die mühsamen Trainingseinheiten etwa vier Wochen vor der Abreise herunterzufahren, um dann Anfang April gut erholt an den Start zu gehen. Die lange Anreise nach Nepal, die Zeit- und Nahrungsumstellung, die andere Luft und fremde Kultur fordern den Organismus sehr und so wäre es nur kontraproduktiv gewesen, wenn wir uns bis zur Abreise mit dem Training geschunden hätten. Schnell fängt man sich dann einen Keim oder Virus ein und das galt es zu vermeiden.

Auch mit meinem Körpergewicht kalkuliere ich bewusst vor dem Beginn eines solchen Abenteuers. Mein Mehrumsatz an Energie, dem ich aufgrund meiner Einschränkung am Berg nicht entgehen kann, ist auch beim Stoffwechsel deutlich spürbar. Mein Körpergewicht steigt und fällt um einiges mehr, als das beim Normalbergsteiger der Fall ist. Deshalb habe ich es mir angewöhnt, mir vor der Abreise eine Fettreserve von circa 10 Kilogramm zu gönnen – anders gesagt: Ich futtere mir bewusst einen kleinen Bauch an.

Für den Außenstehenden mag es unsportlich wirken, wenn dann der blinde Extrembergsteiger mit Schwimmring um die Hüften ins Flugzeug nach Nepal klettert. Das kosmetische Problem darf man hier aber außer Acht lassen: Der Bauch ist beim Heimkommen wieder verschwunden. Meine Rechnung ist ganz simpel. Es macht für mich Sinn, dort gut zu essen, wo es mir bekommt und wo mein Körper diese Reserve gut speichern kann – und das ist zu Hause. Ich verliere die Pfunde beim Aufstieg und komme dann am Gipfeltag genau auf mein Idealgewicht. Das hat sich schon oft bezahlt gemacht. Wenn du erst mal auf über 6000 Metern unterwegs bist, dann wird das Essen nur noch zur pragmatischen Angelegenheit; in dieser Höhe so viel zu essen, dass man zunimmt, das ist fast nicht machbar.

Wie es ist, mit zu wenig Fettreserven am Gipfel einzutreffen, das habe ich 2008 am Mount McKinley spüren müssen. Ich verlor beim Aufstieg 16 Kilo Körpergewicht und das war ein echtes Manko. Denn wer zu wenig auf den Rippen hat, dem fehlen schlicht die Reserven – und er friert leichter.

Ohne Anda?

Am Freitag, dem 21. März 2014, gegen drei Uhr nachmittags saß ich mit meinem Skitourenfreund Andreas am Küchentisch, als mich Andas Anruf erreichte. Für meinen Freund Anda habe ich einen eigenen Klingelton installiert und ich habe meine eigene, schräge Art, mich dann zu melden:»Was ist los? Was ist denn jetzt schon wieder? Wo ist er denn?«

Aber schon nach Andas erster Silbe verging mir die Lust am Witzeln.»Andy, der Everest ist aus für mich! Es ist leider was passiert. Meine Schulter ist wahrscheinlich schwer verletzt und ich bin fertig.«

Was war passiert? Anda hatte mit seiner Mira an jenem Freitag nach der Arbeit eine Entspannungs-Skitour vom Kreithof auf die Dolomitenhütte unternommen. Für einen Skiprofi wie Anda war so eine Abfahrt auf präparierter Piste eigentlich ein Spaziergang – und doch hatte es ihn aus der Bahn gehoben und gegen einen Baum geschmettert.

Für Anda war damit klar, dass das Unternehmen»Everest« für ihn in diesem Jahr gelaufen war.

Für mich war diese Meldung eine Katastrophe. Zum Everest – ohne Anda, meinem wichtigsten Partner? Wieder taten sich Parallelen zu meinem sonstigen Leben auf. Es war doch immer so, dass ich nicht von Idealverhältnissen ausgehen konnte. Ich fing mich wieder und versuchte, meinen Freund zu trösten. Ich wollte ihm zu seinem Schmerz nicht auch noch die Bürde der Verantwortung für die Reise zumuten;

stattdessen versprach ich ihm meine volle Unterstützung in Sachen Schulterversorgung. Durch meine Tätigkeit als Heilmasseur verfüge ich über gute Kontakte zu den besten Spezialisten – und das konnte jetzt für Andas Schulter von Nutzen sein. Ich legte das Telefon zur Seite und kämpfte mit den Tränen. Das war es also mit Anda und dem Everest.

Es war, wie es bei mir immer nach solchen Rückschlägen ist. Anscheinend ist mein Gehirn schon darauf konditioniert, bei »Alarmstufe Rot« nicht in die Verzweiflung abzudriften, sondern noch im selben Augenblick an Lösungsgedanken zu arbeiten. Es dauerte einen Moment, bis ich mich fassen und Sabine und Andreas die neue Situation erklären konnte. Beide reagierten sehr cool und Sabine meinte: »Andy, dann wirst du es eben mit Wolfi und Daniel alleine versuchen müssen.«

Zu diesem Zeitpunkt, im Frühjahr 2014, hatte ich mit Wolfgang noch keine Erfahrung auf langen Reisen und in so einem großen Projekt. Daniel war bis dahin auch nur auf kürzeren Ausflügen dabei und so war die Frage: Stand mein Everest-Team noch – auch ohne Anda?

Ich rief Wolfgang an. Er blieb recht gefasst und vermittelte mir entschlossen, er wolle auf jeden Fall mit Daniel und mir alleine losziehen. Wir müssten uns nun eben noch mal mehr am Riemen reißen und ganz eng kommunizieren. Auch Daniel reagierte ähnlich, als ich ihn am späten Nachmittag erreichte. Für mich war damit die Krise fürs Erste überstanden. Ich tätigte einige Anrufe für meinen verletzten Freund, um ihn in der Obhut der besten Ärzte zu wissen. Anda bot an, uns bis ins Basislager zu begleiten, um uns von dort aus, quasi als Bodenpersonal, zur Seite zu stehen. Er gab mir einfach das hundertprozentige Gefühl, mich auf keinen Fall im Stich lassen zu wollen – für mich ein echter Freundschaftsbeweis.

Aber wie zu erwarten war es für Anda nicht angeraten, in ein fremdes Land zu reisen – erst recht nicht, um dort auf 5000 Metern zu verharren. Auch ich riet ihm, seine Verletzung sofort zu therapieren, mit der Perspektive, dass wir nach meiner Rückkehr dann bald wieder zusammen unterwegs sein könnten. Oft dachte ich mich in Andas Welt hinein. Er würde wohl nicht noch einmal die Gelegenheit bekommen, gemeinsam mit zwei Freunden aus demselben Dorf in die

Gipfelregion des Mount Everest hinaufzusteigen. Er hatte sich ja – genau wie Wolfgang, Daniel und ich – in den letzten Monaten nicht nur körperlich, sondern auch geistig gezielt auf diesen Berg vorbereitet und seine Sehnsucht war daher so richtig geweckt. Mit vielen Gesprächen gelang es uns beiden, uns mit dieser Situation abzufinden.

Als Anda dann am 2. April gemeinsam mit meinen Lieben vor meinem Haus in Tristach Abschied nehmen musste, da war es uns beiden wohl deutlich anzumerken, wie sehr wir unter seinem Ausfall litten. Meine Sabine ließ es sich nicht nehmen, Wolfi und mich das erste Stück unserer großen Reise selbst zu fahren. In Kufstein, zwei Autostunden von Tristach entfernt, stiegen Wolfi und ich dann zu Daniel ins Auto, dessen Weg aus dem Zillertal sich hier in Kufstein mit dem unseren traf. Letzte Ausrüstungsgegenstände und Kleinigkeiten wurden ausgetauscht und dann war das Everest-Team bereit für das gemeinsame Ziel.

Wie wehmütig und einsam sich Sabine dann alleine im Auto auf dem Heimweg nach Tristach gefühlt haben muss, das gehört zu den kleinen Geheimnissen meiner Frau. Ich selbst hatte keine große Zeit für Melancholie, denn ich wurde ja in der Gesellschaft von Daniel und Wolfi aufgefangen.

Die letzten neunzig Minuten zum Flughafen in München konnten wir uns schon gut aufeinander und die große Reise einstimmen. Bereits während des Fluges nach Kathmandu wuchs mein Zutrauen, mit Wolfi und Daniel im Team alles richtig gemacht zu haben; die Stimmung zwischen uns war ausgezeichnet. Leider widerfuhr Wolfgang beim Essen hoch über den Wolken ein kleines Malheur: Er biss sich an einem Brotstück eine Plombe aus dem Zahn. Wolfi tat das zunächst als Lappalie ab. Aber ganz so nebensächlich war das nicht und das war auch Wolfi klar. Ein kranker Zahn kann am Berg den Ausschlag über Erfolg oder Misserfolg einer Tour geben. Zahnschmerzen können sich in großer Höhe und dünner Luft ins Unerträgliche steigern. Das Zahnproblem verlangte also nach einer Lösung.

Unter leichten Turbolenzen landeten wir auf dem Kathmandu-Airport; nach dem Durchlaufen der stressigen Formalitäten wurden wir von unserem Fahrer vor dem Flughafen sehr herzlich in Empfang genommen. Kathmandu war mir nicht neu. Ich kannte das laute Treiben ja schon von meinen früheren Aufenthalten in dieser dynamischen asiatischen Großstadt. Die letzten Erledigungen standen an und das erste *Briefing* mit unserer Expeditionsagentur verlief reibungslos. Besonders herzlich fiel unsere Begrüßung und Umarmung mit Juliane und den beiden Toms aus, die uns schon im Hotel erwarteten. Diese drei liebenswürdigen Menschen von der ARD würden für die nächsten acht Wochen an unserer Seite sein und darauf freute ich mich sehr. Juliane lernte ich bereits im Herbst 2009 im Studio Hamburg kennen. Ich war als Gast im Sportclub bei Gerhard Delling eingeladen. In der Garderobe des Fernsehstudios stand uns eine außergewöhnlich freundliche Dame mit Getränken und kleinen Häppchen zur Seite. Sie stellte sich als Juliane Möcklinghoff vor, Journalistin und Moderatorin beim NDR. Juliane hat lange Rudern als Leistungssport betrieben; das Thema »Bergsteigen« begeisterte sie und so lud ich sie spontan nach Tirol ein.

Einige Wochen später starteten wir tatsächlich zu einer gemeinsamen Tour, die für uns beide ein unvergessliches Erlebnis wurde.

Und genau diese Juliane war nun so weit, dass sie mich bei meinem Versuch auf den Berg der Berge im Himalaya begleiten wollte. Als Kameramann war Tom Mandl dabei und als Tontechniker sorgte Thomas Köhler für die Atmosphäre hinter den Bildern. Zu Juliane und ihrem Team hatten wir von Anfang an einen guten Draht. Jetzt war es auch an der Zeit, die restlichen Mitglieder unseres Teams kennenzulernen.

Es ist bei solchen Bergreisen üblich, dass man sich mit anderen Gipfelanwärtern ein »Permit«, also die Zugangsgenehmigung, teilt und damit einhergehend auch die gesamte Logistik, die Grundverpflegung und den Transport bis zum Basislager nutzt. Auch das Sherpa- und Küchenteam ist dann für diese gesamte Gruppe zuständig.

Zu unserem Team zählten neben Juliane, den beiden Toms, Wolfgang, Daniel und mir noch zwei weitere Österreicher sowie Gipfel-Aspiranten aus Südafrika, Indien, Dänemark, Polen, Frankreich und Belgien. Mir tut es bei so langen Aufenthalten in der Einsamkeit immer recht gut, mich mit Menschen aus anderen Kulturen und ihrer Lebensgeschichte auseinanderzusetzen und so meinen Horizont zu erweitern. Der Beweggrund, gerade den Mount Everest besteigen zu wollen, ist bei jedem Menschen anders angelegt.

Mir liegt es fern zu beurteilen, wer von all diesen Anwärtern nun die vermeintliche Berechtigung hat, sich dem höchsten Punkt der Erde zu nähern oder wer nicht. Nur so viel soll gesagt sein: Trotz aller Unterstützung durch Sherpas, Köche, Yak-Transporte, Fixseile, Leitern oder Sauerstoffflasche bleibt die Besteigung des Everest eine Herausforderung, der nicht jeder gewachsen ist. Nach einigen Small Talks kamen wir Expeditionsteilnehmer uns langsam näher. Meine spezielle Disposition und unser Auftreten im Team mit Wolfi und Daniel fand bei den anderen Bergsteigern ein durchweg positives Echo.

Die nächsten beiden Tage waren für die letzten Erledigungen in Kathmandu reserviert. Zu dem mir schon vertrauten Prozedere zur Finalisierung unserer Gipfelgenehmigungen und den Besprechungen mit unserer Agentur kam diesmal noch eine exotische Station hinzu: Wir waren für eine Audienz ins nepalesische Tourismusministerium bestellt. So saßen wir also dort wie die Schuljungen nebeneinander und wurden von diversen Organen der Regierung und zu guter Letzt vom Tourismusminister persönlich über richtiges Verhalten, landesübliche Gepflogenheiten und vieles andere aufgeklärt. Sogar mir als Blindem fiel dabei die eher unprofessionelle Haltung dieser Politiker auf und meine Jungs berichteten auch von ihrem gewöhnungsbedürftigen, äußeren Erscheinungsbild. Für mich war dieses Zusammentreffen in jedem Fall eine interessante Ergänzung meines Weltbildes.

Zurück im Hotelzimmer kam Wolfi dann von sich aus auf sein Zahnproblem zu sprechen. Ich hatte dieses Thema bis dahin bewusst ausgeklammert, denn »auf den Nerv gehen« wollte ich ihm nicht. Die Spezies der Zahnheilkundler genießt in Kathmandu einen soliden Ruf; sie sind bekannt dafür, ihre Profession mit teils westlichem Standard auszuüben. So bat ich Dawa, den Assistenten unserer Agentur, für Wolfi einen Zahnarzttermin zu organisieren. Es dauerte keine halbe Stunde und Dawa meldet sich auf dem Zimmertelefon: Wolfgang sollte in 10 Minuten unten an der Rezeption erscheinen.

Kurz darauf erschien der Zahnarzt – mit dem eigenen Moped! Er stand bereit, seinen Patienten auf dem Sozius durch den Großstadtverkehr bis zum Behandlungsstuhl zu kutschieren. Wolfgang lehnte die abenteuerliche Mitfahrgelegenheit dankend ab und entschied sich für ein Taxi. Daniel und ich zeigten Teamgeist und stiegen mit ein. Die Praxis schien laut Daniels Beschreibung sauber und in Ordnung zu sein. Allerdings hatte der Herr Doktor ein wenig Mühe, das Licht im Behandlungsraum zum Leuchten zu bringen und seine Instrumente an den labilen Stromkreislauf anzuschließen. Aber als er unseren Wolfi dann auf dem Zahnarztsessel und unter seiner Knute hatte, da machte der Herr Doktor eine wirklich perfekte Figur.

Die Geräusche der Bohrmaschine brachten meine inneren Bilder zum Tanzen und ich war froh, im Flieger nicht in denselben Brotkanten gebissen zu haben. Wolfi bemerkte zufrieden, dass es gar nicht weh täte und dass der Doktor ein feines Händchen hätte. Kein schlechteres jedenfalls, als er es von manchem termingestressten Dentisten zu Hause gewohnt war. Wolfi war somit dental wieder fit für unseren Berg, die Erleichterung war ihm anzumerken.

Es war nun alles angerichtet, um wie geplant mit den anderen Gästen zum nationalen Airport in Kathmandu aufzubrechen und von dort nach Lukla zum Ausgangspunkt unserer Tour zu fliegen. Wir wurden alle am frühen Morgen des 6. April in die Hotellobby bestellt, um von dort mit einem Bus der Agentur zum Flughafen gebracht zu werden. Doch das Wetter machte uns an diesem Tag einen Strich durch die Rechnung; ein sicherer Flug nach Lukla sei unter den gegebenen Sichtverhältnissen nicht gewährleistet, so hieß es.

Dabei ist der Begriff »Sicherheit« schon sehr relativ, gemessen an unserem europäischen Empfinden, denn der Tenzing-Hillary-Airport in Lukla zählt zu den gefährlichsten Flughäfen der Welt. Die gerade mal fünfhundert Meter lange Landebahn, die auch als Startbahn dient, hat eine Steigung von zwölf Prozent. Die Piloten der mit bis zu 18 Personen besetzten Propellermaschinen müssen beim Landeanflug die Vorderkante der Landebahn auf den Meter genau treffen, um den extrem kurzen Bremsweg bis zum Ende der Bahn voll nutzen zu können und nicht an der Felswand an der Stirnseite der Landebahn zu zerschellen.

Dieser Gebirgsflugplatz, ein sogenannter Altiport, liegt auf einer Höhe von 2800 Metern, inmitten von Steilabfällen und terrassenartig angelegten Hängen oberhalb eines felsigen Abgrundes über einer

Schlucht. Die Felsen zur nächst höheren Terrasse steigen unmittelbar neben der Rollbahn in die Höhe. Hier ist also kein Meter Platz für ein Hoppala: Jeder Pilot hat tatsächlich nur einen Versuch – ein Durchstarten wie auf einem konventionellen Flughafen ist ausgeschlossen. Immer wieder musste man in der Vergangenheit von katastrophalen Unfällen hören. Dementsprechend sind die Flugregeln genau einzuhalten, wenn etwa Nebel oder Wolkenbänke eine halbwegs sichere Landung in Lukla nicht zulassen.

Gegen 11 Uhr wurde für uns an diesem Vormittag »Entwarnung« gegeben; wir durften wieder in unsere Hotelzimmer zurück und einen weiteren Erholungstag beginnen. Mich lassen solche Verzögerungen mittlerweile kalt; nach vielen Reisen in die entlegensten Teile der Welt habe ich mich daran gewöhnt, dass in anderen Kulturen die Uhren anders ticken. Immer noch besser, sich hier im Hotelpool oder beim Bummeln in Kathmandu zu entspannen, als dem Können und eben dem Übereifer des Piloten am Flugplatz von Lukla ausgeliefert zu sein.

Und so kam der nächste Morgen, an dem wir uns einmal mehr voller Erwartung mit Sack und Pack aus dem Hotelzimmer in den Lift und hinunter in die Lobby bewegten. Für mich selbst ist so ein Exodus immer ein anstrengender Akt. Wenn ich, eine Hand am Rucksack meines Freundes, einen dreißig Kilo schweren Seesack an der anderen Hand durch die Flure hinter mir herziehe wie eine tote Robbe und einen weiteren, 14 Kilo schweren Rucksack auf dem Rücken trage, um mich so durch die schmalen Hotelflure zu bewegen, dann ist das ein Slalomlauf zwischen Zimmertüren, Putzeimern und Staubsaugerkabeln hindurch, den ich unter den sicher verdutzten Augen des Personals bei möglichst geringem Kollateralschaden zu meistern versuche.

Am 7. April 2014 saßen wir also wieder versammelt, gestriegelt und geschnäuzt, im Eingangsbereich unseres Hotels – und abermals musste Dawa uns die traurige Botschaft übermitteln, dass auch unser heutiger Flug gestrichen war. Dawa kam dann mit einer interessanten Alternative:

Es gab die Möglichkeit, mit dem Bus eine Tagesreise lang über eine teils abenteuerliche Route durch die Wildnis von Nepal nach Jiri zu fahren, wo ein Großraumhubschrauber russischer Bauart auf uns warten würde. Unser Agent hatte dort bereits für uns vorgefühlt und der Pilot des betagten Fluggerätes war tatsächlich bereit, die komplette Gruppe mitsamt den Sherpas und dem Expeditionsgepäck hinaufzufliegen nach Namche Bazar, auf 3800 Meter Seehöhe.

In meinem Kopf klingelte es: Diese Alternative hatte ich bereits im Vorfeld als Option geprüft, dann aber aus Kostengründen wieder verworfen. Jetzt galt es, die Situation und unsere Möglichkeiten neu zu prüfen. Der Anflug auf Lukla mit der hochgefährlichen Landung war nur das eine Argument, das gegen das Flugzeug sprach. Der kraftraubendere, zweitägige Marsch von Lukla über Phakding hinauf nach Namche Bazar war für Wolfi, Daniel und mich dann der zweite Faktor, der gegen die Lukla-Route sprach.

Diese bei Trekkern wegen ihrer landschaftlichen Reize sehr beliebte Wanderstrecke verläuft parallel zum Ufer des laut tosenden Dudh Kosi, einem Zweig des großen Abflusses vom Khumbu-Gletscher im von hier noch vierzig Kilometer entfernten Basislager des Mount Everest. Das laute Tosen eines Gebirgsflusses direkt neben dem holprigen und mit Steinblöcken übersäten Pfad, bedeutet für mich den höchsten Schwierigkeitsgrad, den ich mir bei der Fortbewegung im Bergland vorstellen kann. Ich höre weder die Tritte meines Vordermannes noch kommen etwaige Warnungen verlässlich bei mir an. Deshalb wollte ich uns anfangs diesen Teil des Anmarsches, den ich aus meiner Reise von 2009 bereits kannte, ersparen – schon, um die Kräfte für den Rest der Reise zu schonen. Und jetzt kam also unser Agenturchef aufgrund des schlechten Flugwetters genau mit dieser Variante herüber. Als er den dann doch erträglichen Aufpreis für den Hubschrauberflug nannte, fiel uns allen die Entscheidung für die Heli-Route nicht mehr schwer.

Eine halbe Stunde später saßen alle Teilnehmer bereits im Bus und wir verließen Kathmandu in Richtung Jiri. Jiri liegt eine Tagesreise nordöstlich von Kathmandu, an den südlichen Ausläufern des Khumbu-Gebietes auf einer Höhe von circa 2000 Meter. Trotz der relativ kurzen Distanz verbrachten wir volle acht Stunden im Bus und unser Fahrer stellte in waghalsigen Manövern sein Können unter Beweis. Es verwundert nicht, dass sich gerade in dieser Region Nepals immer wieder schwere Busunglücke ereignen; nicht selten sind das Tragödien, die bis in die Schlagzeilen westlicher Medien vordringen.

Gegen Abend kamen wir in Jiri an und für einen kurzen Spaziergang mit Wolfi und Daniel bestand noch Gelegenheit. Jiri ist ein steinig-staubiges Ensemble von wenigen Häusern, die sich terrassenartig aneinanderschmiegen; beißender Rauch des zum Heizen verwendeten Yakdungs lag hier in der Luft.

Zwischen den Häusern gab es Stiegen und Stolperstufen; das Rauschen eines kleinen Flusses untermalte die Szene. Unser Fokus lag jetzt auf diesem großen Hubschrauber, der hier irgendwo in der Nähe auf uns wartete und der uns morgen ganz früh hinauf in die Khumbu-Region fliegen sollte.

Am frühen Morgen des 8. April 2014 bestiegen wir den alten MI-8, einen russischen Transporthubschrauber von der Größe eines Reisebusses. Wenig später durchbrachen die aufheulenden Turbinen und das tieffrequente Schlagen der mächtigen Rotorblätter die Stille dieser einsamen Bergregion. Ich saß hinten links, direkt an der Scheibe, als der Flugsaurier mit mächtigem Ruckeln und Pfauchen vom Boden abhob. Die 26 Sitzplätze des Helikopters waren mit Mensch und Material heillos überfüllt und die Maschine tat sich schwer, die 3,5 Tonnen Nutzlast in den Himmel zu stemmen. Unausweichlich kommen einem in solchen Momenten die Zweifel: Wie alt ist das Ding überhaupt? Wann ist es das letzte Mal gewartet worden? Besitzt der Pilot so etwas wie eine Lizenz? Und ist das Teil hier wirklich sicherer als ein Flug mit dem Flächenflugzeug nach Lukla?

Sobald sich der Heli auf dem Weg ins Tal in Richtung Namche Bazar bewegte, versuchte ich, unsere Position in der Landschaft zu verorten. Durch die Sonneneinstrahlung von vorne rechts konnte ich feststellen, dass wir offenbar in Richtung Nordosten unterwegs waren. Trotz der dröhnenden Triebwerke vernahm ich die Euphorie um mich herum: Unser Flug bot offenbar einen grandiosen Ausblick auf das Panorama des Himalaya und auch die imposanten Umrisse des Mount Everest waren jetzt durch die Frontscheibe des Helikopters zu erkennen.

Bereits nach dreißig Minuten ging der Helikopter in den Sinkflug. In einer Art Steilkurve flog der Pilot ins Tal hinein und landete die

Maschine gekonnt auf dem kleinen Landeplatz oberhalb von Namche Bazar in Syangboche auf 3740 Meter Meereshöhe. Die Triebwerke fuhren herunter, ein letztes Schlagen der Rotoren teilte die Luft und schon wurde die Kabinentür geöffnet und eine steile Leiter zum Aussteigen ausgefahren. Ich kletterte durch die Luke ins Freie mit dem guten Gefühl, von nun an wieder selbst für mein Schicksal verantwortlich zu sein.

Mit einem Schlag war da wieder diese fast heilige Stille, die einem das Trommelfell zum Schwingen bringt; von weit weg waren nur die Glocken der Tragtiere zu vernehmen und von unten aus dem Tal das monotone Pling-Pling der Steinklopfer.

Das Leben hier oben folgt ganz anderen Gesetzen als unser westliches Dasein. Das Errichten eines Hauses beispielsweise verlangt höchsten körperlichen Einsatz. Alleine das Herbeischaffen der Baumaterialien wie Holz, Installationsrohre, Fenster oder Elektrokabel verlangt unvorstellbar viel menschliche Kraft und Mühe. Es gibt hier so gut wie keine Straßen und damit entfällt der Transport mit einem radgebundenen Vehikel. Jede einzelne Last muss also auf den Rücken von Tragtieren und sehr oft auch auf den Schultern, Köpfen und Rücken von Menschen hier hinauf nach Namche getragen werden.

Uns kamen am anderen Tag tief gebeugte Männer entgegen, die ein vier Meter langes, gusseisernes Abflussrohr auf den Schultern den Hang hinaufwuchteten, wie mir meine Jungs berichteten. Was so ein Rohr wiegt, das kann der erahnen, der mal einen Ofen oder einen Kanaldeckel angehoben hat. Solche Schwerstarbeit würde bei uns ein Bagger erledigen. Nur die äußerste Willenskraft, gepaart mit austrainierten Muskeln und Sehnen, macht es überhaupt möglich, dass Männer solche Lasten stemmen, ohne darunter zu kollabieren. Um solche extremen Leistungen angemessen zu würdigen fehlen mir die Worte. Was befähigt diese Männer zu solchen Kraftakten? Ich vermute, es ist schlicht die Notwendigkeit.

Bei meinen Auftritten als Keynote Speaker geht es immer wieder um die Frage der Motivation. Eine simple Frage, die mir oft gestellt wird, lautet:»Herr Holzer, was glauben Sie, weshalb droht das Vorankommen in unserer westlichen Welt gerade jetzt zu stagnieren, wo eigentlich alles so perfekt wie nie zuvor organisiert ist und die Rahmenbedingungen auf Höchstleistung ausgelegt sind?«

Ich sage dann: »Ich denke, wir haben vielleicht die Notwendigkeit verloren. Wenn etwas wirklich nötig ist, dann entwickelt man ganz andere Ressourcen und Ideen, um das Notwendige zu realisieren.«

In diesem Sinne sind mir auch die emsigen Steinmetze hier in Namche Bazar sehr ans Herz gewachsen. Da es einfach ineffizient wäre, auch noch die Ziegel für den Hausbau aus dem zwei Tagesmärsche entfernten Lukla heraufzutragen, hat sich dieser Beruf hier aus schlichter Notwendigkeit entwickelt. Diese Männer sind von früh bis spät damit beschäftigt, direkt aus den vor Ort liegenden Steinblöcken gleichmäßig geformte Quader herauszuklopfen. Alles, was sie dazu brauchen, sind Hammer und Meißel.

Ich durfte einen dieser handgeklopften Bausteine in einer Größe von etwa 30 mal 25 mal 12 Zentimeter in Händen halten und war beeindruckt von der Präzision dieser Bauteile. Noch heute klingt mir das beharrliche Klopfen der Steinmetze in den Ohren, wenn ich an dieses einzigartige Handelsstädtchen im Herzen des Solokhumbu zurückdenke.

Zum ersten Mal auf dieser Reise fühlte ich mich richtig wohl. Auch Wolfi und Daniel zeigten Begeisterung, denn ab diesem Punkt war uns dreien klar: Es lag von nun an zuerst an uns, wie diese Tour verlaufen würde und weniger an anderen Einflüssen.

Thomas machte noch einige, wahrscheinlich superschöne Bilder mit der Fernsehkamera und dann lenkten wir unsere Schritte die wenigen Höhenmeter hinunter in unsere nächste Unterkunft nach Namche Bazar. Im Sinne einer optimalen Höhenanpassung war geplant, mehrere Nächte hier oben auf 3440 Metern zu verweilen. Mit dem Hubschrauber hatten wir ja heute von Jiri aus in einem einzigen Satz gut 1500 Höhenmeter übersprungen. Laut der Empfehlung von Fachärzten sollte man pro Tag nicht mehr als vier- bis fünfhundert Höhenmeter aufsteigen. Wenn man nun wie wir gleich drei solcher Tages-Höheneinheiten in einem Sprung überwindet, dann ist es empfehlenswert, für mehrere Tage auf der aktuellen Höhe zu verweilen, um so die Zumutungen für den Körper auszugleichen und die nötige Anpassung nachzuholen.

Namche Bazar ist eine liebliche Ansiedlung, sie erstreckt sich über mehrere, der Landschaft angepasste Geländeterrassen. Schmalste Gässchen mit endlosen Treppenpassagen trennen die eng aneinandergedrückten Häuser und es braucht schon etwas Geschick und Kondition, sich ohne Sturz auf einen Stadtbummel in dieses unwegsame Terrain aufzumachen. Wolfi und Daniel lenkten mich während der nächsten beiden Tage gekonnt durch die nicht eben barrierefreie Zivilisation von Namche Bazar; ganz nebenbei übten wir dabei unsere intuitive Kommunikation im schweren Gelände. Zwischendurch waren wieder Aufnahmen für die ARD und einzelne Interviews angesagt, was uns die Zeit aufs Angenehmste vertrieb und Abwechslung in unseren Bergtouristenalltag brachte.

Wegelagerer und Yaks

Am 10. April konnte unser Aufstieg in Richtung Basislager nun endlich beginnen. Fünf Tage des Wanderns über unbekannte Pfade bis hinauf zum Base Camp des Mount Everest auf 5300 Meter Seehöhe standen uns bevor: Fünf Tage der Ungewissheit für mich. Wie würde der Weg sein, welche Komplikationen betreffend der Stufen, der großen Steine, der Überquerung von reißenden Flüssen kamen nun auf mich zu? Ich konnte mir ja von keinem Sehenden, der sich vielleicht auch schon im Khumbu-Gebiet aufgehalten hatte, ein genaues Bild für meinen Aufstieg holen. Für sehende Bergsteiger sind oft die Wegpassagen sehr einfach zu begehen, an denen ich dann in Verzweiflung gerate. Sie nehmen zum Beispiel kniehohe Felsblöcke am Wegesrand gar nicht wahr, während ich diese steinernen Wegelagerer mit einem kräftigen Knieanstoßer begrüße. Umgekehrt wird von Normalbergsteigern eine bestimmte Passage als für einen Blinden nicht machbar beschrieben – und das sind oft die Passagen, auf denen ich mich dann relativ leichttue. Nur wer mit mir länger gemeinsam auf dem Weg gewesen ist, der kann vielleicht einschätzen, ob mir das jeweilige Gelände nun entgegenkommt oder ob es doch effektiver wäre, einen kleinen Umweg in Kauf zu nehmen.

Voller Zuversicht traten wir also nach dem Frühstück vor unsere Lodge, um die ersten Stufen, vorbei an spielenden Kindern und Häuserfassaden mit hübsch geschmückten Eingangsportalen, wie sie mir Wolfgang beschrieb, hinter uns zu bringen. Unser heutiges Tagesziel war Tengboche, eine Ansiedlung auf 3860 Meter Meereshöhe. Die erste Stunde stiegen wir über bekanntes Terrain hinauf zum Landeplatz unseres Hubschraubers und von dort an wurde – zu meiner Erleichterung – der Fußweg feinkörnig und sogar leicht sandig. Dies bedeutete wahre Entspannung für meine Konzentration. Das galt auch für Wolfi und Daniel, die sich immer in gewissen Zeitintervallen abwechselnd im Abstand von etwa ein bis zwei Metern vor mir bewegten; für sie bot dieses Gelände ebenfalls eine willkommene Abwechslung.

Ein kleines Glöckchen am Schuh meines Vordermannes machte es mir leichter, die genaue Position meines Vorläufers auch bei Nebengeräuschen wie dem Plätschern eines Baches, dem Rauschen des Windes oder dem Plappern anderer Trekker punktgenau auszumachen und mich so zu orientieren.

Auch dieses kleine Glöckchen kann eine Geschichte erzählen. Ich habe dieses nützliche Werkzeug vor Jahren von meinem bereits erwähnten Freund Erik Weihenmayer geschenkt bekommen. Wir lernten uns per Zufall bei Filmaufnahmen in den Dolomiten kennen. Erik und ich schätzen und unterstützen uns gegenseitig und er weiß genau wie ich: Wenn wir uns nicht als Konkurrenten betrachten, sondern miteinander unser Glück versuchen, dann springt am Ende für beide mehr heraus. Dies konnten wir schon einige Male realisieren und so ist als Beispiel im Jahr 2006 ein Film entstanden, der uns beide als »Blinde Seilschaft« in einer alpinen, ernsten Kletterroute in den Lienzer Dolomiten porträtiert. Auf unserer Reise zum Kilimandscharo machte ich zum ersten Mal Bekanntschaft mit Eriks Glöckchen. Am Ende der Reise schenkte er mir seinen kleinen Helfer mit den Worten: »Andy, this bell has been on the top of the world – may be, it brings a little help for you.« Und nun bimmelte Eriks Glöckchen vor mir an Wolfgangs Schuh und war auf dem besten Wege, zum zweiten Mal auf den Mount Everest zu gelangen.

Unser Pfad führte nach der längeren, gemütlichen Flachstrecke hinunter in einen tiefen Geländegraben, den der große Dudh Kosi Fluss auf seinem Weg gegraben hatte. Dort befand sich eine für diese Gegend typische Hängebrücke – für unseren Kameramann das perfekte Motiv. Mich und auch meine beiden Burschen hat es fasziniert, wie wenig uns die filmische Begleitung der ARD gestört hat – im Gegenteil, es war einfach eine angenehme Abwechslung und wir haben uns immer wieder gern bemüht, um für Julianes Film etwas Schönes bieten zu können. Dass ich damit nicht unsere äußere Erscheinung meine, ist wohl jedem klar, der unsere einfach geschnitzten Tiroler Gesichter kennt. Aber auch ohne Mannequins oder Schauspieler hatte es Tom hier in dieser unglaublich reizvollen Umgebung recht leicht, einzigartige Leckerbissen für das Auge einzufangen.

Den ganzen Trekkingtag lang begleitete uns, wie Daniel und Wolfi mir immer wieder mit ehrfürchtigem Unterton zu verstehen gaben, die »Ama Dablam« am rechten Rand des Gesichtsfeldes. Die Ama Dablam, wörtlich übersetzt »Mutter und ihre Halskette«, ist ein 6814 Meter hoher Berg in der Khumbu-Region, dem Herzen des Sherpa-Landes. An der rechten Talseite unserer heutigen Wegstrecke, vor dem Hintergrund der höchsten Gipfel der Erde, ragt die Ama Dablam völlig freistehend in den Himmel. Der Berg wird auch als »Matterhorn Nepals« bezeichnet und gilt als einer der schönsten Berge der Welt.

Auf der gegenüberliegenden Flussseite stiegen wir über zahllose Wegkehren gute sechshundert Höhenmeter hinauf, während immer wieder Yaktreiber mit ihren Tragetieren unseren Weg kreuzten. Bis circa 4000 Meter benutzen die Nepalesen hier auch eine Art Muli, doch oberhalb dieser Höhengrenze sind die unverwüstlichen Yaks die bevorzugten Lastenträger.

Viele Trekker aus aller Herren Länder begegneten uns und allerlei unterschiedliche Stimmungen saugten wir auf. Mir persönlich ging es mit den vielen Leuten, dem rauschenden Fluss und dem aufrechten Gehen im Gelände erstaunlich gut. Nach circa fünf Stunden hatten wir unser Tagesziel, Tengboche auf 3860 Metern, erreicht und über neunhundert Meter im Auf- und fünfhundert Meter im Abstieg gut hinter uns gebracht. An diesem Nachmittag besuchten wir das größte Kloster im Tal, in dem wir einer buddhistischen Zeremonie beiwohnen durften. Das köstliche Abendessen krönte diesen Tag und wir sanken alle glücklich und erschöpft auf unsere Lager.

Am nächsten Tag, dem 11. April 2014, stand eine weitere, sehr anstrengende Etappe auf unserem Reiseplan. Es galt, Dingboche auf 4410 Metern zu erreichen. Morgens um acht starteten wir in dem Wissen, dass dieser Abschnitt etwas länger und anstrengender werden würde als der gestrige. Zunächst stiegen wir hundert Meter hinab zu einem großen Fluss, wo eine Hängebrückenquerung einmal für mehr fantastische Bildmotive sorgte. Unser steiler Weg führte uns hinauf ins Kloster der kleinen Ortschaft Pangboche, wo wir mit einer spirituell bewegenden Stunde für unsere Mühe belohnt wurden. Der ortsansässige Lama nahm in der Feier die für den buddhistischen Glauben typische Segnung der Expeditionsmitglieder, Sherpas und der Ausrüstung vor. Für mich sind solche Situationen, in denen Stille und Andacht gefordert sind, eine besondere Herausforderung. Nimmt man an einem Ritual teil, dessen Ablauf man nicht kennt, dann imitiert man eben das, was alle tun; so fällt man am wenigsten auf. Selbstverständlich möchte auch ich nicht durch unangepasstes Verhalten stören, aber oft bekomme ich die simpelsten Dinge nicht mit: Soll ich jetzt stehen, sitzen, knien, nach vorne gehen? Besonders peinlich wurde es, als jeder Einzelne von uns direkt vor den betenden Lama treten sollte, um seinen persönlichen Segen für die Reise zu erhalten. Der Lama saß da, eingehüllt in Weihrauch und seine etwas eigentümlich riechende Bekleidung. Jeder von uns sollte dann auch die Mantras, die er uns vorbetete, klar und deutlich nachsprechen. Für mich war diese Situation eine mittelschwere Katastrophe und das nicht, weil ich mich geschämt hätte, vor den anderen Reisenden etwas falsch zu machen; ich wollte einfach diese tief geistliche Zeremonie nicht mit einem tollpatschigen Fehltritt ins Lächerliche ziehen – noch dazu vor laufender Kamera. Woher sollte dieser ehrwürdige Geistliche auch wissen, dass der Everest-Anwärter, der jetzt vor ihm stand, blind ist? Einmal mehr konnte ich mich auch in dieser heiklen Situation auf meine beiden Kameraden verlassen. Daniel und Wolfi dirigierten mich mit feinsten Berührungs- und Klopfzeichen an Fuß oder Rücken und halfen mir beim Mantra-Wiederholen als Souffleure.

Am frühen Nachmittag führte uns der zweite Teil unserer Tagesetappe aus diesem Dorf hinaus in die Weiten des oberen Khumbu-Tales. Auch ein Teil unserer Climbing Sherpas war auf diesen Anmarsch zum Basislager mit uns mitgekommen. Der andere Teil der Sherpas war uns bereits um Tage voraus, um das Base Camp für uns aufzubauen und alles Nötige für unsere Ankunft vorzubereiten.

Climbing Sherpas nennt man diejenigen im Sherpa-Team, die sich gemeinsam mit ihren Expeditionsteilnehmern zum endgültigen Aufstieg zum Gipfel aufmachen. Diese Männer sind es auch, ohne die da oben wirklich gar nichts geht. Das ist nicht erst heute so, in den Zeiten des kommerziellen Achttausenderbergsteigens, das war auch schon bei der Erstbegehung des Mount Everest am 29. Mai 1953 durch Sir Edmund Hillary und seinen Begleitern der Fall. Auch damals war Hillarys Seilpartner ein Sherpa, der berühmte Tenzing Norgay. Auch andere Spitzenleistungen wie zum Beispiel die erste Ersteigung ohne Zuhilfenahme von künstlichem Sauerstoff durch Peter Habeler und Reinhold Messner im Mai 1978 wären ohne den Support von Sherpas genauso wenig denkbar gewesen.

Diese liebenswürdigen, urstarken Menschen, deren Vorfahren ihnen bereits das ideale Erbgut für Höchstleistungen in dieser extremen Umgebung mit auf den Weg gegeben haben, sorgen dort oben für den Lageraufbau, den Materialtransport und die Betreuung der leiblichen Bedürfnisse. Darüber hinaus kümmern sie sich – speziell an der Everest-Südroute – auch um die Präparierung des riskanten Weges durch den Khumbu-Eisbruch, der mit bis zu zwölf Meter langen Aluminiumleitern und Kilometern von Fixseilen bestückt wird, was eine halbwegs sichere Begehbarkeit gewährleistet.

Einer dieser Climbing Sherpas, der bei vorangegangenen Expeditionen schon mehrfach Gäste auf den Gipfel des Everest begleitet hatte, hieß Tenzing, Namensvetter des Erfolgspartners von Sir Edmund Hillary. Tenzing war mir zugeteilt als mein persönlicher Begleiter. Und so stapfte er aufmerksam hinter mir her und warnte mich bisweilen sogar mit einer gewissen, feinen Handgreiflichkeit vor jeder Stufe. Ich gab Tenzing meine Videokamera und bat ihn, ein paar Bilder zu schießen; ihm gelangen einige sehenswerte Impressionen dieses Tages. Gegen 16 Uhr trudelten wir dann in unserem Tagesziel Dingboche auf 4410 Metern ein und ich war happy, auch den zweiten Trekkingtag so gut bewältigt zu haben.

Dies war leider bei einigen unserer Teammitglieder nicht der Fall; erste Anzeichen der Höhenbelastung brachten Teile unseres Teams in Unannehmlichkeiten. Daniel hatte mit laufender Nase, leichten Halsschmerzen und Husten zu kämpfen. Auch sein Temperaturhaushalt war etwas aus dem Gleichgewicht. Mal war ihm zu warm, mal zu kalt. All das sind die Symptome für eine noch nicht gelungene Höhenanpassung. Die hier oben doch schon deutlich spürbare Abnahme des partialen Luftdruckes und der damit einhergehende Sauerstoffabfall fordern den Organismus, was sich wie eine beginnende Erkältungskrankheit anfühlt. Akuter Leistungsabfall und Kopfschmerzen bremsen die Motivation und das Vorankommen enorm; nur mit einer weiteren Entschleunigung des Aufstieges ist dagegen anzukommen.

Dawa, unser Agenturchef, erkannte das Problem und machte uns den Vorschlag, eine zweite Übernachtung hier in Dingboche einzuschieben. Für Wolfi und mich war ein zusätzlicher Ruhetag ganz sicher kein Nachteil, auch wenn wir bis hierhin sehr gut mit der Höhe zurechtkamen. Es kann nur gut sein, wenn man mit seiner Höhenanpassung einen Schritt voraus ist. Auch die übrigen Mitglieder unserer Gruppe stimmten zu und so genossen wir einen weiteren Tag der Erholung. Wenn man sich bewusst macht, dass die Reise zum Mount Everest fast zwei Monate in Anspruch nimmt, dann fallen ein oder zwei zusätzliche Tage im Zeitplan nicht ins Gewicht.

Im Gegenteil: Wenn man früh für eine solide Anpassung sorgt, dann wird man vielleicht später, an einem entscheidenden Expeditionstag auf noch viel größerer Höhe, davon profitieren; man ist einfach leistungsfähiger und kann eventuell an einem entscheidenden Punkt viel Zeit gewinnen.

Für mich vergehen solche Ruhetage meist mit totaler Entspannung und Nichtstun. Aber auch dieses Innehalten am Berg muss man erst lernen. Ich habe bei anderen Bergsteigern registriert, wie unruhig und unrund sie dann werden, wenn es mal nicht vorangeht und es dann eigentlich nichts zu tun gibt. Für mich ist das ein typisches Zeichen unserer westlichen Getriebenheit.

Trotz äußerlicher Passivität arbeitet der Organismus an solchen Anpassungstagen auf Hochtouren. Das kann man vielleicht mit einer Grippe vergleichen: Du liegst scheinbar untätig im Bett – und doch muss dein Körper schwer arbeiten.

Die Höhenanpassung fordert vom Organismus die Produktion von zusätzlichen roten Blutkörperchen, die für das Überleben in großer Höhe unerlässlich sind. Man kann diese innere Aktivität belegen, indem man in Ruhelage mal den Puls misst. Bei Ruhestellung fährt der Puls normalerweise herunter; bei normal trainierten Menschen liegt er irgendwo zwischen fünfzig und siebzig Schlägen pro Minute. Wenn der Körper an der Höhenanpassung arbeitet, wird man in Ruhelage oft noch mal zwanzig Pulsschläge pro Minute mehr messen, als dies auf Normalhöhe gegeben ist. Somit ist eine zusätzliche Trainingseinheit während eines Ruhetages auf großer Meereshöhe tendenziell kontraproduktiv.

Aber seiner eigenen Bewegungssucht muss man dies erst mal erklären und so verstehe ich es auch, wenn sich jemand nicht beherrschen kann. Am Ende liegt für mich doch in der Ruhe die Kraft.

Etwas Überwindung kostete mich das Einatmen der beißend nach Rauch und Yakdung riechenden Luft in den Dörfern hier im Tal. Brennholz ist in diesen Höhenlagen Mangelware; die Einheimischen benutzen stattdessen Yakdung, der sich im getrockneten Zustand bestens zum Heizen eignet. Zuerst wird der Dung an den Hausfassaden zum Trocknen aufgetragen und dann portionsweise von dort direkt an die Feuerstelle verfrachtet, wo er eine wunderbare Wärme abgibt. So dient ein Abfallprodukt erst der Wärmedämmung und dann der Wärmegewinnung: ein Musterbeispiel für Nachhaltigkeit.

Das Highlight dieser Tage war für mich das Gespräch mit meiner Sabine am Satellitentelefon. Wie immer während meiner Reisen hielt sie die interessierten Leser unseres Weblogs über unser Vorankommen und Befinden auf dem Laufenden. Diese kurzen Minuten am Telefon mit Sabine brachten mir immer wieder die heimatliche Wärme in mein Herz und davon bekamen auch Wolfi und Daniel durch meine Ausstrahlung einiges ab.

Tenzing machte sich an diesem Ruhetag mit Feldarbeit bei den Einheimischen in Dingboche nützlich und half beim Pflügen. Er ist auf dieser Meereshöhe zu Hause. Hier werden – auf über 4000 Metern – Kartoffeln, Weizen, Buchweizen, Gerste und Hirse angebaut.

Unser gesamtes Team war wieder halbwegs fit und gemeinsam konnten wir zur nächsten Höhenstufe nach Lobuche auf 4910 Metern starten. Vor uns lag eine Wanderung durch ein weites Tal am Fuß der beeindruckenden Gipfel der Cholatse und Tawache. Besondere Schwierigkeiten mit der Wegbeschaffenheit gab es für mich nicht und so ging es hurtig voran. Darauf folgte ein steiler Anstieg in Richtung Khumbu-Gletscher. Der Weg führte im Zickzack durch die Felsbrocken der Gletscher-Endmoräne. Hier passierten wir zahlreiche, steinerne Mahnmale, die an verunglückte Sherpas und Bergsteiger erinnerten. Meine Gedanken waren bei den Opfern hier am Mount Everest, von denen ich so viel gelesen hatte. Aber ich bezog diese Geschichten nie auf meinen eigenen Lebensweg. Ich glaube einfach fest, dass jeder Mensch seine eigene Geschichte schreibt. Deshalb fühle ich mich von Schicksalen anderer Menschen nie persönlich bedroht.

Das letzte Teilstück wurde wieder flacher und relativ entspannt erreichten wir nach vier Stunden Lobuche auf 4910 Metern. Keine dieser Stunden war langweilig oder sinnbefreit für mich. Immer wieder ergaben sich unterwegs auch lustige Situationen. Unter den Trekkern hatte sich bereits herumgesprochen, dass es hier anscheinend einen blinden Trekker im Tal gab. Mich sprach dann ein sehr netter Australier auf diesen Lichtlosen an. Auf meine arglose Frage, ob es nicht zu gefährlich sei, einen Blinden hier heraufstolpern zu lassen, antwortete der Australier:»Nein, das muss ein guter Bergsteiger sein, er muss doch nur etwas langsamer steigen.«

Als der Mann aus Melbourne dann endlich realisierte, dass er schon die ganze Zeit mit eben diesem Blinden sprach – da hatten wir beide ordentlich was zu lachen. Wir nahmen uns herzlich in den Arm und ich bin mir sicher, er wird diese kleine Anekdote genauso wenig vergessen wie ich.

In Dawas Lodge waren wir einmal mehr richtig gut untergebracht und es gab Wiener Schnitzel mit Kartoffeln. Wir waren begeistert! Jede gute Verpflegung hat zwei Seiten – womit wir beim Thema»Toiletten« wären. Dass Sanitäranlagen in Nepal nicht unbedingt europäischem Standard entsprechen, wird niemanden überraschen. Das wiederum ist keine Kritik an der Hygiene – auch einfache Klos können sauber sein; es geht hier mehr um die Ausstattung und damit auch um meine Möglichkeiten, dort komplikationsfrei zurechtzukommen.

In diesem Fall bestand das stille Örtchen also aus einer Zelle, in deren Ecke sich lediglich ein circa zwanzig Zentimenter großes Loch im Boden befand – ohne jede Sitzmöglichkeit. Neben dem Loch standen zwei Eimer, einer fürs soeben gebrauchte Papier, der andere für das Wasser zum Nachspülen.

Es braucht wohl nicht allzu viel Fantasie, um nachzufühlen, dass ich mit so einer Situation überfordert bin. Und dabei ging es nicht nur um mich: Auch ich möchte meinem Nachfolger einen sauberen Ort hinterlassen. Gerade an solchen Stellen kommt die so enge und intime Freundschaft mit meinen Partnern zur Geltung. Wolfgang stand pünktlich mit dem vollen Eimer vor der Klotür; als ich fertig war, erledigte er kommentarlos die Nachsorge. Wenn ich mit diesem selbstlosen Dienst meiner Lieben nicht rechnen könnte, dann hätte ich auf Reisen wie dieser keine Chance. Dieses Thema scheint weitab vom Klettern überm Abgrund oder von waghalsigen Manövern mit dem Seil vor dem Gipfelsieg. Aber auch die einfachsten menschlichen Bedürfnisse müssen wir gemeinsam schaffen.

Für den einen ist das nachvollziehbar, für andere nicht. Für mich ist es schlicht ein Beweis dafür, dass wir im Team eine besonders starke und belastbare Beziehung pflegen.

Am 14. April 2014 führte uns der viereinhalb Stunden lange Weg über zunächst sandige, dann grobkörnige Geröllpisten hinein bis ans Ende des Khumbu-Tales zum Basislager des Mount Everest. Dieser letzte Abschnitt zu unserem ersten großen Etappenziel, dem Base Camp auf 5300 Metern, verlief für mich meistenteils komplikationslos. Allein die letzte halbe Stunde hatte es noch einmal in sich. Hier warteten recht große Steinblöcke und haltlose, kurze Schotterquerungen auf uns. Mit Herzklopfen erreichte ich zum ersten Mal im Leben das Basislager am Fuß des großen Berges.

Daniel ging es nun wieder besser, aber Wolfi wurde kurz vor dem Erreichen unseres Tageszieles von heftigen Kopfschmerzen heimgesucht, so dass er sich über den Moment der Ankunft kaum freuen konnte.

Unsere Küchenmannschaft und Dawa empfingen uns mit großer Herzlichkeit, üppige Portionen mit gutem Thunfisch und Pommes frites dufteten einladend. Dawa, Juliane und andere wollten Wolfgang mit seinen Kopfschmerzen helfen und sie redeten wohlwollend auf ihn ein. Da ich selbst Kopfschmerzkandidat bin, kenne ich diese Situation nur zu gut. »Einfach Ruhe braucht der Wolfi, sonst gar nichts; lassen wir ihm also seine Ruhe für einige Minuten,« so versuchte ich Wolfi abzuschirmen. Während wir uns das herrliche Essen schmecken ließen, herrschte gefräßige Stille und vielleicht eine knappe halbe Stunde später hatte Wolfi sich erholt und war wieder voll da. Vermutlich hatte ihn während des letzten, schwierigeren Teilstückes unseres Aufstiegs seine Doppelkonzentration, mal auf mich, mal auf sich selbst, diesen Kopfschmerz beschert.

Hier im Basislager waren für jeden von uns Einzelzelte installiert. Das waren eigentlich Dreimannzelte, die circa 2,2 mal 1,8 Meter in der Fläche und 1,3 Meter in der Höhe maßen. Es war also angenehm und recht geräumig, so dass sich jeder von uns etwas ausbreiten und ein Stück Privatsphäre genießen konnte. An Kopf- und Fußende sind diese Zelte mit einer Art Vorraum beziehungsweise Apsis ausgestattet, die man als Windfang und Stauraum benutzen kann. So konnte man sich beim Verlassen seiner Bleibe die Schuhe im Trockenen anziehen.

Im Inneren unserer Schlafzelte lag direkt auf der Bodenfolie als wärmereflektierende Schicht eine stabile Aluminiumfolie vollflächig aus. Auf dieser Folie ruhte dann eine circa 15 Millimeter dicke Schaumstoffmatte. Erst darüber kam die eigentliche neun Zentimeter dicke Schlafmatte. Diese ist mit Daunen und Luft gefüllt und bietet durchaus ein wenig Liegekomfort.

Unsere Zelte standen so dicht beieinander, dass man das meiste an Redebedarf erledigen konnte, ohne den Schlafsack zu verlassen. Direkt vorm Eingang meines Schlafzeltes hatten wir mit einer 10-m-Reepschnur das bewährte Leitsystem installiert, das mir einen selbstständigen Gang zum Toilettenzelt ermöglichte. Unmittelbar vor meinem Zelt parkten die beiden blauen Transporttonnen mit der Expeditionsausrüstung und den Leckereien, die wir ja bereits einen Monat vor unserer Abreise vorausgeschickt hatten. Über meinem Zelteingang montierte ich die Solarzelle für die elektrische Aufladung der kleinen Geräte wie Kamera, iPod oder GPS-Gerät. Kurzum: Wir waren perfekt eingerichtet.

Jede noch so geringe Form von körperlicher Betätigung auf über 5300 Meter fordert in der Anfangsphase der Anpassung den Organismus und so mussten wir uns unsere Kräfte gut einteilen. Schon das Bücken zum Knüpfen der Schuhbänder ruft sofort unbarmherzigen Kopfschmerz hervor. Mein Puls, den wir in Namche Bazar auf 3400 Metern Seehöhe mit 51 Schlägen pro Minute gemessen hatten, wollte einfach nicht runtergehen. Dies war jedoch kein Grund zur Beunruhigung. Ich konnte mich und die Situation einschätzen und ich war gewiss, in drei bis vier Tagen würde sich mein Herz wieder beruhigt haben.

Am nächsten Morgen um 6 Uhr riss mich das laute Knattern eines Hubschraubers aus dem Schlaf. Eine Bergsteigerin aus Indien hatte offenbar mit starken Zahnschmerzen zu kämpfen und musste nach Kathmandu zum Zahnarzt geflogen werden. Ein Helikopterflug ist nicht eben billig; dagegen war Wolfis Taxifahrt zur Praxis vergleichsweise günstig gewesen. Nebenbei empfand ich es als beruhigend, zu realisieren, dass die Rettungskette in Nepal am Everest so gut funktionierte.

Die krassen Temperaturschwankungen – Hitze im Zelt bei Sonnenstrahlung, dagegen bis zu minus 16 Grad in der Nacht – setzten uns neben dem schon sehr geringen Luftdruck und Sauerstoffgehalt auf 5300 Metern zu. Im meinem Doppelschlafsack mit Daunenfüllung und einer mit Kunstdaunen gefüllten Außenhaut, hatte ich mit den frostigen Nächten kein Problem. Man darf nur nicht den Fehler machen und in voller Kleidung ins gemachte Nest schlüpfen. Der Heizkörper dieses Systems ist nicht der Schlafsack, sondern die Körperoberfläche, die 26 Grad ausstrahlt. Heizkörper sollte man bekanntlich nicht zudecken; also sind kurze Unterhose und T-Shirt die ideale Schlafbekleidung bei Minusgraden im Zelt.

Am nächsten Tag machten wir einen Bummel durch die Zeltstadt. Das Base Camp hat während der Aufstiegsmonate April und Mai mehrere hundert Einwohner; es zieht sich über viele Hunderte Meter wie ein Wurm in Richtung Khumbu-Eisfall, wo diese Sackgasse abrupt endet. Jede Expeditionsagentur siedelt hier auf ihrem seit Jahren angestammten Platz; um das Zentrum aus Koch-, Aufenthalts- und

Lagerzelten gruppieren sich die Zelte der Gäste, der Sherpas und des Küchenpersonals, das ganze Ensemble bildet eine Einheit.

Ein etwas breiterer Pfad führt wie eine Hauptstraße zwischen diesen Expeditionslagern hindurch und mündet am bergseitigen Ende des Lagers am besagten Eisfall, nach dessen Durchwanderung der Weg weiter hinauf in Richtung Camp 1, Camp 2 und am Ende zum Gipfel führt. Topografisch sehe ich vor meinem inneren Auge das Base Camp wie einen blinddarmartigen Fortsatz des bis hier immer schmaler werdenden Hochtales. An der linken Seite des Basislagers zieht sich in der ganzen Länge die Steilflanke des Pumori, eines 7160 Meter hohen Berges, in den Himmel.

An der rechten Seite im Sinne des Aufstieges verläuft parallel eine etwas tiefer gelegene Gletscherrinne, die im weiteren Verlauf in die Steilaufschwünge zur Gratformation des knapp 7000 Meter hohen Nuptse übergeht. Deshalb ist beidseits des Everest-Basislagers nicht allzu viel Platz und so liegt es an der Natur und nicht an den Launen des Menschen, dass sich dieses Lager so in die Länge zieht. Unser Zeltplatz war der erste, talseitig gesehen. So mussten wir schon eine gute halbe Stunde durch das Camp marschieren, um das andere Ende unseres Bergdorfes zu erreichen.

Das Base Camp verfügt über zwei Heliports, von denen aus Transport- und Rettungsflüge abgewickelt werden. Ein anderer Platz in diesem Zeltdorf blieb ebenso unbebaut. Er ist extra für die Puja vorgesehen. Eine Puja ist für mich jedes Mal ein bewegendes Ritual. Schon während meiner Reisen zum Cho Oyu und zur Shisha Pangma durfte ich, zusammen mit den anderen Teilnehmern und den Sherpas, an dieser Feier teilnehmen. Der exakte Zeitpunkt für diese Feier ist ein nicht unwesentlicher Punkt in der Planung der Expedition. Der 17. April war uns von den Mönchen als Termin empfohlen worden, was bei uns zu Hause dem Gründonnerstag in der österlichen Karwoche entsprach. Dieser Gründonnerstag begann mit einem wunderbaren Frühstück; im Anschluss versammelten wir uns, gemeinsam mit den anderen Everest-Anwärtern, auf dem Festplatz.

Auch all unsere Träger, Sherpas, die Küchenmannschaft und Dawa waren anwesend. Wir westlichen Bergsteiger legten wichtige Ausrüstungsgegenstände wie Steigeisen, Pickel oder Expeditionsstiefel für die

Segnung auf die feierlich geschmückte Anrichte für die Zeremonie. Einer unserer Climbing Sherpas war auch Lama. Ein Lama ist eigentlich ein spiritueller Lehrer, aber er fungiert in diesem Zusammenhang auch als Leiter der Zeremonie und ist vielleicht am besten mit einem Laienpriester oder Diakon in der christlichen Tradition zu vergleichen.

Unser Lama begann also mit dem uns schon bekannten Gebetsmurmeln. Für mich gewöhnungsbedürftig war die Tatsache, dass der Lama vorne am Altar ins Gebet vertieft saß, während sich die ebenfalls dem Buddhismus zugehörigen Sherpas und Küchenhelfer teils lautstark unterhielten – das hatte eher was von einer Party als von einer Andacht. Immer wieder wurden uns Tee, Kekse und andere feine Sachen serviert. Ein Sherpa bot uns sogar Hochprozentiges an. Die Stimmung war also tendenziell eher heiter als asketisch-besinnlich.

Jeder von uns bekam eine Handvoll Reis und Mehl; zum Höhepunkt der Puja taten wir es den Sherpas gleich und warfen die Opfergaben unter großem Gejohle in den Himmel, als Ausdruck unserer Bitte um eine gesunde Rückkehr. Als Abschluss dieser Feier wurden wir in einen Tanz der Sherpas eingebunden – mit noch mangelhafter Höhenanpassung war das durchaus eine sportliche Herausforderung.

An diesem Nachmittag absolvierten wir noch eine Spezial-Trainingseinheit, um uns auf die Herausforderungen vorzubereiten, die uns im Khumbu-Eisfall erwarteten. Dazu hatten die Sherpas für uns eine Art Hindernis-Parcours aufgebaut, der den Weg durch den Eisfall simulieren sollte; hier galt es zum Beispiel, am Fixseil und mithilfe von Aluleitern Gletscherspalten zu überklettern.

Die Wegstrecke vom Basislager hinauf zu Lager 1 verläuft über einige Stunden durch eben diesen Eisfall, was der Besteigung des Mount Everest von der nepalesischen Südseite her ein unkalkulierbares Risiko verleiht. Deshalb war es für das Bewältigen der nächsten Etappe gerade auch für unser Team so wichtig, sich in diesem Chaos von sich ständig bewegenden Eismassen zügig bewegen zu können. Dazu gehört das Überqueren von bis zu zwölf Meter breiten, tief klaffenden Spalten, das als Balanceakt auf einer wackelig schmalen Aluminiumleiter zu meistern ist. Dass diese Alu-Brückenkonstruktionen nicht aus einem Stück, sondern aus mehreren, aneinander geflanschten

Teilleitern bestehen, machte die Sache nicht eben stabiler. Wolfi, Daniel und ich hatten großen Spaß dabei, uns an diesen Geschicklichkeitsübungen zu versuchen. Die Leitern, die steil an den Eiswänden nach oben führten, waren dabei das kleinere Problem; die wippenden Horizontalkonstruktionen stellten dagegen eine ganz andere Schwierigkeitsstufe dar. Verblüfft war ich von Julianes Geschicklichkeit in dieser Disziplin. Unser Kamerateam war währenddessen emsig damit beschäftigt, die besten Bilder dieser Lager-Olympiade einzufangen. Zu meinem Glück waren die Sprossenabstände genormt und so konnte ich eine gewisse Routine entwickeln, was meine Schrittlänge betraf. Tenzing gab mir einen wertvollen Tipp: Ich sollte mich, das Fixseil fest in den Händen haltend, in leichter Vorlage wie ein Skispringer bewegen, um durch die so erzeugte Spannung mehr Halt zu gewinnen. An die Grenze meiner Leistungsfähigkeit stieß ich dann endgültig, als sich der Kurs über halbflache Querung aus blankem Eis mit darin unregelmäßig verteilten Löchern schlängelte. In solchen Momenten kamen mir leise Zweifel, ob die anstehende Etappe durch den Eisfall nicht doch meine Möglichkeiten überstieg.

Das Stöhnen um mich herum verriet mir aber, dass es neben mir noch andere Aspiranten gab, die sich hier schwertaten und die sich womöglich noch tollpatschiger gebärdeten als ich. Schadenfreude ist nicht mein Ding, aber das Wissen, in dieser Disziplin nicht die Schlusslaterne zu sein, nahm mir doch ein wenig den Stress.

Nach diesem erfüllten Tag krochen wir in unsere Schlafsäcke; für den nächsten Morgen war unser Aufbruch auf den 6119 Meter hohen Lobuche Peak geplant, als nächste Stufe unserer Höhenanpassung. Andere Expeditionsgruppen bevorzugten die Durchsteigung des Eisfalls als erste Akklimatisierungstour. Unsere Maxime war dagegen die Risikominimierung. Den Eisfall öfter als unbedingt notwendig zu durchsteigen, war in diesem Sinne kontraproduktiv. Wir wollten uns für eine gelungene Höhenanpassung lieber an einem weniger schwierigen Gipfel versuchen.

Der Ausgangspunkt für den Lobuche Peak lag zwar einen Tagesmarsch talauswärts, erschien uns aber als lohnendes und reizvolles Ziel. Auch Juliane und das Kamerateam hatten für den Lobuche Peak ein Permit gelöst. Sie wollten direkt miterleben, wie ich im Himalaya einen Gipfel erklomm und dies im Film einfangen. Auf einen finalen Anstieg zum Gipfel des Mount Everest war Juliane selbst nicht eingestellt und es wäre ihr mit ihrer bisherigen Bergerfahrung einfach nicht möglich gewesen. Der bevorstehende Aufstieg zum Lobuche Peak war für sie also der vorläufige Höhepunkt ihrer noch kurzen Bergsteiger-Karriere. Und so gingen wir an diesem Abend alle voller Vorfreude zu Bett.

Die Eislawine

Die Nacht auf den 18. April hatte mir wieder tiefen Schlaf gebracht; ich wachte gegen 7 Uhr 20 auf und ahnte nicht, dass dieser Tag eine Wende für unsere Tour bedeuten würde. Noch im Halbschlaf hörte ich die hüstelnde Juliane draußen herumlaufen, das Rauschen der Funkgeräte klang an diesem Morgen eine Spur hektischer als sonst; ganz dumpf konnte ich von Weitem das Einschlagen von Rotorblättern in der dünnen Morgenluft vernehmen. Daniel murmelte etwas drüben in seinem Zelt. Ich erkundigte mich nach seinem Befinden. Auch Wolfi war schon auf den Beinen und ließ ein knappes »Guten Morgen« hören. Etwas lag in der Luft und wir fragten uns, was da los war heute. Es hieß, Hubschrauber seien hinauf in Richtung Lager 1 oberhalb des Eisfalls geflogen; zeitgleich vernahm ich einen weiteren Heli, der aus dem Tal herauf zum Lager unterwegs war. Irgendwann rief mir jemand zu: »Andy! – Eine Eislawine! Es gab eine Eislawine im Khumbu-Eisbruch! Da ist etwas Schreckliches passiert!«

Ich hörte die prägnante Stimme von Melissa, einer amerikanischen Profibergsteigerin; sie stand einige Meter von mir entfernt und sprach lebhaft in ihr knackendes Funkgerät. Kurz darauf stand ich vor dem Zelt; alles schien heute auf den Beinen zu sein. Ich wollte einfach erfahren, was wirklich passiert war.

Die Satzfetzen, die aus den rauschenden Walkie-Talkies drangen, ergaben kein klares Bild. Aber langsam verdichteten sich die Informationen: Offenbar hatte ein Suchtrupp vom Heli aus Menschen geortet,

die oben im Eisfall, zwei Stunden Fußmarsch oberhalb des Lagers, verunglückt waren.

Juliane berichtete uns von einem heftigen Windstoß, der ihr Zelt
gegen halb sieben am Morgen durchgerüttelt hatte, danach sei es wieder vollkommen ruhig gewesen. Abgehende Lawinen waren hier, in
der unmittelbaren Umgebung des Camps, keine Seltenheit; immer
wieder gingen unfassbare Mengen an Fels und Eis an den umliegenden Bergflanken unter infernalischem Getöse zu Tal. Diese Geräusch-
kulisse war gewissermaßen unsere tägliche Hintergrundmusik und
Teil des Lageralltags. Aufgrund unserer geschützten Lage machten
diese Lawinengeräusche aber niemanden im Lager nervös.

Höchstwahrscheinlich war auch diese gewaltige, tödliche Eislawine im Khumbu-Eisfall bis ins Lager vernehmbar, aber niemand
hatte diesem Phänomen besondere Beachtung beigemessen. Juliane
hatte offenbar einen letzten Ausläufer der Druckwelle auf ihrer Zeltplane spüren können. Die Schreckensmeldung, dass nahe des Basislagers des Mount Everest eine Eislawine abgegangen war, würde sich
vermutlich in Windeseile in die Lautsprecher unserer heimatlichen
Küchenradios verirren, wo meine Sabine vielleicht grade beim Frühstück saß. Mich trieb es also an den Laptop, und wie immer in solchen
Fällen verfasste ich eine pragmatisch knappe Mail:

Hallo Leute,
zur Info: In den Medien in Europa sind Meldungen, dass eine Eislawine ins BC
des Everest abgegangen ist. Hier der tatsächliche Sachverhalt: Ins BC kann
keine Lawine kommen, alles weit weg hier …
Ca. 3 Gehstunden vom BC war der Unfall – also alles OK hier.
Bitte nicht nervös werden, wir packen gerade zusammen für den Abmarsch
hinunter nach Lobuche, in 1 Stunde gehen wir los.

Zu dieser Zeit hatten wir alle noch keine Ahnung, was genau passiert war. Wir mussten davon ausgehen, dass es vielleicht einen Bergsteiger oder einen Sherpa erwischt haben könnte, was im Khumbu-
Eisfall leider nie auszuschließen war. Auch war mir zum damaligen
Zeitpunkt noch nicht bewusst, dass das Base Camp keineswegs ein so
sicherer Ort war, wie angenommen: Ein Jahr später donnerte, im Zuge

eines Erdbebens, eine gewaltige Lawine von den Hängen des Pumori ins Basislager und begrub dort Menschen unter sich. Ich klappte das Notebook zu und war zumindest für unsere Lieben zu Hause etwas beruhigt. Während des gemeinsamen Frühstücks verdichteten sich die Meldungen zur morgendlichen Katastrophe und es sah übel aus: Sechs Sherpas waren in der oberen Hälfte des Khumbu-Eisfalls unter den Eismassen eines umgestürzten *Seraks*, eines gewaltigen, tonnenschweren Eisturms, begraben worden. Dawa kam ins Zelt und teilte uns mit, dass es nun alle Kräfte im Basislager bräuchte, um das Leid und den Schrecken zu mildern. Deshalb hatte er auch einige seiner Sherpas losgeschickt, damit sie an der Unfallstelle helfen konnten. Alle verfügbaren Ärzte und das ganze Personal, das als Teil der einzelnen Expeditionsgruppen zur Krankenversorgung vor Ort war, wurden zur ersten Hilfeleistung zusammengezogen.

Ab 10 Uhr 30 flogen zwei Hubschrauber ununterbrochen den Khumbu-Eisfall hinauf, teils kehrten sie mit reglosen menschlichen Körpern als Außenlast wieder zurück. Einige Verletzte wurden vom Heliport aus direkt weiter ins Hospital nach Kathmandu geflogen.

Dawa hielt uns auf dem Laufenden; die Rede war erst von sechs Opfern, dann von acht, später von neun.

Die Professionalität, mit der die Verantwortlichen an diesem Morgen die Rettungsmaßnahmen koordinierten, war beeindruckend. Die Stimmung in unserer Gruppe war der Lage entsprechend; keiner von uns verspürte so etwas wie Aufbruchsstimmung oder Bergsteiger-Enthusiasmus. Selbstverständlich boten auch wir unsere Hilfe an, aber Dawa hatte die Koordination der Hilfemaßnahmen unter Kontrolle. Er bat alle übrigen Teilnehmer darum, sich ruhig zu verhalten und nicht in Panik zu verfallen. So verarbeitete jeder die Ereignisse dieses schrecklichen Vormittags auf seine Art. Noch waren Hergang und Ausmaß des Unglücks nicht geklärt. Juliane war mir mit ihrer besonnenen und überblickenden Art in diesen ungewissen Stunden sehr nahe.

Gegen 12 Uhr 30 stellte ich die Frage in den Raum, was wir jetzt weiter machen wollten. Unsere Stimmung stand auf der Kippe zur Depression. Aber hier herumsitzen und sich in etwas hineinsteigern, was man zu diesem Zeitpunkt weder überblicken noch verändern konnte, das half weder den Opfern noch uns. Wir kamen gemeinsam zum Entschluss, uns trotz allem auf den für heute geplanten Weg hinaus nach Lobuche zu machen, von wo aus wir unsere zweitägige Akklimatisierungstour hinauf zum Lobuche Peak geplant hatten.

Dawa war beruhigt und gab unserer Küchenmannschaft den Auftrag, ein kleines Mittagessen für uns zu bereiten, damit wir noch halbwegs zeitig starten konnten. Über uns zerfetzten währenddessen die Rotoren der Rettungs-Helikopter die Luft; wann immer einer der Hubschrauber zu Tal flog, hegten wir die Hoffnung, dass sich ein Unfallopfer auf dem Weg zur rettenden, medizinischen Versorgung befand.

Es wird circa 14 Uhr gewesen sein, als wir mit gemischten Gefühlen unser Basislager in Richtung Südwesten verließen. Ich war bemüht, meinen Fokus auf den Weg und seine Beschaffenheit zu richten und so kamen wir richtig gut voran. Im Vergleich zum Anmarsch vor wenigen Tagen, als wir denselben Abschnitt gegangen waren, erschien mir dieser Pfad heute aufgeräumter und einfacher zu begehen. Mit meiner Rucksacktechnik, bei der ich die Finger einer Hand auf den Rucksack meines Vordermanns lege, lief es auch im Zusammenspiel mit Daniel und Wolfi sehr flüssig.

Ich habe mir diese Technik vor Jahren angeeignet, um meine Partner und mich speziell bei langen Abstiegen möglichst zu schonen und trotzdem zügig voranzukommen. Jeder Wanderer muss im Gelände die Bewegung seines Unterkörpers durch eine entsprechende Gegenbewegung im Oberkörper ausgleichen, um seine Balance zu halten. Diese Tatsache mache ich mir bewusst zunutze: Ich habe gelernt, aus dieser Gegenbewegung ziemlich exakt auf die der Beine zu schließen. So kann ich »lesen«, welche Schritte mein Vordermann macht und meine eigenen dementsprechend koordinieren. Dieses Lesen läuft mittlerweile unbewusst ab, so dass ich mich zeitgleich mit meinem Partner entspannt über ganz andere Themen austauschen kann, ohne aus dem Tritt zu geraten.

Auch hier überflog uns immer wieder ein Rettungshubschrauber und das Hilfe verheißende Propellerschlagen ging mir durch Mark und Bein. Nach zwei recht problemfreien Stunden des Wanderns trafen wir in Lobuche ein, dem Ausgangspunkt für unsere Besteigung.

Tenzing, der die ganze Zeit über direkt hinter mir lief, war begeistert von unserem Zusammenspiel. Die Nacht verbrachten wir wieder in Dawas wunderbarer Lodge. Alles, von der Türklinke über die lange Bank im Speiseraum bis zum kleinen Loch in der Toilette, war mir vom Anmarsch bekannt und so hatte es beinahe etwas Heimeliges, hier zu übernachten. Aber an Schlaf war nicht zu denken. Das Unglück malte mir schlimme Bilder auf die innere Leinwand. Keinem meiner Begleiter erging es besser und so hockten wir am nächsten Morgen alle bedrückt, unausgeschlafen und wie erschlagen beim Frühstück. Wir gaben uns einen Ruck und brachen auf zu unserem nächsten Ziel, dem Hochlager des Lobuche Peak.

Sobald ich dann wieder in diesen gleichmäßigen Vorwärtsgang verfiel – mal Wolfi, mal Daniel vor mir – beruhigten sich meine wirren Gedanken und ich fand wieder zurück auf meinen ganz persönlichen Pfad. Erst war der Weg sehr einfach und sandig, später verlief der nun schmaler werdende Pfad entlang eines steinernen Hanges. Kleinere und größere Felsblöcke ragten an der rechten Seite in Kniehöhe aus dem Hang heraus. Für mich bedeutete das höchste Alarmstufe. Trotz aller Vorsicht machte ich an diesem Morgen einige Male schmerzhafte Bekanntschaft mit diesen steinernen Wegelagerern. Der Schmerz, der einem dann einfährt, bereitet fast Übelkeit. Später dann bogen wir in ein sich nach oben öffnendes kleines Tal ein, das weiter oben in eine steile Rinne überging. Es ging fortan steiler bergauf und das kam mir entgegen.

Nur mein Kopf gab an diesem Morgen keine Ruhe. *Was war passiert? Und wie sollte ich das bewerten? Wie viele Frauen hatten jetzt keinen Mann, wie viele Kinder keinen Vater mehr?*

Welche Entscheidung wollte ich selbst treffen – falls ich überhaupt noch in die Situation käme, den Khumbu-Eisfall zu durchklettern? Die Route durch den Eisfall war hier auf der Südseite auf dem Weg zum Gipfel alternativlos. Und es war durchaus möglich, dass die Strecke aufgrund der Katastrophe gesperrt würde.

Wir folgten enger werdenden Serpentinen, schließlich wand sich der mit groben Steinen gepflasterte Steig zwischen großen Felsblöcken hindurch weiter nach oben. Irgendwann am frühen Nachmittag gerieten wir oberhalb dieser Felsrinne wieder in flacheres und feineres Terrain. Tenzing erklärte mir, dass wir das High Camp in Kürze erreichen würden.

Auf einem kleinen Plateau waren die Sherpas, die vorausgegangen waren, bereits dabei, unsere Schlafstellen und das Küchenzelt zu errichten. Wolfis Höhenmesser zeigte eine Seehöhe von 5200 Metern an. Mein kleines Zelt teilte ich in dieser Nacht mit Wolfgang und wir richteten uns möglichst gemütlich in der engen Behausung ein.

Draußen stürmte es gehörig, es gab neben einem letzten Gang zur Toilette eigentlich keinen Grund mehr, unser Zelt an diesem Nachmittag zu verlassen. Die Enge im Zelt gab uns einen kleinen Vorgeschmack auf die Nächte in den verschiedenen Hochlagern am Mount Everest, die uns noch bevorstanden. Für mich selbst sind solche beschränkten Platzverhältnisse kein Nachteil. Ich kenne so was wie Platzangst überhaupt nicht; mir macht es auch nichts aus, wenn mal ein Bein oder ein Ellbogen meines Zeltkumpanen über den Rand seiner Schlafmatratze in meinen Bereich ragt und mich berührt. Eher war es im Fall von Wolfi und mir umgekehrt; meine Äste ragten in Wolfis Garten. Wolfi ist vom Körperbau ganz anders dimensioniert als ich. Er ist der athletische, kleinere und drahtige Typ. Meine Figur ist eher die kernige, nicht ganz fettlose, in diesem Fall sogar mit zehn Kilo Extraumfang.

Diese Nachmittagsstunden im Zelt am 19. April 2014 vergingen für uns beide wie im Flug. Zum ersten Mal war ich mit Wolfi für längere Zeit auf so engem Raum zusammen und wir konnten uns einander emotional öffnen. Er erzählte mir viel von seiner Mona, von Christopher, seinem Sohn, und von seinen Eltern. Ich durfte zum ersten Mal in seine Welt eintauchen und begann immer besser zu begreifen, weshalb sich ein Spitzenathlet wie er überhaupt mit einem Blinden auf so eine Reise aufmacht. Ich denke, wir haben dieselben Grundwerte mit auf den Weg bekommen. Wolfi hat schon als kleiner Junge gelernt, was es heißt, nicht alles sofort haben zu können. Die materiellen Dinge spielten in seiner genau wie in meiner Kindheit nur eine Nebenrolle. Es ging vielmehr darum, zusammen mit der ganzen Familie etwas zu unternehmen und dabei gemeinsame Ziele zu erreichen, jeder nach seinem besten Wissen und Können. Es wurde nie ein Unterschied zwischen den Einzelnen gemacht, alles geschah im Team. Sein ganzes Leben schon treibt es Wolfi in die Berge, wo er sich in den verschiedensten Sportarten mit anderen gemessen hat. Es ist eine ganz besondere Einfachheit, die mich an Wolfis Familie so fasziniert. Da wird gar nie etwas groß hochgespielt: Ob Sohn Wolfgang nun Meister beim Skibergsteigen wurde oder sein Vater Pepi einen Pokal als Seniorenweltmeister im Mountain-Biken gewinnen durfte, war nie das Thema Nummer eins. Ich ahnte da diese gewisse Demut, dieses einfache Wissen darum, dass wir doch alle nur Glück hatten, überhaupt hier sein zu dürfen auf der Welt. Und dass unser Lieber Gott uns allen eine Aufgabe mit auf den Weg gegeben hat. Diese Aufgabe ist nicht, andere zu beurteilen; vielmehr geht es darum, sich zu bemühen, in welcher Situation auch immer. Wolfgang hat wohl dank seines Familienverbandes mit Mama Christl und Papa Pepi schon früh gelernt, was es heißt, sich auch auf einen nicht ganz perfekt funktionierenden Menschen wie mich einzulassen und zu versuchen, ein schönes Ergebnis für alle zu erzielen. Dabei war er sich nie zu schade, auch manchmal, wenn Not am Mann war, mehr ins System einzubringen als andere.

In der Nacht fand ich wieder diesen so heilsamen, tiefen Schlaf, der mir in der Regel auch unter den ungünstigsten Umständen vergönnt ist. Für dieses »Schlaftalent« bin ich sehr dankbar und vielleicht ist dieses Detail ein nicht unerhebliches Puzzleteil für meinen Erfolg bei derartigen Reisen.

Als ich noch in der Nacht aus tiefem Schlaf erwachte, vernahm ich gedanklich über mir wieder das Rotorschlagen der Rettungshelikopter. Die Eislawine, die schreckliche Eislawine. Für eine halbe Nacht hatte ich die Katastrophe tatsächlich verdrängt – und jetzt drangen wieder diese quälenden Fragen in den Vordergrund. Ich scheute mich, Wolfi auf unser weiteres Vorgehen anzusprechen. Wir hatten uns Monate gemeinsam vorbereitet, auf vieles verzichtet und uns ganz auf diesen Aufstieg konzentriert. Unsere Lieben zu Hause hatten uns den Freiraum gegeben – in der Hoffnung, uns bald gesund und glücklich wiederzusehen. Und jetzt war mit einem Mal meine Werteskala völlig aus dem Lot geraten. Ich fühlte mich mies.

Trotz allem empfand ich eine gewisse Verantwortung, auch und besonders an diesem Punkt der Reise: Für Daniel und Wolfi, für das Team der ARD, für alle, die für diese Reise alles andere hintangestellt hatten.

Wolfi murmelte aus den Tiefen seines Schlafsacks und gleich war mir weniger schlecht zumute. Ich wollte jetzt nicht mehr alleine mit diesen zermürbenden Gedanken sein. Wolfi gestand mir, in der Nacht mit denselben Quälgeistern gerauft zu haben. Mir geht es oft so, dass mir gerade der Halbschlaf und die Ruhelage schwere Gedanken beschert. Sobald ich dann meinen Kreislauf hochgefahren und meinen Körper in Bewegung gebracht habe, sind diese dunklen Seiten meiner Fantasie wie ein Windhauch verflogen. Gegen halb drei Uhr morgens kam Tenzing an unser Zelt. Immer noch zerrte der Wind an der Zeltplane. Tenzing beugte sich zu unserem Zelteingang und seine vertraute, warmherzige Stimme bot uns ein Frühstück an.

»Porridge?«

Für Wolfi war dieses Hafergericht ein fixer Bestandteil seines Speiseplans. Ich hingegen bin der Spezialist im Eiervertilgen: hart- oder weichgekocht, als Spiegel- oder Rührei, mit oder ohne Schinken und Käse. Ein Ei ist auf der ganzen Welt gleich und es ist von Natur aus hygienisch verpackt. Also bat ich Tenzing um ein paar hartgekochte Eier. In meiner Teeflasche hatte ich noch knapp einen Liter vom Vorabend, dazu noch ein paar Cracker. Das gab für mich ein feines Frühstück. Wenig später schälten wir uns aus den Schlafsäcken und machten uns marschbereit.

In dieser Osternacht brachen wir gegen 3 Uhr nachts auf. Meine Freunde hatten ihre Stirnlampen eingeschaltet, für mich herrschte wie immer Dunkelheit. Bereits nach wenigen Minuten des Hochsteigens bewegten wir uns plötzlich auf großblockigem Geröll, das teils mit einer glasartigen, dünnen Eisschichte lasiert war. Vermutlich hatte es in der Nacht leicht geregnet. Es wurde zunehmend schwieriger, die steinigen Stufen hatten bald eine Höhe von bis zu einem Meter. Danach folgten Klüfte und glitschige Übergänge, die es mit jedem Schritt punktgenau zu treffen galt. Als wir vielleicht zwei Stunden Marsch hinter uns hatten, begann das Gelände wirklich ungut für mich zu werden. Die Spalten zwischen den Stegen wuchsen in die Breite und die Eisschicht verwandelte das geneigte Gelände in einen Eislaufplatz mit Gefälle. Die nun auftauchenden Fixseile boten die nötige Sicherheit, um die teils senkrechten Steilstufen unfallfrei zu überklettern.

Durch die Strahlungswärme der Sonne kann ich in der Regel ermessen, wann die Nacht vorüber ist. Ab und an bin ich mir da nicht so sicher und dann frage ich meine Partner, ob es bereits aufhellt. »Nein, Andy! Das ist nur der Lichtkegel meiner Lampe!«, lautet dann mitunter die Antwort. Anscheinend genügt mir diese leichte Wärmestrahlung, um irritiert zu sein. Aber diesmal sollte ich recht behalten: Die Sonne war aufgegangen und ein herrlicher Tag war für uns erwacht.

Das mühsam zu begehende Gelände ließen wir hinter uns und wenig später verhalfen mir schmale Schneestreifen, die hier die Spalten zwischen den Felsen auffüllten, zu einem zügigeren Schritt. Diese kraftsparende Gangart kam mir sehr entgegen und meine Stimmung hellte sich auf. Wenig später erreichten wir auf 5600 Metern ein Plateau. Hier lag griffiger Trittschnee und ich brauchte einmal nicht zu befürchten, in irgendwelche Spalten einzusinken.

Daniel, der heute gemeinsam mit Tenzing für meine Führung zuständig war, prophezeite mir, dass nun mein Ideal-Terrain gekommen sei: eine durchgehende, steile Firnflanke, die sich von hier aus nach oben bis zum Gipfel zog. Am Beginn dieser Steilflanke legten wir unsere Steigeisen an und gönnten uns einen Schluck aus der Thermoskanne. Hinter mir hörte ich Juliane herankeuchen; sie war mächtig stolz, dabei zu sein, und bedankte sich, dass ich ihr für den heutigen Aufstieg meinen Wolfi »geborgt« hatte. Ich hatte das große Bedürfnis, sie in die Arme zu nehmen und ganz fest an mich zu drücken. Diese spontanen, vielleicht recht handgreiflichen Gesten meiner Zuneigung machen Außenstehende bisweilen nervös. Meine Lieben kennen mich und wissen damit sehr gut umzugehen. Ich bin eben nicht imstande, meinem Gegenüber mittels Augenkontakt mein Wohlgefallen zu vermitteln. Schon weil ich nicht immer wissen kann, wer wo steht.

Ich sagte Juliane, wie glücklich ich war, sie dabeizuhaben, und wie stolz ich auf meine mutige Hamburger Freundin war. Auch Wolfi war voll des Lobes für sie und tief beeindruckt, wie sie die Schinderei dieses Tages weggesteckt hatte. Juliane hatte genau wie ich eine schlechte Nacht voller quälender Fragen hinter sich. »Aber lass uns mal da hochgehen – und dann hoffen wir, dass wir wieder mehr Klarheit bekommen«, schlug ich vor.

Thomas mit seiner Kamera und Tom, unser Tonmann, stiegen mit mir auf gleicher Höhe, als wir uns anschickten, die letzten fünfhundert Höhenmeter unter die Steigeisen zu nehmen. Wie oft auf solchem Untergrund und in dieser Höhenlage war ich in meinem Element und mein Motor begann nun erst so richtig zu schnurren. Tenzing, der mit einem zwei Meter kurzen Seil mit mir verbunden war und sich selbst mit einer Steigklemme am vorhandenen Fixseil sicherte, sang vor Begeisterung. Immer wieder stimmte ich in seine Lieder ein und zusammen fühlten wir uns unschlagbar. Fast leichtfüßig nahmen wir die Höhenmeter hinauf; ich vertrug die Höhe hier ausgezeichnet und meine Beine fühlten sich gesund an. »You climb like a Sherpa!«, sagte Tenzing vergnügt und machte mir damit ein Riesenkompliment. Keine Stufe, keine Spalten, keine Kante: Richtig schön steil ging es dem Gipfel entgegen. Drei-, viermal hielten wir für eine Kameraposition kurz an. Jetzt fühlte ich sie wieder, diese befreiende Gleichberechtigung.

Die ersten Bergsteiger kamen uns nun von oben entgegen: ein Indiz dafür, dass der Gipfel nicht mehr weit sein konnte. Obwohl der Lobuche Peak als einfache Akklimatisierungstour für meinen Mount Everest gedacht war und nicht das eigentliche Ziel dieser Reise, freute ich mich doch von Herzen auf diesen Gipfel, der für seine exzellente Sicht auf die umliegenden Bergriesen bekannt ist.

Es war kurz nach 8 Uhr, nach einer kurzen Links-Rechts-Kombination unserer Route, wurde ich durch die vom Schnee gedämpften Sprachfetzen über uns darauf vorbereitet, dass der Steilhang sich jetzt zu einer Ebene verflachte. Da war direkt vor mir die charakteristische Stimme eines amerikanischen Bergsteigers zu hören, die ich schon vom Aufstieg ins Basislager kannte. Er warf mir seine Hand über die Schulter zum Gipfelgruß; auch Tenzing kam zu mir und wir umarmten uns. Ich ging auf Daniel zu, dessen Husten mir seine Position verraten hatte, bedankte mich für seine Unterstützung und genoss mit ihm zusammen unseren ersten Teilerfolg.

Thomas und Tom hatten bereits ihre Gerätschaften aufgebaut; es folgte ein kurzes Interview mit mir und im Anschluss eine Kamerafahrt über die wohl einmalig schöne Landschaft mit dem Mount Everest im Blickfeld. Ich war einfach nur glücklich. Glücklich, wieder einmal deutlich spüren zu dürfen, wie gut es mir ging hier oben. Small Talk mit anderen Bergsteigern aus fremden Gruppen bestätigten mir, genau wie Daniels Beschreibung und die der beiden Toms, dass wir hier an einem traumhaften Ort waren, mit einem unvergleichlichen Panorama. Es war der Hammer.

Nur wenige Zeit später vernahm ich Julianes unverbrauchte Stimme und gleich darauf die ihres heutigen Bergführers Wolfi: »Noch ein bisserl weiter, hier her! Und hetz sam a do!«

Meine sehenden Begleiter beschrieben mir dem Uhrzeiger nach den imposanten Ausblick: Mount Everest, Nuptse, Lhotse, Makalu, Baruntse, Ama Dablam, Mera Peak am nordöstlichen und östlichen Rande des Gesichtsfeldes. Der westliche Horizont war durch einen kleinen Gradaufschwung, der sich noch mal wenige Meter über unserem Platz aufwölbte, verdeckt. Den grandiosen Gipfelaufbau des Everest bekommt man ja vom Basislager aus gar nicht zu sehen und so bot dieser Moment meinen Leuten den ersten freien Blick auf unser großes Ziel. Mein virtueller Blick schweifte vom Gipfel des Everest herunter an seiner rechten Seite bis zum Südsattel und von dort aus in Falllinie die Lhotseflanke herab – bis ganz unten der Khumbu-Eisfall meine schwermütigen Gedanken wieder wachrief. Wir mussten nun sehen, dass wir alle gut von hier herunterkamen und dann erst würden wir uns den Konsequenzen dieses Unglücks stellen, so sagte ich mir im Stillen; ich wollte diesen majestätischen Moment hier oben nicht eintrüben.

Alle Leute standen beisammen auf diesem kleinen Plateau und gratulierten sich herzlich zu ihrem Gipfelsieg am Lobuche Peak. Sogar Zelte waren aufgestellt. Einige wenige Alpinisten hatten von der Permit-Behörde die Ausnahmegenehmigung erhalten, zu Akklimatisierungszwecken hier auf 6100 Metern eine Nacht verbringen zu dürfen.

Nach fast zwei Stunden Gipfelfreude galt es nun, an den Abstieg zu denken. Es bedeutet immer eine gewisse Umstellung, sich nach einem langen Aufstieg auf die umgekehrten Kräfte- und Hebelverhältnisse beim Abstieg einzulassen. Ich wickelte gleich beim Verlassen der Gipfelplattform das Fixseil um meinen rechten Unterarm und konnte so wohldosiert meinen durch die Schwerkraft bedingten Abstiegsdrang abbremsen. Schritt für Schritt, Stufe für Stufe ging es tiefer.

An besonders steilen Stellen seilten wir uns am Fixseil mithilfe eines Abseilachters ab. Beim Abstieg von hohen Bergen ist der Energieaufwand verglichen zum Aufstieg extrem reduziert. Dies gilt jedoch nicht für Konzentration und Koordination. Der Abstieg mag sich leicht anfühlen, weil er die Kräfte schont, aber er verlangt das gleiche Maß an mentaler Wachheit wie der Aufstieg. Wegen dieses Missverständnisses passieren gerade beim Abstieg mit zunehmender Müdigkeit diese typischen und manchmal verhängnisvollen Nachlässigkeitsfehler.

Bis hinunter zu dem Platz, wo wir beim Aufstieg unsere Steigeisen angelegt hatten, kamen wir problemlos voran und unsere Gruppe blieb geschlossen zusammen. Eine spezielle Herausforderung ergab sich für mich, als ich mit den Steigeisen über diese Passage von glitschigen Steinblöcken und Löchern kletterte, die wir morgens im Dunklen überstiegen hatten. Daniel war in dieser Passage mein Rucksack-Guide. Immer wieder mussten wir bei kurzen, senkrechten Meterstufen unseren Rhythmus unterbrechen und rückwärts hinabklettern. Einige Male taumelten wir beide bedenklich, aber immer noch kontrolliert über den Klüften und Spalten der Felszwischenräume unter unseren Füßen.

Diese Übung kostete mich enorm viel Energie und ich war froh, mich zu Hause gemeinsam mit meinen Burschen auf genau solche Anforderungen vorbereitet zu haben. Nach einer für einen Blinden zufriedenstellenden Abstiegzeit trafen wir gegen 12 Uhr 20 im High Camp ein, von wo aus wir in der Nacht gestartet waren. Auch den restlichen Abstieg hinunter nach Lobuche absolvierten wir noch am selben Nachmittag.

Ziemlich erledigt, aber glücklich saßen wir abends wieder auf dieser langen Bank am Tisch in Dawas Eco Lodge in Lobuche und ich musste mich zusammennehmen, um nicht vor Müdigkeit umzukippen. Am Ostermontag, dem 21. April 2014, lenkten wir unsere Schritte wieder hinauf in Richtung Everest-Basislager.

Diesmal nahmen wir den Anstieg ganz easy in Angriff und liefen locker die Schottermoränen entlang; vor einigen Tagen hatte sich dasselbe Teilstück noch ganz anders angefühlt. Wir befanden uns auf 5000 Metern, der Sauerstoffanteil im Vergleich zur Meereshöhe hatte sich hier schon halbiert und doch arbeiteten unsere Lungen hier verlässlich. Unsere Höhenanpassung hatte offenbar richtig gute Fortschritte gemacht. Es machte richtig Spaß, auch mal wieder einen flotten Schritt einzulegen – bis mich der bis zur Halsschlagader pochende Herzschlag zur Vernunft mahnte. Nach nur drei Stunden trafen wir wieder bei Dawa im Basislager des Mount Everest ein. Er begrüßte uns auf so herzliche Art, wie er es immer tat, und bat uns ins Gemeinschaftszelt zu kommen, um uns über die aktuelle Lage zu informieren. Hier ein Auszug aus meinem Blog vom 21. April 2014:

Laut Dawa Stevens sind am 18. April gegen 7:00 Uhr Ortszeit 16 Sherpas durch eine Eislawine getötet worden oder werden noch vermisst. 10 Menschen kamen mit Verletzungen davon. Ereignet hat sich dieser tödliche Eissturz im Khumbu-Eisfall, zwischen Basislager und Lager 1, oberhalb des sogenannten Fußballfeldes. Eine Leiter über einer Gletscherspalte musste dort repariert werden, wodurch ein Stau entstand und sehr viele Leute an derselben Unglücksstelle warteten. Die verunglückten Sherpas trugen an diesem Morgen wie auch viele andere vom Pech verschonte Sherpas die Lasten in die Lager 1 und Lager 2, um den Weg in Richtung Gipfel mit Seilen abzusichern und die Lagerketten aufzubauen.

Nach dem Unglück und den Bergungsarbeiten gingen alle Sherpas, also auch jene, die nicht unmittelbar von dem Unfall betroffen waren, nach Hause in ihre Dörfer, mehrere Tagesmärsche vom Basislager entfernt. Sie kennen sich doch fast alle untereinander und es ist so wichtig, diese schwere Zeit zu Hause bei den Familien zu verbringen.

Es ist nun so vereinbart, dass unsere Sherpas eine Woche zu Hause bleiben und nach deren Rückkehr ins Basislager selbst entscheiden, ob sie hier weitermachen oder nicht. Je nachdem, wie viele Sherpas, ohne die hier nichts geht, sich für die Weiterarbeit entscheiden, wird auch konkret unsere Zukunft am Mt. Everest aussehen.

Ich selbst finde es gut, dass man die Zeit einräumt und keinen Schnellschuss veranstaltet. Tatsache ist doch, dass es auch um die Zukunft hier im Tal geht – nur der Everest wird immer derselbe sein.

Es ist so unendlich schwierig, jetzt einen richtigen Weg zu erkennen ...

Auch Dr. Nimar, unser nepalesischer Teamarzt, und Dawa Stevens sagten mir heute, dass es eigentlich keinen richtigen Weg aus der jetzigen Sicht gibt. Bre-

chen wir hier heute aus Respekt vor den verunglückten Sherpas und ihren Familien alles ab und fahren nach Hause, kann man das so oder so sehen. Das Sherpa-Land lebt von dieser Arbeit, die zweifelsohne sehr gefährlich ist. Die Sherpas haben hier seit Jahrzehnten nichts anderes getan und wären ohne dieses System mit den Expeditionsagenturen und uns westlichen Bergsteigern in einer großen Krise. Die, die mit den Gefahren des Khumbu-Eisbruches am allermeisten vertraut sind, das sind die Sherpas. Sie sind es auch, die die Arbeit hier auch mal verweigern, weil sie nicht blindlings ins Unheil geschickt werden wollen.

Jetzt vielleicht zu sagen, die finanziell gut bestückten Möchtegernbergsteiger verdammen die Sherpas zu diesem Job, das ist einfach nicht fair. Man sollte mal einige Wochen gemeinsam hier mit den Einheimischen zusammenarbeiten, dann kann man mehr darüber empfinden und sagen. Natürlich gibt es auch in diesem Geschäft schwarze Schafe, aber wo gibt es die nicht?

Also soweit mein Bericht zur Lage vor Ort.

Wir erholen uns jetzt mal einige Tage vom Schock der Katastrophe und den müden Beinen der Lobuche Peak-Besteigung und dann sehen wir, was uns hier zu tun bleibt.

Ich denke ganz fest, der liebe Gott weiß, was er mit mir vorhat.

Alles Liebe aus dem Basislager,

Andy mit seinem Superteam.

Mit diesen neuen Informationen von Dawa waren wir nun alle schlagartig auf dem Boden der Realität angekommen. Unser kleiner Ausflug zum Lobuche Peak hatte uns in dem Glauben gelassen, irgendwas würde für uns vielleicht noch zu tun bleiben.

In diesen Augenblicken bekam ich wieder diese Klarheit, die mir schon in manch schwieriger Lebenssituation das Licht gebracht hat, um mich zu orientieren. Ich war voller Empathie für die betroffenen Familien und die Freunde und Kollegen der Verunglückten. Und was bedeutete – in Relation dazu – ein Abbruch der Everest-Expedition für mich und mein Team?

Mein ganz naiver Gedanke in solchen Momenten ist einfach: Wie wichtig wären diese Dinge – vom Mond aus betrachtet?

Vom Mond aus gesehen spielte es wirklich keine Rolle, ob die nur mit den empfindlichsten Teleskopen sichtbaren Pünktchen, die die einzelnen Menschen darstellen, an dieser oder jener Stelle des Erdballes herumkriechen. Die Wichtigkeit unserer Aufgabe und der Reise zum Everest hat sich auf fast null reduziert. Mit diesen Gedanken verzog ich mich in mein Zelt und versuchte, zur Ruhe zu kommen.

Die Regierung hat entschieden

Die nächsten Tage waren als Rast- und Vorbereitungstage für unseren nächsten Akklimatisierungsaufstieg eingeplant gewesen. Wir wollten durch den Khumbu-Eisfall hinauf bis Lager 1 und von dort auf Lager 2 gelangen. Dawa meldete uns, dass es am Vorabend weiter oben im Basislager eine Gedenk-Puja für die Opfer der Katastrophe gegeben hatte. Dabei kam es leider zu ersten Ausschreitungen. Einige Sherpas wurden sehr aggressiv und es war schwierig, die Lage unter Kontrolle zu behalten. Es gab da wohl eine größere Gruppe von jungen Sherpas, zwischen zweihundert bis dreihundert Leuten stark, die die aktuelle Situation des Unglückes jetzt dafür nutzen wollten, um von der Regierung bessere Arbeitsbedingungen und eine anständige Unterstützung zu fordern. Dawa erzählte uns, dass die Familien, die jemanden in der Eislawine verloren hatten, von der Regierung gerade mal vierhundert US-Dollar als Abfindung bekämen.

Zum Vergleich: Allein das Permit zum Everest kostete uns im Jahre 2014 10.000 US-Dollar pro Bergsteiger. Deshalb war es nur zu deutlich, welches Ungleichgewicht hier rein finanziell herrschte und verständlich, dass das Unglück die Emotionen so angeheizt hatte.

Während der Everest-Saison von April bis Ende Mai sollten von der nepalesischen Regierung bis zu fünfzig Mitarbeiter des Ministeriums geschickt werden, um hier im Basislager für Ordnung und Sicherheit zu sorgen. Laut Auskunft der Behörden waren von den versprochenen fünfzig aber gerade mal drei bis vier Leute im Base Camp anwesend. Auch unser eigener Begleitoffizier, dessen Aufenthalt, Unterkunft, Verpflegung und Gehalt für diese 8 Wochen von uns mit dem Permit bezahlt worden war, war uns schon seit unserer Ankunft in Namche Bazar abhandengekommen.

Unter den Sherpas gab es jetzt einen Generationskonflikt. Die »Alten", die hier alles aufgebaut haben, seit den Fünfzigerjahren dafür kämpften und arbeiteten, dass im Khumbu-Tal dieser Wirtschaftszweig mit den Bergsteigern aus aller Welt entstanden war, standen nun der jungen Sherpa-Generation gegenüber, die – genau wie wir in den westlichen Ländern – über das Internet bestens miteinander vernetzt ist. Informationen über das Leben und den Luxus der westlichen Welt kollidierten hier also mit den alten Traditionen der Sherpa-Kultur; kein Wunder also, dass es aktuell zu Spannungen kam.

Diese Gruppe der jungen Sherpas verlangte nun, dass alle Expeditionsteams abziehen sollten und dass die diesjährige Everest-Saison mit allen Mitteln zu beenden wäre. Das wiederum, so erhofften sich die jungen Wilden, sollte Druck auf die Regierungsverantwortlichen machen; aus der Sicht der jungen Sherpas war die Eislawine ein probates Mittel, um ihrem Anliegen Gehör zu verschaffen. Die älteren Sherpas waren dagegen zum Großteil bereit, die Arbeit nach einer Phase der Ruhe und des respektvollen Einhaltens wieder aufzunehmen. Sie wussten aus ihrer eigenen Erfahrung, dass sie trotz enormer Rückschläge, wie es sie hier bei der gefährlichen Arbeit immer wieder gab, nach vorne schauen mussten.

Die Tage füllten sich nun mit endlosen Gesprächen unter den Bergsteigern, Meetings zwischen den Agenturen und den Sherpas; überall wurde diskutiert über die Zukunft des Bergtourismus auf der Südseite des höchsten Berges der Erde. Auch Verantwortliche des Tourismusministeriums sollten eingeflogen werden, um für Ordnung zu sorgen. Die Passage durch den Khumbu-Eisfall blieb derweil blockiert; niemand konnte also auch nur einen Schritt in Richtung Lager 1 setzen. Es war auch die Rede davon, dass die »Khumbu-Eisfall-Doktoren", eine speziell für die Präparierung dieser Strecke geschulte Sherpa-Gruppe, die Leitern und Fixseile durch diesen heiklen Engpass wieder zurückbauen sollten.

Theoretisch bestand für uns die Option, an die Nordseite des Berges zu wechseln und den Everest von Tibet aus zu versuchen. Doch dort in Tibet war der Anlauf auf den Berg schon in vollem Gang; die Gipfelanwärter waren bereits bis zum »ABC", dem *Advanced Base Camp* auf 6400 Metern, vorgedrungen. Aufgrund unserer geglückten

Akklimatisierung bis weit über 5000 Metern wäre es somit eine verlockende Möglichkeit gewesen, zurück nach Kathmandu zu fliegen und von dort aus über Zhangmu zum chinesischen Basislager des Mount Everest auf 5100 Metern zu wechseln.

Aber es gab schlicht zu viele Bedenken, die gegen diesen Ausweichplan sprachen; zusätzlichen Stress hätte auch die Beschaffung eines neuen Permits bedeutet, dazu kämen zusätzliche Kosten auf uns zu; die fehlende Vorbereitung und Kenntnis auf der Nordroute des Everest waren weitere Argumente. Und so verwarfen wir diese Option wieder. Wir hofften einfach darauf, dass sich dieser gesellschaftspolitische Knoten bald lösen würde und wir doch eine Chance hier an der Südroute bekämen.

Gesundheitlich schaute es mittlerweile sehr gut bei uns aus. Neben der guten Anpassung war mein Halsschmerz, der mich in den letzten zwei Tagen ein wenig plagte, verschwunden und auch Daniel hustete nicht mehr so arg. Wolfi war fit wie nur was.

Am nächsten Tag gab es einen Auflauf im Basislager, den der Everest so wohl noch nie gesehen hat. Auch hier zitiere ich aus meinem Blog:

Hi Spatzl, mein Bericht:

Heute Morgen kam ich mir hier im Basislager vor, als ob ich mein Zelt auf der Landebahn eines Verkehrsflughafens aufgebaut hätte. Fast lückenlos kamen Hubschrauber an und flogen wieder ab. Ganz klar, die Regierung in Kathmandu hat auf die arge Problematik hier im Everest-Gebiet reagiert und ihre Abordnung zu uns hoch geschickt. Gegen 8:30 Uhr sah man eine Menschenmenge den steinigen Weg durch das lang gezogene Basislager hinauf in Richtung des oberen Heli-Landeplatzes marschieren. Sherpas, Touristen, Offizielle, Yaks und am Ende stieg auch Wolfi mit mir hinterher.

Ähnlich einer Politikerveranstaltung scharten sich hunderte Leute um einen energisch sprechenden und wild gestikulierenden Sherpa-Vertreter, der in Landessprache mit einem Pack von Zetteln in der Hand die Anliegen der Sherpas, die hier am Everest seit Jahrzehnten ihren Dienst tun, an die Regierungsvertreter verkündete. Wir verstanden natürlich kein Wort. Nur der in unregelmäßigen Abstand aufbrausende Jubel von Hunderten Sherpas gab mir klar zu verstehen, dass er bei seiner Ansprache wohl den Kern ihrer Sorgen gut getroffen hatte.

Gleich im Anschluss kam Ang Tshering Sherpa, Vater von Dawa Stevens, zu Wort. Er war vor 30 Jahren der Gründer von Asia Trekking und Präsident der Nepal Mountaineering Association und ist ein wichtiger Mann. Noch einige Akteure pusteten ihre Meinung unters Volk, bis dann der Minister of Tourismus auf die steinige Bühne gebracht wurde. Da dieser mit seinem Offizier per Helikopter direkt aus Kathmandu angeflogen wurde, hielt er seine Rede unter Zuhilfenahme von künstlichem Sauerstoff. Wenn der Anlass dieses Auflaufes nicht einen so tragischen Hintergrund gehabt hätte, wäre der Anblick dieses auf wackeligen Beinen stehenden, mit Sauerstoffmaske ausgerüsteten Regierungsvertreters fast spaßig gewesen. Am Ende der Geschichte wurden all die offiziellen Männer mit einigen Hubschraubern wieder nach Hause geflogen und die Menge löste sich langsam wieder auf. Anscheinend erklärt sich die Regierung bereit, die Anliegen der Sherpas zu prüfen, um dann vielleicht weitere Schritte einzuleiten. Allein wenn ich bedenke, dass ein Hubschrauberflug vom Basislager nach Kathmandu viele, viele tausend Dollar kostet, dann weiß ich, was die hier nun zurückgelassenen Sherpas von diesem Auftritt halten werden ...

Für uns Bergsteiger wird nun immer deutlicher, dass sich unser Ziel, die Besteigung des Mt. Everest, wohl in das Land der Träume verziehen wird.

Unsere Sherpas sind immer noch total traumatisiert, haben sie doch eigenhändig ihre Freunde nach dem Lawinenabgang aus den Eismassen geborgen und ins Basislager befördert. Jetzt können und wollen sie sich nicht vorstellen, wieder durch den Khumbu-Eisbruch zu gehen.

Einige Expeditionsteams beginnen heute mit dem Zusammenpacken und werden hier abhauen. Unser Operator Dawa hält uns immer noch etwas hin mit einer Entscheidung, ob und wann es nach unten oder oben gehen soll.

Ich persönlich glaube, dabei handelt es sich um eine gewisse Taktik. Wenn der Kunde sagt:»Ich hau jetzt ab", dann hat er keinen Anspruch auf Refundierung. Wenn das Aus vom Tour-Operator kommt, dann ist er seinen Kunden gegenüber wohl auch verpflichtet ...?

Es geht pro Bergsteiger hier um eine Investition in Höhe eines Mittelklassewagens und für mich persönlich gilt das für gleich drei Personen. Keinesfalls möchte ich übers Geld jammern. Aber das, was wir bis zu einem jetzigen Ab-

bruch unserer Reise von unserer Agentur an Support bekommen haben, hätte einen Wert von vielleicht 7.000 US-Dollar ...

Also geht es hier auch finanziell um einiges.

Für Daniel, Wolfi und mich ist es wie beim Bergsteigen: Was kommt, muss gemeistert werden und der Berg gibt die Spielregel vor.

Wir werden uns selbstverständlich der allgemeinen Meinung und Empfehlung hier anschließen und den Rat von Dawa Stevens gerne annehmen. Wenn es vielleicht von außen so aussieht, als ob ich und meine Freunde hier mit Nachdruck ausharren, dann bitte ich zu bedenken: Nur wer tatsächlich im Basislager des Mt. Everest vor Ort ist und die Ereignisse hautnah erlebt hat, darf darüber urteilen ...

Also meine lieben Leser,

der Herrgott weiß unsere nächsten Schritte, wir warten auf offizielle Entscheidungen.

Alles Liebe, Andy mit Team.

Noch am gleichen Tag verkündete uns Dawa Steven den offiziellen Abbruch aller Expeditionen an der Everest Südroute. Unsere Sherpas hätten zwar für uns bereitgestanden. Aber ohne die anderen Sherpas, jene aus den anderen großen Teams, mit denen sie zusammen für uns die Route mit Fixseilen bis ganz oben legen sollten, war es einfach nicht machbar. Auch wir waren in dieser Ausnahmelage nicht mehr bereit für einen Aufstieg zum höchsten Punkt der Welt. Seit einer Woche verharrten wir alle in einer sehr bedrückten Stimmung; die Motivation für den Everest war mittlerweile auf nahe null gesunken. Die Sherpas standen wie gewohnt Gewehr bei Fuß, was aber auch nur vordergründig zu sehen war. Wenn ich mit Tenzing oder einem anderen unserer lieben Sherpas tiefer ins Gespräch kam, dann drang diese herzzerreißende Traurigkeit so eindrücklich durch. Ich glaube einfach, der Everest wollte in diesem Jahr an der Südseite seine Ruhe haben und das war zu akzeptieren.

Auch das Filmteam um Juliane war natürlich enttäuscht, hatte es doch gehofft, die Everestbesteigung des ersten blinden Europäers vor die Kamera zu bekommen. Sie drehten dann einen behutsamen Film über das Drama am Everest, der mehrmals ausgestrahlt wurde.

Trotz aller Enttäuschung ging mir ein Gedanke im Kopf herum: Wie lächerlich ist doch dieser Misserfolg – wenn man das überhaupt als solchen bezeichnen kann – gegen den unfassbaren Verlust, den so viele Sherpa-Familien am Karfreitag 2014 erleiden mussten. Für mich persönlich fühlte sich diese frühe Umkehr nicht wie eine Niederlage an. Ich durfte während dieser Reise so wahnsinnig viel Neues für mich lernen, so tolle Menschen kennenlernen und auch am Lobuche Peak einen wunderschönen Sechstausender ersteigen. Ganz arg erfreut hat mich mein kleines Team: Daniel und Wolfi, die mit mir unglaublich warmherzig und seelennah umgegangen sind.

Auch Anda, der zu Hause fleißig an seiner Schulter arbeitete, damit diese wieder stark und stabil für unsere künftigen Touren verheilte, war jeden Tag in meinen Gedanken mit dabei. Hunderte von Touren und Tausende an Höhenmetern, die ich als Vorbereitung für meine Expedition zum Mount Everest bitter nötig hatte, wären ohne Anda und all meine anderen lieben Partner, die diesmal nicht direkt dabei sein konnten, niemals möglich gewesen.

In den westlichen Medien konnte ich schon bald auch negative Schlagzeilen über unseren Fall lesen. »Holzer wollte mit seinen Partnern trotz der Lawinenkatastrophe immer noch weiter in Richtung Gipfel aufsteigen«, stand dort geschrieben. Damals im Frühjahr 2014 haben mich solche unqualifizierten Eilmeldungen noch mehr tangiert, als das heute der Fall ist. Ich habe gelernt, dass Menschen stets bestrebt sind, ihre eigene Weltanschauung – und sei sie auch noch so realitätsfremd – als die einzige Wahrheit zu beanspruchen und dabei eine für sie nicht ins Bild passende Verhaltensweise anderer sofort kritisch zu beurteilen. Es ist alleine schon die Vorstellung eines blinden Bergsteigers an den Flanken der höchsten Berge der Erde, mit der viele Menschen nicht umgehen können. Ich kann diesen Umstand auch recht gut verstehen. In meinem Denken gründet das Problem in der Sichtweise eines klassischen »Passanten«. Ein Passant ist für mich jemand, der am Wegesrand steht. Einer, der keine Ahnung hat, wo man herkommt und wohin man will. Der Passant kommentiert jedoch alles lautstark und bestimmt, ganz aus seiner beschränkten Perspektive. Er selbst bemerkt gar nicht, dass er in diesem Moment eben ein Passant ist und gibt immer sein vermeintlich Bestes von sich.

Das Schöne dabei ist auch, dass jeder von uns in anderen Zusammenhängen genauso in die Rolle des Passanten schlüpft. Eigentlich ist das gar nichts Schlimmes. Man sollte es sich eben bewusst machen, dass die herumstehenden Passanten grundsätzlich keine bösen Menschen sind, sondern einfach nur Passanten. Diese Denke hat mir schon so manche Begebenheit mit meinen Kritikern erleichtert und viele Situationen mit Humor nehmen lassen.

Beim Heimflug aus Kathmandu saß Wolfi neben mir im Flugzeug und wir ließen diese intensiven Wochen im Himalaya noch einmal Revue passieren. Dabei waren wir beide uns schnell einig: Unsere Sehnsucht nach diesem Riesen von einem Berg war so groß, dass wir vielleicht schon im nächsten Frühjahr einen neuen Versuch am Everest wagen wollten. Natürlich wollten wir beide zuerst unsere Familien zu Hause mit ins Boot nehmen und uns von unseren Lieben eine Freifahrt für ein weiteres Abenteuer abholen. Wolfis Zusage gab mir unendliche Freiheit, unsagbare Freude und machte diese Umkehr leichter verkraftbar für mich.

Die Tür stand also weit offen für 2015. Und nicht nur das: Mir war jetzt klar, Wolfi hatte sich wirklich mit mir wohlgefühlt und unsere Freundschaft konnte noch weiter wachsen. In den nächsten Monaten wollten wir weiterhin gemeinsam auf dem Weg sein und unsere Heimatberge zusammen durchstreunen. Und das mit demselben gemeinsamen Ziel: Dem Mount Everest im Frühjahr 2015.

Am 29. April 2014 am Nachmittag ließ meine Sabine zu Hause für mich die Badewanne mit herrlich heißem Wasser ein und ich durfte mich, nach langer Heimreise und so vielen widersprüchlichen Gefühlen, endlich fallen lassen und zur Ruhe kommen. Eines war für mich schon damals klar: Der Mount Everest würde vor mir noch keine Ruhe haben. Wir würden wieder starten und unser Glück versuchen.

EVEREST 2015 – DAS ERDBEBEN

Aus meinem Weblog vom 1. April 2015:

Liebe Leute,

meine Reise zum Mt. Everest habe ich vor einem Jahr gestartet und nun hoffe ich wirklich, eine Chance zu bekommen, diesen Höchsten aller Hohen versuchen zu dürfen.

Der Abbruch wegen der Tragödie im Khumbu-Eisfall im letzten Frühjahr war nur für die Beobachter ein Abbruch, für mich war dies ein direktes Erleben, wie unterlegen wir Menschen der Bergnatur sind und dass man es nur mit ehrfürchtigem Respekt gegenüber der Schöpfung schaffen kann.

So habe ich die Spannung für mein Abenteuer bis heute nicht aufgegeben und fühle unseren erneuten Aufbruch am Ostermontag, den 6. April, als Fortsetzung des Aufstiegs und als Teil meines Traums Mt. Everest.

Dass ich Anfang Mai 2014 diese fokussierte Einstellung zu diesem schönen Berg nicht abbauen, sondern bis heute halten konnte, verdanke ich der schnellen und hochmotivierten Zusage von meinem Partner Wolfgang Klocker, der mich auch dieses Jahr am Everest begleitet.

Mit Klemens Bichler und Florian Brunner habe ich zwei weitere, sehr vertraute Menschen an meiner Seite.

Etwas Wehmut kommt in mir auf, wenn ich an meine treuen Partner und lieben Freunde, wie zum Beispiel Anda Unterkreuter und Daniel Kopp denke, die leider aus privaten bzw. beruflichen Gründen diesmal nicht dabei sein können.

Mir tut es jedoch sehr gut zu wissen, dass diese tollen Menschen neben all den anderen treuen Lesern unseres Tagebuches immer gedanklich dabei sind und uns den Gipfel so richtig gönnen würden.

Jetzt gebe ich meiner Sabine, die in den nächsten Wochen alle Informationen im gewohnt feinen Format im Weblog für euch aufbereitet, meine Tastatur ...

Ich möchte euch allen für jeden guten Gedanken, für jedes schöne Wort im Blog und auch für konstruktive Kritik ganz herzlich danken!!
Alles Liebe,
Andy mit seinem SUPERTEAM.

Es fühlte sich tatsächlich nicht an wie ein neuer Versuch – es war vielmehr wie eine Fortsetzung des Aufstieges auf den größten aller Berge. Nach unserer Heimkehr galten der Sommer und Herbst desselben Jahres dem weiteren Fokussieren auf unser großes Ziel. Gemeinsam mit Wolfgang war ich schon einen Monat nach der Rückkehr vom Everest Ende Mai 2014 wieder dabei, ein neues Team für 2015 zu formieren. Wolfgang war gedanklich mittlerweile mein Schlüssel zum Dach der Welt. Er konnte sich genau wie ich uneingeschränkt auf unser ganz großes Projekt freuen, sich darauf vorbereiten und einlassen. Wolgang ist es auch, der mit meiner körperlichen Unzulänglichkeit genauso gut umgehen kann wie mit den damals zu erwartenden Ungewissheiten auf unserer bevorstehenden Reise.

Vielleicht ist es der echte Wettkampf Mann gegen Mann, den Wolfgang ja in der Nationalmannschaft der Skibergsteiger und zuvor auf dem Mountainbike über Jahre geführt hatte. Vielleicht ist es seine kompromisslose, militärische Einstellung zur Herausforderung, die in seinem Beruf als Heeresbergführer unerlässlich ist. Dabei hat Wolfi diese zurückhaltende und liebenswürdige, herzensnahe Art, die einen am wenigsten an einen harten Soldaten denken lassen würde.

Wolfi kann nachgeben, wenn es wenig Sinn macht, beharrlich zu sein. Und er kann dranbleiben, wenn es wirklich darum geht, ein Ziel erreichen zu können. Die Energie des ganzen Teams scheint er sehr gut kalkulieren zu können und so findet er meist den besten Kompromiss. Schon oft habe ich zu Wolfgang während unserer stundenlangen Trainingstouren gesagt, wie wichtig es ist, dass er mich in genau diesen extremen Situationen der Erschöpfung erleben kann. Ich darf auch Schwächen zeigen und genau das macht uns zusammen so stark. Keine Energie geht dafür drauf, dass ich in Schwächephasen meinen Partnern einen immer noch unbesiegbaren Andy vorgaukeln muss. Im Laufe meiner vielen Reisen ist mir klar geworden, dass es auch andere

Leute in meinem Team gibt, die trotz Vollbesitz ihrer geistigen und körperlichen Ressourcen mal straucheln und schwächeln. Und das ist doch einfach nur normal. Wolfgang muss an meiner Körpersprache erkennen können, wie es mir geht und wie weit er mich noch quälen soll oder eben nicht.

Wenn ich tatsächlich am Limit kämpfe, dann habe ich auch keine Kraft mehr, um meinem Seilpartner klarzumachen, dass mir das Tempo gerade zu hoch ist. Ich selbst kann dieses Tempo ja nie bestimmen. Geht mein Vordermann also einen Tick zu schnell, dann muss ich dranbleiben. Ansonsten werde ich in wenigen Minuten seine Schritte nicht mehr hören und wäre bald darauf orientierungslos. Beginnt dieser Teufelskreis erst, sich zu drehen, dann dauert es nicht lange, bis ich völlig fertig bin. Deshalb ist Ehrlichkeit und gegenseitiges Beobachten angesagt.

Wichtig ist vor allem, dass Wolfgang zwischen einer psychischen und einer physischen Krise bei mir unterscheiden kann. Anscheinend weiß er genau, wann er mich pushen und wann er für mich bremsen muss. Dieser Balanceakt ist ein entscheidender Faktor, um gemeinsam mit einem Blinden auch die ganz hohen Gipfel meistern zu können.

Wolfgang war also wieder gesetzt. Neben ihm stand wieder einmal Anda auf meiner Wunschliste. Aber leider konnte Anda uns keine feste Zusage machen; seine kleine Tochter Rosa war bereits ein Jahr alt und er wollte sich seiner Familie widmen. Anda versprach mir, mich auf alle anderen möglichen Arten für meinen großen Berg vorzubereiten: Mit Trainingstouren, mit jeder Menge Knowhow, das er im Netz für mich recherchieren wollte, und nicht zuletzt mit seinem starken, mentalen Beistand.

Wer also sollte der Dritte im Team sein?

Wolfi und ich waren uns einig, dass Daniel der Mann für einen erneuten Versuch sein sollte. Aber auch Daniel konnte mir im Mai 2014 noch nicht fix für das kommende Frühjahr zusagen. Er war Feuer und Flamme für die Sache, aber beruflich gab es da noch offene Fragen, die er erst im Herbst klären konnte.

Für uns beide stellte diese Option ein zu großes Planungsrisiko dar; sollte uns Daniel im Herbst absagen, würde es wohl noch schwieriger, jemanden neu für das Team zu gewinnen. Daniel bot sich als

Springer an: Falls jemand anders bis zum Herbst ausfallen würde und er sich freischaufeln könnte, wäre er unser Mann.

Die richtige Route

Eine weitere wichtige Frage stand im Raum. Welche Route auf den Gipfel des Mount Everest sollten wir wählen? Aufgrund der Katastrophe im Eisfall im letzten Jahr an der Südroute galt es, diese Planung noch einmal gründlich zu überdenken. Zum Glück hat jedes Ding zwei Seiten – so auch der Mount Everest. Zum Gipfel führen zwei sogenannte »Normalrouten«. Da ist zum einen die Südroute, die der offizielle Erstbesteiger Edmund Hillary 1953 gemeinsam mit seinem Partner Tenzing Norgay von Nepal aus gegangen ist; sie wird deshalb auch die Hillary-Route genannt. Dieser Weg führt durch das Solokhumbu, den berüchtigten Khumbu-Eisbruch, durch das sogenannte Tal des Schweigens und die Lhozeflanke hinauf auf den Südsattel, weiter über den Südostgrat hinauf zum Südgipfel und von dort über die letzte Stufe, den »Hillary Step«, auf den Hauptgipfel. An eben dieser Route waren wir ja wegen der Eislawine gescheitert.

Der zweite Weg auf das Dach der Welt, die sogenannte Nord-Route oder auch Mallory-Route genannt, führt über chinesisches Gebiet; sie startet beim Rhombuk-Kloster, verläuft weiter über den östlichen Rhombuk-Gletscher hinauf zum ABC. Von dort führt die Route weiter hoch zum Nordsattel und in der Folge über den Nordgrat, den oberen Nordostgrat, den drei Gratstufen »First Step«, »Second Step« und »Third Step« bis hinauf zum höchsten Punkt.

Diese zweite Route, die durch den ersten, ernsthaften Besteigungsversuch im Jahre 1924 durch George Mallory und seinen Gefährten in die Geschichtsbücher gelangte, war unsere einzige Alternative. Dabei war uns völlig bewusst, dass sich die beiden Routen sowohl von der Topografie als auch den logistischen Möglichkeiten für uns Bergsteiger ganz wesentlich voneinander unterscheiden.

An der Südroute, die sich über die ganze Strecke auf nepalesischem Staatsgebiet zieht, sind die zu erwartenden Herausforderungen – speziell für mich als blinden Anwärter – eher in den tieferen Meereshöhen zu finden. Zwischen 5400 und 5900 Metern gilt es dort, für mein Team und mich beim Durchsteigen des gefährlichen Khumbu-Eisfalles alle Konzentration und Kraft zusammenzunehmen, um diesen Knackpunkt erfolgreich meistern zu können.

Oberhalb dieser unberechenbaren Zone aus wackligen, riesigen Eistürmen und einem sich ständig bewegendem Gletscherfluss verläuft die Route dann durch das relativ flache und untertags von der Sonne aufgeheizte Tal des Schweigens bis zum Beginn der Lhotseflanke. Diese aus reinem Eis bestehende Steilflanke zieht sich geradlinig hinauf, vorbei am »Gelben Band« und dem »Genversporn«, bis hinauf zum Südsattel, der auf knapp 8000 Meter Meereshöhe liegt. Von dort schließt sich dann der mittelsteile, meist mit Schnee behaftete Südostgrat an; dieser verläuft gleichmäßig hinauf bis zum Südgipfel des Everest. Hier trennt den Bergsteiger nun noch ein relativ kurzes, aber ausgesetztes Gratstück mit der letzten Schlüsselstelle, dem Hillary-Step, vom Gipfel des Mount Everest.

Wenn man also auf der Süd-Route unterwegs ist und den Khumbu-Eisbruch einmal passiert hat, dann hat man bis zum Gipfel zum Großteil zwar wohl steile, aber fast immer schnee- oder eisbedeckte, gerade hinauf verlaufende Streckenabschnitte zu bewältigen. Genau dies kommt einem Menschen ohne Augenlicht sehr entgegen. In solchem Terrain kann ich beim geraden Hinaufsteigen den jeweils nächsten Schritt logischerweise besser kalkulieren, als dies bei Querungen der Fall ist. Und über Schnee und Eis lässt es sich ohne Augenlicht für mich kraftsparender vorwärtskommen, als wenn ich mit den Steigeisen ständig zwischen Steinen und Blöcken hängen bleibe und mich meterweise vorankämpfen muss. Ein weiterer topografischer Pluspunkt der Südroute ergibt sich durch einen bis in recht große Höhen gegebenen, natürlichen Windschutz, den der lange und hohe Westgrat des Berges dem Aufsteiger gewährt.

Auch die Rettungsmöglichkeiten, die die beiden Routen bieten, unterscheiden sich grundlegend. Nepal hat auf der Südseite seit Jahren an der Optimierung dieser Rettungskette gearbeitet und diese Verbesserungen insbesondere am Mount Everest schon sehr effektiv umsetzen können. So gibt es dort, neben dem selbstlosen Einsatzwillen der dortigen Sherpas, auch die Möglichkeit der Rettung aus der Luft: Mit dem Hubschrauber lassen sich bei guten Wetterbedingungen bis zu einer Seehöhe von etwa 6500 Metern kalkulierbare Einsätze fliegen. Ich hörte sogar von einem Ausnahmeeinsatz, bei dem ein in Not geratener Bergsteiger weit oben in der Lhotseflanke aus einer Seehöhe von über 7500 Metern per Helikopter gerettet werden konnte. Einem französischen Team um den Testpiloten Didier Delsalle gelang im Mai 2005 sogar das Husarenstück, mit einem Eurocopter bis auf den Gipfel zu fliegen – das allerdings unter optimalen Bedingungen und mit einem gewichtsreduzierten Fluggerät. Diese Aktion, die mit Bergrettung im engeren Sinn nichts zu tun hatte, hat nicht nur für Begeisterung gesorgt; mancher Bergsteiger sah darin einen Tabubruch. Dass man sich im Notfall vom Basislager auf 5380 Metern mit dem Hubschrauber hinunter nach Kathmandu transportieren lassen kann, um es – so wie 2014 unsere indische Bergkollegin – auf diesem Wege doch noch zum Zahnarzt zu schaffen, das spricht für die logistische Anbindung der Everest-Route an der nepalesischen Südseite.

Der Routenverlauf an der Nordroute erstreckt sich im Gegensatz zur Südroute zuerst über lange Strecken auf relativ flachem und grobblockigem Terrain; entlang der großen Moränen des östlichen Rongbuk-Gletschers geht es hinauf bis zum vorgeschobenen Basislager auf 6400 Metern.

Oberhalb des ABC zieht sich der Weg dann erstmals über Eis und Schnee, durch eine Steilstufe von circa 350 Meter Höhe hinauf auf den Nordsattel auf 7050 Meter. Von dort geht es dann weiter über einen steilen Firnbuckel hinauf bis circa 7500 Meter, wo nach weiteren 200 Höhenmetern über eine Blockhalde das Lager 2 erreicht wird. Von hier führt der nun halbsteile, steinige Weg weiter durch das lang gezogene Lager 2 bis auf eine Seehöhe von 7900 Metern, wo dann eine nur mäßig steigende und teils schneebedeckte Traverse nach rechts hinauszieht.

Ab dort erwartet den Gipfelaspiranten dann eine sehr anstrengende Passage, in der man sich die nächsten dreihundert Höhenmeter mit einem recht steilen und abschüssigen Firnhang auseinandersetzen muss. Dieser leicht felsdurchsetzte Schneehang leitet direkt hinauf auf jenes kleine Geländeplateau, das man in einer Höhe von 8300 Metern als Lager 3 benutzt. Die gesamte Nordroute ist aufgrund des offenen Geländes in Richtung Norden und Nordwesten sehr windanfällig. Eigentlich geht dort immer eine Brise, die sich an manchen Tagen bis zu einem Orkan auswachsen kann. Dem stürmischen Wind steht oberhalb von Lager 2 kein anderer Berg mehr im Wege, der dessen Kraft mindern könnte. Mit voller Wucht treffen also diese Luftbewegungen direkt auf den Nord- beziehungsweise auf den oberen Nordostgrat des Berges: Genau dort, wo sich die Aufstiegsroute befindet.

Auch ein im Verhältnis zur Südroute viel längerer Aufenthalt der Bergsteiger auf einer Meereshöhe von weit über achttausend Metern macht die Route von Tibet aus nicht eben einfacher. Aufgrund der am Gipfeltag zu bewältigenden, langen horizontalen und sehr zeitraubenden Passagen oben am Grat von circa 8500 Metern bis zum Gipfel und zurück lässt sich dieser längere Aufenthalt in extremer Höhe einfach nicht vermeiden. Die letzte Zeltraststelle liegt an der Nordroute schon auf 8300 Metern, während dies an der Südroute knapp unter 8000 Metern am Südsattel der Fall ist. Das Risiko, sich die berüchtigte Höhenkrankheit zuzuziehen, hängt – abgesehen von einer individuell besseren oder schlechteren Höhenanpassung des Bergsteigers – entschieden davon ab, wie lange man sich tatsächlich dort oben in extremer Höhe aufhält. Ein schneller Vorstoß von einem relativ niedrigeren Lager aus hinauf in große Höhe mit einem zügigen Abstieg unmittelbar danach birgt also geringere gesundheitliche Gefahren als ein über mehrere Tage währender Aufenthalt in diesen menschenfeindlichen Höhen.

In der Gipfelnacht startet man an der Nordroute vom Lager 3 auf 8300 Metern, um sich über die nächsten, sehr mühsamen zweihundert Meter über wechselhaftes Steilgelände, zwischen Fels und Schneebastionen hinauf auf die Everest-Schulter auf 8500 Metern zu kämpfen.

Von da an gibt es nun sehr viele Flachstrecken und Traversen mit Gegenanstiegen direkt am windausgesetzten Grat entlang. Man glaubt trotz größter Anstrengung einfach nicht mehr höher zu kommen. Irgendwann steht man vor dem »First Step«, einem circa dreißig Meter hohen, leicht geneigten Eishang, nach dessen Überwindung man wieder auf die rechte Seite des Grates gelangt. Wieder folgen Traversen auf

90

brüchigem, zerfressenem Felsuntergrund und das abgrundtiefe Gähnen der Everest-Nordwand kann man hier förmlich unter sich spüren. Es kommt einem wie eine Ewigkeit vor, bis man endlich das Ende dieser langen Folge von unangenehmen und schwierigen Querungen hinter sich gebracht und den Mushroom-Rock, einen nach seinem charakteristischen Aussehen benannten Felsblock, auf einer Seehöhe von 8550 Metern erreicht hat. Eine weitere, flache Passage über große Felsblöcke leitet den Bergsteiger weiter zur Einstiegsstelle des »Second Step«. Dort findet man die berühmte Aluminiumleiter, die chinesische Bergsteiger im Jahre 1975 als einziges Mittel zum Durchkommen hier verankert haben. 25 Meter senkrechter Fels werden mithilfe dieser alten, wackeligen »Chinesenleiter« in anstrengender und vorsichtiger Kletterei überwunden, bis man oberhalb des »Second Step« endlich wieder angenehmeres Gelände vorfindet. Eine gefühlte Ewigkeit verläuft die auf relativ flachem Firn dahinziehende Spur, bis man auf circa 8700 Metern am Fuß der »Dritten Stufe« steht. Dieser »Third Step« stemmt sich dem Ersteiger mit seinen vielleicht zwanzig Metern Höhe und schrägen, nackten Felsen als vorletzte Barriere vor dem Gipfel entgegen. Darauf folgt ein immer steiler werdendes Firnfeld, an dessen oberem Ende die Spur nach rechts, direkt unter die felsige Gipfelpyramide leitet. Als letzte Prüfung erwartet einen hier die mit schrägen, leicht geneigten Felsplatten flankierte Gipfelpyramide, die man aus den zahlreichen Everest-Fotos schon kennt. Das mag alles sehr machbar klingen; in der Realität verlangen diese letzten Kletterbewegungen an den oft haltlosen Felsplatten vor dem Gipfelfirngrat noch mal alles vom Everest-Bezwinger. Erst auf den letzten Höhenmetern, die über einen geneigten, spitzen Firngrat verlaufen und auf dem für den sehenden Bergsteiger der Gipfel schon zum Greifen nahe scheint, kann man sich erstmals sicher sein, dass man es tatsächlich bis zum höchsten Punkt unserer Erde schaffen wird. Wer den Everest über seine Nordroute erstiegen hat, der versteht, weshalb einem dort am Wegesrand die vereisten Überreste von Bergsteigern begegnen, die es vor Jahren leider nicht mehr bis nach unten geschafft haben.

Beim Thema Rettungsmöglichkeiten fährt die Nordroute weitere Minuspunkte ein. Wegen der kraftraubenden Querungen und Gegenanstiege, die so gut wie keinen Höhenmeter im Auf- oder Abstieg bringen, ist es praktisch unmöglich, einen inaktiven, verletzten Körper bergab zu befördern. Man kann die natürliche Schwerkraft des Opfers für den Abtransport hier nicht nutzen, wie dies an der Südroute an den oft in Falllinie verlaufenden Schneeflanken unter Zuhilfenahme eines Bremsseiles viel besser möglich wäre. Genau genommen steigt der Gipfelanwärter auf der Nordroute ab der Everest-Schulter auf 8500 Metern also in eine Sackgasse, denn ab diesem Punkt gibt es praktisch keine Chance mehr, einen schwächelnden oder verletzten Bergsteiger nach unten zu transportieren und zu retten.

Es stehen an der tibetischen Seite des Everest auch so gut wie keine Hubschrauber für Rettungseinsätze bereit. Alternative Rettungsorganisationen sind ebenso wenig präsent; man ist somit im Notfall auf seine Partner und sich selbst angewiesen. Falls einen zum Beispiel die Höhenkrankheit erwischt, die das Leben des Betroffenen mit Gehirn- oder Lungenödemen bedrohen kann, dann gibt es an der Everest Nordseite kein Entkommen. Ein zügiger Abstieg ist das einzig wirksame Mittel gegen diese lebensbedrohliche Lage. Das Basislager an der Nordseite liegt jedoch schon auf 5165 Metern, und wenn man noch tiefer kommen möchte, dann findet man vielleicht in einer Talsenke im tibetischen Hochland eine Seehöhe von knapp 4000 Metern vor, was bei einer akuten Höhenerkrankung in jedem Fall noch immer viel zu hoch wäre.

Diese Faktoren verdeutlichen den Unterschied der beiden Routen mit ihren unterschiedlichen Ansprüchen an die Ersteiger und die diversen Naturgegebenheiten. Und fast in allen Punkten verliert die Nord- gegen die Südroute.

Zwei Faktoren sprechen trotz allem für die Nordroute. Zum einen sind dort wesentlich weniger Menschen unterwegs als an der Südroute. Das macht es nicht nur reizvoller, es ist auch für jemanden wie mich leichter, sich im individuellen Tempo zu bewegen. Gefährliche Staus an Engpässen wie an der Südroute sind etwas weniger häufig zu erwarten, aber doch auch möglich.

Der zweite und entscheidende Faktor ist der Punkt Khumbu-Eisfall.

Wenn du Extrembergsteiger bist, dann heißt das keinesfalls, dass du »sehenden Auges« in dein Verderben rennst, nach dem Motto »Was uns nicht umhaut, das macht uns nur noch härter«. Ganz im Gegenteil: Als besonnener Bergsteiger versucht man, sich auf die bekannten Risiken einer Route einzustellen und sie immer mit den eigenen Fähigkeiten abzugleichen, das Risiko also im Blick zu behalten, nach Möglichkeit zu minimieren oder besser noch zu umgehen.

Aber gerade im Khumbu-Eisfall ist das nicht möglich; es macht in punkto Lebensgefahr praktisch keinen Unterschied, ob man sich im Moment X schneller oder langsamer bewegt. Ob man früh am Morgen oder am Vormittag durch diese Gefahrenzone steigt. Oder ob man die Frontalzackentechnik mit den Steigeisen beherrscht oder nicht mal weiß, was das ist. Es ist, als würde ich als Blinder über eine befahrene Kreuzung laufen und hoffen, dass das gut geht. Die Durchsteigung des Eisfalls bleibt russisches Roulette.

Natürlich ergibt sich durch ein zügiges Durchsteigen des Eisfalls bei vielleicht kühler Nachtstunde, wo die Eisbrocken aneinander gefroren sind, theoretisch ein geringeres Risiko. Aber eben auch nur theoretisch. Die Probleme der Nordroute sind dagegen berechenbarere Risiken. Und auf solche Schwierigkeiten kann man sich gezielt vorbereiten.

Wenn ich es dadurch ein bisschen mehr in der eigenen Hand habe, ob mich meine Sabine nach der Reise wieder in ihre Arme nehmen kann, dann ist das der Weg für mich. Genauso dachte auch mein Partner Wolfgang und somit wurde es die Nordroute, die wir in den Fokus nahmen.

Aber da war immer noch eine Frage offen: Wer sollte uns beide begleiten? Oder wollten wir es im Duo versuchen: Wolfgang nur alleine mit mir? Nein, das ergab für uns beide keinen Sinn. Ein Einzelner kann nicht über zwei Monate tagtäglich für meine besonderen Bedürfnisse und Eigenarten zuständig sein. Deshalb haben wir es immer so gehandhabt, dass meine Freunde sich bei meiner Führung abwechseln. Damit meine ich nicht nur die Führung mit Seil am Berg. Sondern auch die vielen Details wie den Weg zum Frühstücksbuffet, den Weg zum Hotelzimmer oder den zur Toilette. Und falls Wolfgang mal nicht hundertprozentig fit sein sollte, was wäre dann? Nein, wir brauchten unbedingt einen dritten Mann.

Wolfgang war in den letzten Jahren auch schon auf höheren Bergen in Südamerika oder Nepal unterwegs. Auch bei seinen anspruchsvollen Kletter- und Skitouren in den heimischen Bergen hatte er immer schon superstarke Partner an seiner Seite. Einer seiner besten Bergpartner war Klemens Bichler, der – genau wie Wolfi – als Heeresbergführer beim Österreichischen Bundesheer arbeitet. Ich fragte Wolfi also: »Hey, was ist mit Klemens?«

Ich bat Wolfgang, diesbezüglich bei seinem Freund einmal vorzufühlen. Ich hatte ja keine Ahnung, ob der Everest auf Klemens überhaupt einen Reiz ausübte. Ohne wirkliche Überzeugung und Leidenschaft sollte man an diesem Berg gar nicht antreten, da waren Wolfi und ich uns einig.

Es war an einem lauen Juliabend, als ich Klemens Bichler zum ersten Mal zu einem Gespräch bezüglich des Everest einlud. Ich kannte Klemens bereits von einigen Kletter- und Skitouren, die wir zusammen mit Wolfi und meinen anderen Freunden in den heimatlichen Bergen unternommen hatten. Von Wolfgang wusste ich außerdem, was er mit Klemens auf großen Touren schon erlebt hatte und wie Klemens in Extremsituationen tickt; ich war also bereits positiv voreingenommen.

Wir saßen entspannt auf der Terrasse, die Grillen zirpten und Sabine servierte uns eine kühle Blonde mit Kartoffelchips. Schon die ersten zehn Minuten mit Klemens vermittelten mir eine gewisse Geborgenheit. Er stammt aus Untertilliach, einem idyllischen Bergdorf im Tiroler Gailtal, wo er auf einem Bauernhof auf knapp 1500 Metern als zwölftes Kind mit elf Geschwistern aufgewachsen ist. Bei so einer großen Familie hat man von Haus aus eine soziale Ader. Klemens war begeistert von der Idee, gemeinsam mit Wolfi und mir den Mount Everest anzugehen. Wir diskutierten einige Stunden über diverse Details eines erneuten Versuchs am Everest. Ich machte ihm klar, dass es mit einem Blinden im Team eben völlig anders funktioniert, als das sonst der Fall war. Dinge wie die Navigation kamen zur Sprache: Wie manövriert man einen Lichtlosen durch Flughafenhallen, durch das Gewusel von Kathmandu oder über Gletscherspalten? Aber ich hatte ein gutes Gefühl und von Anfang an den Eindruck, dass er meine Einschränkung am Berg, mit allen Nachteilen und Hürden, sehr wohl einzuschätzen wusste. Und auch der Everest selbst war ein Thema. War er sich der extremen Bedingungen und Risiken für Leib und Leben bewusst? Ich wollte einfach sichergehen, dass Klemens in seiner Gedankenwelt mit der von Wolfi und mir gleichgeschaltet war.

Ein Punkt, den wir im Vorfeld klären mussten, war die Frage, ob man am Berg ab einer gewissen Höhe auf künstlichen Sauerstoff zurückgreift oder nicht.

Die Zuhilfenahme von Sauerstoff in großer Meereshöhe hilft weniger gegen eine gewisse Atemlosigkeit; sie stellt vielmehr sicher, dass die Vitalfunktionen stabilisiert werden und die Körperkerntemperatur nicht auf ein schädliches Niveau sinkt. Es geht also darum, die Erfrierungsgefahr zu minimieren und zugleich die Lebensgefahr durch die drohende Höhenkrankheit möglichst zu verringern. Natürlich steht einem Bergsteiger mit künstlichem Sauerstoff auch ein nicht unwesentlicher Leistungsvorteil zur Verfügung. Wenn man in den Reiseberichten der ganz großen Bergsteiger liest, dass sich beim Gipfelaufstieg der Abstand zwischen diesen Männern von Stunde zu Stunde vergrößert hat, dann zeugt dies nicht von einem egoistischen Wettrennen in der Seilschaft auf den letzten Metern zum Gipfel. Das Phänomen verdeutlicht vielmehr, was der Sauerstoffmangel mit dem Organismus macht. In der Gipfelregion des Mount Everest stehen dem Körper gerade noch 33 Prozent Sauerstoff im Verhältnis zur Meereshöhe zur Verfügung. Wenn man hier nicht auf künstlichen Sauerstoff zurückgreifen kann, dann macht sich der Mangel umgehend als ein sehr unangenehmes Kältegefühl mit einem einhergehenden Leistungsabfall bemerkbar. Im Blutkreislauf befindet sich ganz einfach weniger Sauerstoff, als für die Verbrennung jetzt unabdingbar wäre. Es ist so, als würde man einer brennenden Kerze einen Teil des Sauerstoffs entziehen. Sie wird flackern und möglicherweise auch erlöschen.

Wie kann der Bergsteiger in dieser Situation nun gegensteuern? Er kann versuchen, seine beginnende Unterkühlung durch zusätzliche Bewegung wettzumachen – ohne sich zugleich zu überfordern.

Und hier liegt der Hase im Pfeffer: Für jeden Menschen gibt es ein individuelles Maß, in welchem Tempo er höher steigen muss, um in thermischer Balance zu bleiben. Es ist also praktisch unmöglich, dass sich zwei Menschen ohne Zuhilfenahme von künstlichem Sauerstoff

an einem extrem hohen Berg im absoluten Gleichtakt bewegen können. Daher entfernen sich die beiden Partner natürlicherweise mit zunehmender Höhe stetig voneinander. Nach einer Stunde des Aufstieges vom letzten Lager in Richtung Gipfel sind sie vielleicht noch auf
zwanzig Sekunden zusammen. Nach vier Stunden können sie sich
vielleicht noch sehen. Und am Gipfel, nach vielleicht zehn Stunden, tut
sich ein großes Zeitloch zwischen den zwei Bergsteigern auf. Dieser
Abstand kann sogar so groß werden, dass es den beiden Kameraden
nicht einmal möglich ist, den errungenen Gipfelsieg gemeinsam zu genießen.

Der, der als Erster oben angekommen ist, wird wegen der nun ein-
setzenden Inaktivität binnen Minuten derartig auskühlen, dass er
nicht mehr länger verharren und auf seinen Freund warten kann. Er
muss sich wieder bewegen. Und wohin kann er gehen? Vom Gipfel aus
gibt es nur den Weg nach unten. Für den Außenstehenden mag das
dann so wirken, als seien sich die beiden Partner nicht grün.

Genau hier habe ich als »Blind Climber« mein praktisches Problem. Ich bin auf Schritt und Tritt darauf angewiesen, dass ich einen
meiner Partner im kurzen Abstand vor mir mit seinen Steigeisen in
das Eis stoßen höre. Würde er sich langsam von mir entfernen, weil
ihm mein Rhythmus kältebedingt zu langsam ist, dann würde ich
nach einer gewissen Zeit »auf der Strecke bleiben«, abgeschlagen und
ohne Orientierung.

Der Einsatz von künstlichem Sauerstoff macht es Wolfgang, Klemens und mir also erst möglich, uns miteinander zu synchronisieren,
um im Gleichtakt und im maximalen Abstand von drei Metern vom
Basislager zum Gipfel und wieder zurück zu gelangen. Klemens' Einstellung zum Thema künstlicher Sauerstoff war ganz pragmatisch. Für
ihn war von vornherein klar, dass es ohne diese Hilfe mit mir nicht
gehen würde. Er stellte damit eventuelle eigene Ambitionen, es ohne
Sauerstoff zu versuchen, hintan.

Über die Finanzierung mussten wir nicht lange reden. Es war klar,
dass ich der Einzige war, der eine so große Summe aufbringen konnte.
Es war für alle eine Win-win-Situation und eine wunderbare Ergänzung unserer Möglichkeiten. Mit großer Euphorie befasste ich mich in
den folgenden Tagen mit dem Organisieren der noch fehlenden Aus-

rüstungsgegenstände für meinen neuen Partner. Für einen Aufstieg am Mount Everest bedarf es der besten Ware, Hightech vom neuesten Stand. Dazu gehört ein Vollkörper-Daunenanzug für den Gipfelgang und ein speziell für die ganz hohen Berge entwickelter Expeditionsschuh genauso wie kleine technische Helferlein, zum Beispiel eine batteriebetriebene Handschuh- oder Schuhheizung. Den Fettesten aller Schlafsäcke brauchte Klemens ebenso wie mehrere Garnituren spezieller Unterlegmatten.

Drei- bis viermal pro Woche brachen wir nun zusammen zu ausgedehnten Berg- und Klettertouren in die Berge vor unserer Haustür auf. Es ging uns dabei nicht nur um den Konditionsaufbau. Es war uns vielmehr daran gelegen, uns als Team in den unterschiedlichsten Situationen besser kennenzulernen und dabei gegenseitiges Vertrauen aufzubauen.

Flo ist der Vierte

Es war im August 2014, als ich während einer Vortragsreise neben meiner Sabine im Auto saß und mein Mobiltelefon klingelte. Florian war dran. Florian – oder kurz Flo, wie ich ihn nenne – ist ein junger, begeisterter Bergsteiger aus dem Nachbardorf. Er hatte mich vor zwei, drei Jahren während einer Skitour angesprochen. »Hallo Andy! Ich bin der Flo aus Lavant!« Mir dämmerte es damals: Flo, war das nicht ein Verwandter von mir? Sein Vater ist ein Cousin meiner Mutter, also sind wir Großcousins. Flo ist 23 Jahre jünger als ich und unsere Wege hatten sich bis zu diesem Zeitpunkt noch nie bewusst gekreuzt. Mich hat damals seine offene Art sehr beeindruckt, so dass ich ihn einlud, sich doch mal bei mir zu melden, damit wir zusammen etwas unternehmen könnten.

So kam es, dass ich Flo bei seiner allerersten Klettertour führen und begleiten durfte. Aber was heißt das: Ein Blinder »führt« jemanden auf seiner ersten Klettertour? Es ist ein Prinzip, dass ich mir zu eigen gemacht habe; ich nenne es »dynamische Führung«. Was bedeutet das? Ich muss meine Leader führen, damit sie wiederum mich führen können.

Und so holte mich Flo an einem schönen Sommertag 2012 bei mir zu Hause zu der vereinbarten Klettertour mit seinem Wagen ab. Erst als er vor meiner Haustür stand und klingelte, da hat er realisiert, worauf er sich jetzt eingelassen hatte.

Wie bringe ich den blinden Andy nun die zwei Stufen unfallfrei von seinem Haus hinunter auf den Vorplatz – und wie kann ich dafür sorgen, dass er verletzungsfrei ins Auto steigt? Flo fühlte in diesem Moment eine Riesenverantwortung auf sich zukommen. All diese Gedanken offenbarte mir Flo erst Monate später, als wir dann schon richtige Bergkameraden geworden waren. Flo fuhr uns zum Ausgangspunkt in meine Lienzer Dolomiten; dort übernahm ich wieder die Führung. Ich wies ihn an, genau vor mir auf der Ideallinie des Wanderweges zu laufen, damit ich ihn als akustische Orientierung nutzen konnte.

Diesem Weg folgten wir eine Viertelstunde. Abzweigungen und Landschaftsmerkmale abfragend ließ ich mich dann etwa neunzig Minuten lang von Flo, der damals selbst über keinerlei Orientierung oder Kenntnis in diesem wilden, unübersichtlichen Gelände verfügte, an den Ausgangspunkt unserer Klettertour leiten.

Dort angekommen packte ich die Kletterutensilien aus und sortierte in aller Ruhe mein 50-Meter-Kletterseil. Ich band uns zwei ins Seil und erklärte ihm seine Aufgabe als Sicherungsmann. Damit erst war ihm endgültig klar: Der Andy steigt hier tatsächlich den Fels hinauf – und das als Seilschaftsführer.

Auf unseren ersten zwei Seillängen spielte sich unsere Seilschaft ein und Flo fasste Vertrauen. Die dritte Seillänge wurde dann sehr flach und war teils nur im aufrechten Gang zu ersteigen: Das war genau das, womit ich am meisten Schwierigkeiten beim Klettern habe.

Also sagte ich einfach zu Flo:»Sodala, jetzt bist du an der Reihe, Flo. Ich find da nicht hinauf. Jetzt müsstest du voran klettern.«

Ich wollte Flo gleich mal etwas vom Zusammenspiel beim Bergsteigen vermitteln. Und so meisterte Flo seine erste Seillänge als Seilschaftsführer.

Nach der Gipfelfreude und dem Abstieg war eine neue Partnerschaft geboren und Flo ein Teil meiner zahlreichen, ganz besonderen Partner geworden.

Dieser Flo meinte jetzt am Telefon zu mir:»Andy, ich habe da ein Problem. Täglich habe ich im Frühjahr deine Everest-Expedition verfolgt, selbst nachts in meinen Träumen. Mich hat das so berührt und gequält gleichzeitig. Ich werde das kein zweites Mal mehr aushalten, deinen Versuch am Everest im Internet verfolgen zu müssen. Ihr startet ja im nächsten Frühjahr wieder zum Everest. Glaubst du, es gäbe eine Möglichkeit, dass ich auf irgendeine Weise dabei sein könnte?«

Solch einer herzlichen Bitte kann ich mich schwer entziehen. Andererseits war für Wolfi und mich aufgrund unserer Erfahrung beim Everest-Versuch in diesem Frühjahr klar, dass wir es zu dritt als ganz kleines, schlagkräftiges Team schaffen wollten. Beim ersten Versuch waren wir ebenfalls als Trio angetreten und auch das hatte sehr gut geklappt. Für mich stellte dieser Neuversuch auch finanziell eine gewaltige Herausforderung dar. Ich hatte also weder von der Team-Planung noch vom Etat Freiraum für einen vierten Mann. Was also konnte ich Flo anbieten?

Da Flo im Sommer 2014 speziell mit dem Klettern in extremer Höhe noch relativ wenig alpine Erfahrung hatte, war ihm selbst klar, dass er eh nicht bis auf den Gipfel des Mount Everest mitkommen würde. Er wollte einfach mit uns von zu Hause aus starten und uns dann, soweit es ging, begleiten und dem Team behilflich sein. In meinem Kopf liefen die Synapsen auf Hochtouren, zeitgleich war ich bemüht, dem jungen Flo ein positives Feedback zu geben:»Lass mich mal heimkommen, Flo; dann werde ich mich erkundigen, was für dich dort möglich wäre«, beendete ich unser Telefonat.

Auch Sabine unterstützte mein Anliegen, für Flo eine Lösung zu finden. Als Kompromiss fand ich bald den passenden Berg: Der Everest-Anrainer Lhakpa Ri mit seinen 7045 Metern schien mir ein würdiges Ziel in Flos junger Bergsteigerlaufbahn zu sein. Geplant war also unsere gemeinsame Anreise und der Weg über das Base Camp hinauf ins ABC. Dort oben, einen Tagesmarsch unterhalb des Lhakpa-Ri-Gipfels, würden sich unsere Wege trennen. Die Sache war somit fix und ich hatte jetzt drei vertraute Burschen an meiner Seite. Der Plan für das nächste Frühjahr stand, und wieder, genau wie vor einem Jahr, begannen wir in den Bergen vor unserer Haustür die Höhenmeter als Trainingstouren zu fressen. Ich glich meine Redner-Termine mit den Dienstplänen der anderen ab und wir bemühten uns, möglichst viel Zeit in das gemeinsame Training zu investieren.

Bei unserem ersten Versuch im Frühjahr 2014 hatten Wolfi und ich gelernt, dass wir deutlich zu viele Sachen mitgenommen hatten. So sparten wir uns 2015 eine Voraussendung von Lebensmitteln und Süßigkeiten. Die Verpflegung während unseres ersten Aufstiegs war bedeutend schmackhafter und reichhaltiger gewesen als erwartet. Zudem bestand meist unterwegs immer noch die Möglichkeit, Zusatznahrung zu organisieren. Und wenn wir pro Mann vielleicht 35 Kilo weniger Ballast mit dabeihätten, würde das die ganze Unternehmung im wahrsten Sinne des Wortes erleichtern.

Die Zeit vor der Abreise Anfang April 2015 verlief für mich wesentlich entspannter als dies noch beim ersten Versuch der Fall gewesen war. Einiges von dem, was auf uns zukommen würde, war uns bereits vertraut, und das gab meinem Traum und mir eine gewisse Lockerheit.

Die Reise geht weiter

Wieder einmal schleppte ich meine beiden prall gefüllten Seesäcke und meinen Rucksack über die Treppe von meinem Büro, das mir in der Aufbruchsphase als Packraum und Expeditionslager dient, hinauf in den Flur und zur Haustür hinaus.

Wieder einmal war da ganz tief in mir diese geteilte Stimmung. *Wird alles gut gehen? Wird es so laufen wie geplant? Werde ich gesund heimkommen?*

Und gleichzeitig war da dieser unbändige Drang, es zu versuchen, das Wissen darum, dass nur ich es für mich machen kann. Alles war geplant, geregelt, finanziert und beschlossen: Uns stand nichts mehr im Weg für dieses große Vorhaben. Und am Ende fokussiert es sich alles auf den Tag, an dem ich nach der großen Reise heimkomme, Sabine in die Arme nehmen kann und die Haustür wieder hinter mir schließe.

Vor dem Haus hörte ich die Stimmen meiner Eltern, sie waren gekommen, um mich und mein Team zu verabschieden. Auch Flos Eltern, Wolfis Frau Mona und ihren Sohn Christopher konnte ich heraushören. Wolfis Papa und auch meine Schwester und Anda mit seiner Mira gaben uns zum Abschied die Ehre. Diese Aufbruchsmomente, die zugleich Abschiede sind, sind stets aufgeladen mit den verschiedensten Emotionen: Euphorie, Trennungsschmerz, Optimismus und die Sorge um eine gesunde Rückkehr liegen in der Luft, eine bisweilen erdrückende Melange. Klemens' Bruder Gerald lud uns in den Kleinbus, um uns zum Münchner Flughafen zu fahren.

Auch nach unzähligen Aufbrüchen zu großen Reisen, habe ich mich mittlerweile damit abgefunden, dass sich beim Verabschieden so etwas wie Routine nicht einstellt. Ich kann mich schlicht nicht daran gewöhnen, es schüttelt mich jedes Mal aufs Neue durch. Ich stehe da, umarme und schüttele Hände und sage beruhigende Worte. Und während ich bemüht bin, meinen Liebsten ein souveränes Gefühl zu vermitteln, schießen mir selbst die Tränen ein. Es passiert mir immer wieder und da ist nichts gegen zu machen.

Dann irgendwann schloss sich die Schiebetür, der Bus setzte sich in Bewegung und dieser Punkt hatte wie immer etwas Definitives: Von hier an gab es kein Zurück mehr.

Die drei Tage in Kathmandu verbrachten wir mit Erledigungen und dem relaxten Ankommen in dieser anderen Welt; ein Pflichttermin im Tourismusministerium blieb uns diesmal genauso erspart wie der Zahnarztbesuch. Unsere geplante Aufstiegsroute lag zur Gänze auf chinesischem Gebiet und so hatten wir weder mit der Organisation von unseren Permits noch wegen anderer Formalitäten etwas mit den Nepalesen zu tun. Lediglich die Visa für die Einreise nach Tibet mussten bereits hier in Kathmandu organisiert werden. Das Prozedere zum Erwerb der Permits hatte unsere bewährte nepalesische Agentur schon im Vorfeld mit den chinesischen Behörden abgewickelt.

Am 10. April 2015 stiegen wir vor unserem Hotel in Kathmandu entspannt in den Bus. Das gesamte Expeditionsgepäck wurde im Gepäckraum und auf dem Dach verstaut und dann rollten wir los, in Richtung der chinesischen Grenze. Diesmal gab es also kein Drama wegen betagter Fluggeräte oder vernebelter Gebirgsflughäfen; es war nur eine schlichte Straße, auf der wir dem Ausgangspunkt unserer Route entgegenrollten.

Die Fahrt bis zur chinesischen Grenze nach Kodari war mit fünf Stunden Fahrtzeit angesetzt. Die ersten zwei Stunden brauchten wir allein damit, das pulsierende Kathmandu hinter uns zu lassen. Unser Bus schaukelte durch eine typisch nepalesische Landschaft. Meine Burschen beschrieben mir die endlosen Reisfelder am Straßenrand, die sich terrassenartig die Berghänge hinaufzogen; eine imposante Kulturlandschaft, geprägt und gepflegt in tausenden Stunden Handarbeit. Manches Mal mussten Fahrwerk und Stoßdämpfer harte Arbeit leisten, weil sich unser Fahrer spontan dafür entschied, dem Verkehrsstau durch einen Abstecher durch die Landschaft neben der Fahrbahn zu entkommen. Mir war diese Strecke schon aus dem Jahr 2009 vertraut, als ich mit Lore, Thomas, Andi und dem restlichen Team zu meinem ersten Versuch an einem Achttausender, dem Cho Oyu, unterwegs war.

Gegen Mittag kehrten wir in einem einfachen Rasthaus ein, wo es für uns Hühnchen auf Reis und eine Cola gab. Als wir uns am Nachmittag im Schritttempo die langen Kehren zum kleinen Grenzort Kodari hinauf mühten, war deutlich zu spüren, dass wir nun die Grenze Nepals erreicht hatten. Der Asphalt hatte sich hier längst rar gemacht, die Schotterdecke war in Auflösung begriffen und immer wieder geriet unser Bus in tiefe Pfützen und Spurrillen, die uns von der Route zu drängen drohten. Immer wieder war die Straße unter Hangrutschen begraben, für deren Beseitigung sich hier offenbar niemand zuständig fühlte. Dann endlich waren wir da.

Wir hielten auf einem Umkehrplatz, auf dem zahllose Busse und Lastwagen auf Tuchfühlung aneinander vorbei manövrierten; dazwischen herrschte ein Chaos von Frauen, Männern, weinenden Kindern und schreienden, ungeduldigen Grenzbeamten.

Hier wurden alle Gepäckstücke aus dem Bus geladen und nun war es an uns, dass gesamte Equipment quer durch das Getümmel aus Menschen und Fahrzeugen bis zum Grenzübergang auf der anderen

Seite des Platzes zu schaffen. Ich hielt mich an Flos rechter Schulter fest, um nicht buchstäblich unter die Räder zu kommen. Im Grenzhäuschen galt es, einen Wust von Anträgen und Formularen auszufüllen. Ich weiß nicht, wie viele Blätter ich dort unterschrieben habe. Nach dieser Papierschlacht durften wir das Bürogebäude zur anderen Seite hin verlassen. Wir setzten unseren Fußmarsch mit all unseren Taschen und Transporttonnen im Schlepptau fort und überquerten die Brücke über den wild schäumenden Grenzfluss zwischen Nepal und Tibet,

Das Brückengeländer war hier gesäumt von chinesischen Grenzposten, die penibel aufgereiht posierten, leblos wie die berühmten Tonkrieger. Bei aller Konzentration auf die Erledigung unserer Grenzformalitäten blieb auch hier noch Platz für ein Späßchen. So meinte ich beiläufig zu Flo, als wir mitten auf der Brücke waren:

»Hey Flo! Jetzt wäre Zeit für ein Foto!«

Flo zückte also arglos seine Kamera und schickte sich an, uns und die Umgebung abzulichten. Wolfi, der unmittelbar danebenstand, konnte unseren Florian gar nicht so schnell warnen, wie einer der bis dahin wächsern wirkenden Grenzbeamten nach vorne schoss, um seine Digitalkamera sicherzustellen. Für Flo musste das ein ziemlicher Schock gewesen sein und sicherlich klopfte ihm das Herz bis zum Hals, als der Uniformierte sich nun anschickte, seine nagelneue Kamera auseinanderzunehmen.

Da Florian zu Hause in Tirol selbst als Polizist arbeitet, traf er aber seinem chinesischen Kollegen gegenüber den diplomatisch richtigen Ton. Schon bald wurde die teure Kamera unbeschadet wieder an ihren Eigentümer zurückgegeben und Flo war um eine Erfahrung reicher. Lediglich das letzte Foto, das er von der Grenzbrücke gemacht hatte, musste gelöscht werden.

Jenseits der Brücke reihten wir uns in die Menschenkette ein, deren Spitze bis ins Innere der chinesischen Grenzabfertigungshalle vordrang. Immer wieder drängten Männer und Frauen an uns vorbei. Sie trugen gigantische Taschen und Pakete auf den Köpfen, die sie für die Reisenden von der nepalesischen auf die chinesische Seite schleppten und umgekehrt.

Sogar Kinder, deren zarte Körper man unter den klobigen Gepäck-stücken oft gar nicht erkennen konnte, gaben alles, um sich so ein kleines Trinkgeld zu verdienen. Eine gewisse Entspannung machte sich im Team breit, als wir diesen Kasten von Abfertigungshalle schließlich auf chinesischer Seite verlassen durften. Aber dann hieß es noch einmal Warten, weil unser Gepäck die Kontrollen noch nicht passiert hatte. Genau genommen hatten wir tatsächlich illegale Waren an Bord: Köstlicher Tiroler Speck, Hauswürste und Käse.

Letztlich ging alles gut. Drei Stunden waren während des Grenz-übertrittes vergangen und nun bestiegen wir die bereitstehenden, chinesischen Geländewagen. Ein Passieren dieser Staatsgrenze ist hier für sämtliche Fahrzeuge aus dem jeweiligen Nachbarland untersagt. Unser Expeditionsgepäck wurde auf einem Lastwagen verstaut und dann zog die Karawane los Richtung Zangmu, der ersten Ortschaft hinter der Grenze. Hier war eine Übernachtung für unser Team eingeplant.

Zangmu liegt da wie in den Hang gefräst, eine wenig heimelige, chinesische Ortschaft, 10 Kilometer von der nepalesischen Grenze entfernt. Die asphaltierte Straße zog sich über drei Kehren durch die terrassenartig angelegten Häuserzeilen. Ein recht annehmbares *Guesthouse* war für die gesamte Gruppe reserviert. Neben unseren Sherpas und dem Küchenpersonal waren für uns zu dieser Zeit noch zusätzliche Bergsteiger in die Expeditionsgruppe eingebucht.

So bestand unser Team nun neben Klemens, Florian, Wolfi und mir noch aus einem Piloten und einer Bergsteigerin aus Indien sowie einem Mongolen. Wir saßen abends in der kleinen Hotelhalle beim Abendessen, als mich Klemens fasziniert auf die vielen verschiedenen Uhren an der Wand aufmerksam machte. Jede Zeitanzeige war mit einem Ort beschriftet und so konnte man hier auf einen Blick feststellen, dass es jetzt in New York zwölf Stunden früher war als hier. Normalerweise hätten wir hier unsere Uhren auf chinesische Zeit umstellen sollen – im Verhältnis zur nepalesischen Zeit also um zwei Stunden und 15 Minuten nach vorne. Allerdings gibt es hier einen kuriosen Umstand: die gesamte Volksrepublik China befindet sich auf Regierungsbeschluss in derselben Zeitzone, was der riesigen, territorialen Ausdehnung des Landes von Ost nach West nicht im Mindesten gerecht wird. So passt zum Beispiel der Sonnenaufgang hier in Tibet,

Tausende Kilometer südwestlich von Peking, so ganz und gar nicht zur offiziell angeordneten Uhrzeit. Es wird am Morgen viel zu spät hell und am Abend wiederum zu spät dunkel. Aus diesem Grund einigten wir uns im Team darauf, während der gesamten Expedition auf die viel besser zum Sonnenstand passende Nepalzeit zurückzugreifen.

Am 11. April 2015 setzten wir unsere Reise nach Nyalam auf 3750 Meter Seehöhe fort. Nyalam mit all den staubigen, schmutzigen Straßen, der rauchigen Luft und der fröstelnden Kälte, wirkte auf mich ähnlich unwirtlich wie Zangmu. Für unsere Höhenanpassung lag es jedoch ideal. Zwei Nächte verbrachten wir dort. Ebenerdige, kleine Zimmer mit Zugang zu einem Innenhof bildeten unsere Unterkunft. Das Highlight dieser beiden Tage waren die Gänge zum Mittag- und Abendessen. Das vermutlich einzige Restaurant weit und breit war nur über eine bedenklich wackelige, an der Hauswand gelehnte Leiter zu erreichen.

Eng zusammengedrückt aßen dort auch die Mitglieder anderer Expeditionsgruppen, die sich wie wir auf dem Weg nach Tibet befanden. Neben dem Mount Everest hat diese Strecke noch andere, sehr lohnende Ziele zu bieten. So passierten wir im Frühjahr 2009 eben diesen Ort, als wir zum Cho Oyu, dem mit 8201 Metern sechsthöchsten Berg unserer Erde, unterwegs waren. Auf dem Heimweg von der Shisha Pangma-Reise im Mai 2011 kamen wir in umgekehrter Richtung durch Nyalam, Zangmu und über den Grenzübergang nach Kathmandu.

Immer wieder freute ich mich auf das köstliche, einfache Mahl. Typisch chinesische Küche war hier angesagt, was mir unglaublich gut schmeckte und auch meiner »Logistik« sehr entgegenkam: Mit meinen Stäbchen den patzigen, mit Sauce und Gemüse durchzogenen Reis direkt aus dem kleinen Schälchen über den Rand in den Mund zu schieben, das war eine Essenstechnik wie für mich gemacht.

In Nyalam spazierte ich mit Flo, Wolfi und Klemens untertags ein wenig in die Gegend hinaus. Es galt, unseren Kreislauf anzuregen, um den Organismus darauf vorzubereiten, dass er in nächster Zeit mit weniger Sauerstoff und mehr Bewegung zu rechnen hätte. Flo, Klemens und Wolfi packte unterwegs die Lust auf Süßes und so beschlossen sie, sich in einem der schmuddelig anmutenden Verkaufsstände eine Schokolade zu kaufen, die dort in drei verschiedenen Farben angeboten wurde. Die Beschriftung war für die Jungs nicht lesbar. Nun hatten sie die Qual der Wahl: Welche Farbe sollten sie nehmen? Ich machte den simplen Vorschlag, statt der Farbe vielleicht zuerst das Verfallsdatum zu checken, das als Einziges lesbar war. Die Entscheidung fiel dann recht leicht: Die kleinen Süßen waren schon einige Jahre über ihren offiziellen Exitus hinaus. Nur eine Schokolade war mit gerade mal 18 Monaten Überfälligkeit quasi noch taufrisch, was das sofortige Todesurteil für sie bedeutete.

Bei unserer Abreise schneite es in Nyalam kräftig; gut zehn Zentimeter Neuschnee lagen auf der Straße. Bis zu unserer Abfahrt um 11 Uhr war noch unklar, ob wir überhaupt losfahren konnten. Schließlich waren alle Gepäckstücke und Passagiere auf Geländewagen und LKW verteilt und wir konnten starten. Die Fahrt verlief über mehrere Stunden auf teils verschneiter Fahrbahn, erst über den 5149 Meter hohen Tong La-Pass und von dort weiter ins tibetische Hochland Richtung Tingri. Leider war der Himmel noch immer schneewolkenverhangen und so war meinen Freunden heute keine Aussicht auf die imposanten Achttausender Shisha Pangma zur linken und Cho Oyu und Mount Everest zur rechten Seite der Straße vergönnt.

Verglichen mit unserer damaligen, zähen Tour im Jahr 2009 war die Straße von Zangmu nach Tingri jetzt offenbar zur Hochgeschwindigkeitspiste mutiert: Laut meines mobilen GPS schoss unser chinesischer Fahrer gerade mit unglaublichen neunzig Sachen über das Hochland von Tibet! In Tingri fuhren wir das mir vertraute »Hotel" an, in dem ich auf meinen vorangegangenen Tibetreisen schon genächtigt hatte. Wieder wurde uns spitzenmäßiges, chinesisches Essen aufgetragen; gleich danach jedoch mussten wir wegen Überbuchung in ein anderes »Hotel« umsiedeln.

Die Lodge lag einen Kilometer entfernt und befand sich genau genommen noch im Bau: Die Türrahmen waren in Folie gepackt, die Befestigungsklammern ragten bedrohlich in die Türöffnungen. Immerhin waren die piekfeinen WCs bereits installiert, wenn auch mit einer kleinen Einschränkung. Ganz entspannt saß ich also auf der für tibetische Verhältnisse luxuriös anmutenden Porzellanschüssel, um mich zu erleichtern. Doch nach dem Geschäft kam dann die Ernüchterung: Die Spülung war tot – die Sanitäranlage war noch gar nicht an den Wasserkreislauf angeschlossen! Offenbar war ich nicht der Einzige in dieser misslichen Lage: Auf dem Flur fragten auch die anderen Gäste kleinlaut nach einem Eimer Wasser, um ihr Malheur zu bereinigen.

In Tingri übernachteten wir ein weiteres Mal, um uns auf den nächsten Höhensprung optimal einstellen zu können. Tingri liegt im tibetischen Flachland auf circa 4300 Metern und ist unmittelbar von kleineren Hügeln und Bergen umgeben. Mit moderaten Wanderungen bis hinauf auf 4700 Meter Meereshöhe gaben wir unseren Körpern einen weiteren Impuls zur Anpassung. Bei Schönwetter kann man als Sehender von dort aus die majestätischen Gipfel des Cho Oyu und des Mount Everest bestaunen.

Von Tingri ging es weiter in Richtung Everest-Basislager. Weitere vier Stunden eingepfercht zwischen meinen Freunden, Rucksäcken und Wasserflaschen, auf dieser modrigen, viel zu weichen Rückbank des japanischen Geländefahrzeuges waren noch durchzustehen, bis wir endlich direkt am Fuß unseres Berges ankommen sollten. Die Abkürzung über eine Offroad-Piste fernab der Zivilisation, die unser Fahrer wählte, mit nicht enden wollendem Gerüttel und Geschüttel, mit jähen Abgründen links und rechts der Fahrspur, brachte Mann und Gerät noch einmal richtig kräftig zum Stöhnen. Apropos Abgrund: Manchmal bin ich auch dankbar, dass ich nicht alles mit ansehen muss.

Unser Basislager, auch »Chinesisches Basislager« genannt, lag etwas oberhalb des Rongbuk-Klosters, direkt an den Ausläufern des Rongbuk-Gletschers auf einer Meereshöhe von 5165 Metern.

Das Kloster Rongbuk selbst liegt auf einer Höhe von 4980 Metern und gilt damit als höchstes Kloster der Welt. Es ist zudem einer der höchsten, ständig bewohnten Plätze der Erde. Dieses Kloster ist für die in Nepal lebenden, tibetisch-stämmigen Sherpas ein wichtiges Pilgerziel. Der Abt des Klosters wird von den Nepalesen und Tibetern während einer Expedition im Rahmen einer »Puja« um seinen Segen gebeten. Der Gedanke dahinter ist: Nur wirklich reine Menschen sollen sich den auf dem Everest wohnenden Göttern nähern dürfen. Ohne die Puja-Zeremonie weigern sich die Sherpas oft weiterzugehen.

Unsere Sherpas und die Küchenmannschaft waren schon einen Tag früher von Tingri aus losgefahren, um das Basislager für uns einzurichten. Wie aus dem Prospekt kopiert standen unsere Schlafzelte, das Gemeinschaftszelt, das Kochzelt, die Toilettenzelte und das Materialzelt akkurat in Reih und Glied aufgebaut, als wir im Lager eintrafen. Wolfi, Klemens und Florian wohnten mit mir in einer Linie, direkt linker Hand neben meiner Stoff-Behausung. Wie auf vielen meiner Reisen mit Zeltaufenthalt erprobt leitete auch hier eine vielleicht zehn Meter lange Reepschnur direkt von meinem Zelteingang hinüber zu meinem persönlichen Toilettenzelt.

So konnte ich mir sicher sein, wohin ich mich setze. Hygiene ist ein heikles Thema für mich: Ich möchte eben nicht mit meinen Fingern abtasten müssen, ob die Toilettenbrille vom Vorgänger auch tatsächlich sauber gehalten wurde.

Das gemeinsame Essenszelt stand zehn Meter schräg rechts hinter meinem Schlafzelt und war für mich auch im Alleingang erreichbar.

Die begeisterten Reaktionen meiner sehenden Freunde führten auch mir vor mein inneres Auge, welch unglaubliche Ausstrahlung schon hier vom gigantischen Mount Everest auf alle ausging. Der oberste Teil des Berges ist von hier aus brillant zu sehen. All die Einzelheiten seiner elegant-bizarren Form, wie z. B. der Nordgrat, der weiter oben auf den Nordostgrat trifft, waren von hier aus auszumachen. Sogar den »Second Step« glaubte Wolfi sehen zu können. Das Gipfelfirnfeld und die kleine schwarze Gipfelpyramide, all diese Details projizierten mir meine Freunde in lebhaften Beschreibungen in mein inneres Sehzentrum.

Florian gelang dann bei niedrigem Sonnenstand ein geniales Foto, auf dem der obere Teil unseres Traumbergs in intensiven Rottönen leuchtet. Jetzt waren wir also angekommen, am Fuße unseres Berges, am Gestade des Giganten.

Nach der ersten Begehung des Camps fiel mir auf, dass die unmittelbare Umgebung um vieles einfacher für mich zu begehen war als dies im Basislager an der Südseite der Fall war. Der Platz hier glich einem übergroßen Fußballfeld, dessen Boden mit Sand und mittelfeinen

Steinen gepflastert war. Nur ab und an lag ein größerer, vielleicht kopfgroßer Stein herum, der mich zum Stolpern hätte bringen können.

Es gab an den Rändern dieses im Durchmesser einige hundert Meter breiten, staubigen und windigen Platzes für mich auch keine Gefahren durch drohende Abgründe, im Gegenteil: An fast allen Seiten ziehen die Auslaufmoränen des Rongbuk-Gletschers wie ein Schutzwall mit mittelmäßiger Neigung in die Höhe. Unser Koch bereitete uns zum Auftakt die feinsten Pommes frites mit Toast und Gemüse zu. Der restliche Nachmittag war mit dem Auspacken und Einrichten unserer Zelte ausgefüllt; dieses Lager würde für die nächsten Wochen unser Zuhause sein.

Während des Abendessens stellte uns unser Sirdar Pata – das war die Abkürzung für seinen vollen Namen Pasang Rita Sherpa – unsere Sherpas und die Küchenmannschaft vor. Flo, Wolfi, Klemens und ich bekamen drei Sherpas für den Aufstieg zugeteilt. Pata, der erfahrenste Sherpa, sollte beim Gipfelgang auf den Mount Everest für mich zuständig sein. Tenzing und Pasang sollten meinen beiden Freunden Wolfi und Klemens während des Aufstieges zur Seite stehen. Dieser Tenzing war ein Namensvetter meines freundlichen Begleiters vom Vorjahr. Für Florians Besteigung des Lhakpa Ri sollte dann mein Pata sein Climbing Sherpa sein.

Der Gipfeltag für Florian war für den Tag angesetzt, an dem Wolfi, Klemens und ich sowieso einen Rasttag im ABC eingeplant hatten. So war Pata für einen gemeinsamen Gipfelgang mit Flo freigespielt. Jeder von uns hatte ein richtig gutes Gefühl mit seinem neuen, nepalesischen Partner, wir fühlten uns fit für die abenteuerlichen nächsten Wochen. Recht früh am Abend krochen wir, müde und doch aufgeregt, in unsere Daunenschlafsäcke und versuchten, zur Ruhe zu kommen. Die erste Nacht auf 5165 Metern verlief gar nicht mal so schlecht; abgesehen von leichtem Kopfweh schliefen wir alle vier recht gut ein. Gegen 2 Uhr 30 weckte mich allerdings ein schnüffelnder und bellender Hund. Frei laufende Hunde sind in China ein alltägliches Bild. Offenbar hatte der Kollege mit der feinen Nase Wind davon bekommen, welche Köstlichkeiten an Speck und Wurst in unseren Zelten lagerten. Ich muss zugeben: Ein wenig mulmig war mir schon. Ich war ja schließlich nur durch eine dünne Plastikfolie von unserem bezahnten Genossen getrennt. Gegen Tollwut war ich nicht geimpft und so ein knackiger Hundebiss käme jetzt, zu Beginn unserer Tour, extrem ungelegen. Nach einer guten Stunde war der Spuk vorbei und ich sank wieder in den Schlaf.

Hochzeitstag

Neben Flo, Klemens und mir waren wie erwähnt noch drei weitere Teilnehmer in die Expedition eingebucht. Da war Anita, die indische Polizistin, die den Everest 2013 über dessen Südseite schon einmal erfolgreich bestiegen hatte; außerdem Sandeep, ein Pilot der Air India, sowie ein sehr netter Offizier der mongolischen Armee, der der englischen Sprache leider nicht mächtig war. Am 16. April verbrachten wir den Vormittag mit einer leichten Wanderung durch das Basislager und dem Besuchen anderer Expeditionsteams.

Ein bisschen melancholisch wurde ich dann am Nachmittag, als ich allein im Zelt saß. Der 16. April ist für mich und meine Sabine ein ganz besonderes Datum. An diesem Tag im Jahr 1990 durfte ich meine Frau in der Kirche von Amlach – diese ist der Heiligen Ottilie, der Patronin der Augenleidenden geweiht – zum Traualtar führen.

Hier hockte ich also, allein im Zelt und in dieser rauen Gegend: nicht unbedingt die ideale Ausgangslage, um eine Silberhochzeit gebührend zu zelebrieren. Um nicht in Trübheit zu versinken, beschloss ich, Sabine ein paar Zeilen zu tippen. Den Originaltext möchte ich für uns behalten. Aber trotzdem will ich dem Leser nicht vorenthalten, welche Quintessenz der Schriftwechsel zwischen Sabine und mir dann für mich hatte.

Ich schrieb ihr, dass ich nach dieser Everest-Expedition beabsichtigte, es hinsichtlich meiner Abenteuer ruhiger angehen zu lassen, einfach um mehr Zeit für uns beide zu haben. Ich habe mich auch wirklich darauf gefreut, auf meinem Lebensweg irgendwann die ganz steilen Strecken hinter mir lassen zu können, um dann – im leichten

Gefälle und bei voller Gesundheit – gemeinsam mit Sabine die Schönheiten am Wegesrand genießen zu dürfen.

Der Weg zum Mount Everest war für mich niemals eine Leistungsprobe. Dieser Weg war eher ein Signal an mich selbst, dass es sich immer wieder bezahlt macht, wenn man sich bemüht. Während einer solchen Reise kommt es natürlich zu ganz argen Tiefpunkten, worauf aber wieder Hochs folgen. Lange schon ist es mir klar, dass wir hier auf der Erde nicht im Paradies leben, wo alles zu unserem Genuss und Wohlgefallen angerichtet ist. Ich habe schon als kleiner Junge die wichtige Erfahrung gemacht: Wenn ich mir treu bleibe, wenn ich dranbleibe, auch wenn alle anderen es unsinnig finden, dann kommt für mich irgendwann der Lohn.

Anfangs ist es eine wahnsinnig öde Angelegenheit, immer wieder gegen die berühmten Windmühlen zu kämpfen. Aber man kann das trainieren. Ich habe in meinem Leben schon einige der Windmühlen, die scheinbar gegen mich arbeiteten, umdrehen können, damit sie auf meiner Seite mahlen. Ich bin es einfach gewohnt, auch unter nicht optimalen Voraussetzungen zu starten. Neben der Geduld ist es die kindliche Neugier, die mich antreibt. Es macht sich tatsächlich bezahlt, wenn du wie ein kleiner Junge, offen und wissensdurstig, jeden Tag die Welt neu zu entdecken versuchst.

Meine ganz persönliche Hochzeitstag-Mail schickte ich an meine liebe Frau Sabine ab und nach qualvollen zwanzig Minuten des Wartens trudelte endlich Sabines Antwort ins Postfach: *Sabine Holzer, Betreff: Silberhochzeit.*

Sabine fand mein Versprechen, es nach dem Everest ruhiger anzugehen, gar nicht so prickelnd. Denn genau meine Aufbruchsphilosophie war es wohl, was sie an mir mochte und was unsere Beziehung so bunt gestaltete. Dem Leben grundsätzlich zu vertrauen und sich immer wieder furchtlos auf andere, oft wildfremde Menschen und Abenteuer einzulassen, das war es ja genau, was sie an mir schätze. Und trotzdem so klar wie ein Kristall zu denken, zu planen, zu organisieren und zu artikulieren, um dem Unheil wenig Chance zu überlassen. Mir trieb es die Tränen in die Augen, als mir die blecherne Stimme meiner Laptop-Sprachausgabe Sabines bewegende Zeilen vorlas. Mir war einmal mehr klar: Diese Frau ist für mein wildes Leben genau die Richtige an meiner Seite. Sie hat schon vor über 25 Jahren verstanden, dass jeder von uns selbst dafür verantwortlich ist, wie bunt das eigene Leben ist und ob es dir warm ums Herz wird oder nicht.

Auch wenn es mal kühl und aussichtslos zu sein scheint: Es liegt in deiner eigenen Hand, was das Ende des Tages für dich bringt. Sabine lässt mich frei an meinen Träumen arbeiten und steht mir dabei wie ein Fels in der Brandung zur Seite. Und ich lasse ihr anscheinend auch ihre Freiheit und sie genießt es, wenn ich trotzdem immer für sie greifbar und für sie da bin, wenn der sprichwörtliche Hut bis zur Feder brennt.

Die gegenseitige Führung, mit der wir uns beide nun schon über 25 Jahre durch Stürme und Sonnentage geleitet haben, gepaart mit einer großzügigen Portion Freiheit für den jeweils anderen: Das sind vielleicht die Zutaten für unsere auch in schwierigen Situationen funktionierende Partnerschaft. Und so ging dieser einsame Hochzeitstag für mich mit tiefer Zufriedenheit zu Ende.

Nach einer guten Nacht für uns vier stand am nächsten Tag eine Wanderung hinunter zur Rongbuk Monastery an. Die heilige Stätte liegt circa 100 Höhenmeter tiefer und einen vier Kilometer langen Fußmarsch vom Lager entfernt. Dieser stark windige Tag machte es zum ersten Mal notwendig, dass ich mein kleines Glöckchen aus dem Rucksack kramte. Der prägnante, tragende Ton des Glöckchens übermittelt mir auch bei kräftigen Windböen präzise, wo ich hintreten muss, um meinem Freund zu folgen. Heute war Klemens mein Glöckchenträger.

Nach einem einstündigen Marsch stiegen wir rechts der Schotterstraße eine unregelmäßige Steinstiege hinauf und bewegten uns, immer wieder tief gebückt, durch niedrige Türen ins Innere der heiligen Stätte. Der beißende Rauch von brennenden Wacholderzweigen im Innenhof raubte uns zeitweise den Atem. Dann ging's hinein in eine kühle Grotte, aus der dumpfe, tief dröhnende Trommelschläge und das schon vertraute Gemurmel des Lama drangen.

Schritt für Schritt wurden wir von nachrückenden Einheimischen und Bergsteigern von hinten weiter in diese enge Höhle geschoben, Stufe für Stufe, immer tiefer: Wer hier Platzangst bekam, der hatte verloren. Später bekamen wir jeder eine Kerze gereicht. Als Flo und ich

Andy und sein Vater vor der Abreise © Sabine Holzer

Andy im Basislager © Klemens Bichler

Mount Everest – unser Traumziel © Florian Brunner

Tenzings Haus vor dem Erdbeben © Archiv Holzer

Tenzings Haus nach dem Erdbeben © Archiv Holzer

Andy mit seinem Sherpa Angdorchi © Klemens Bichler

Lager 1 am Nordsattel auf 7065 Metern © Wolfgang Klocker

Gipfelsturm - Andy beim Aufstieg ins Lager 1 © Wolfgang Klocker

Gipfelsturm - Andy mit Klemens beim Aufstieg ins Lager 2 © Wolfgang Klocker

Gipfelsturm - Andy beim Aufstieg am Second Step auf 8620 Metern
© Klemens Bichler

Andy, Klemens und Wolfi am Gipfel des Mount Everest, 8848 Meter
© Archiv Holzer

Andy am Gipfel des Mount Everest © Klemens Bichler

Andy am Gipfel des Mount Everest © Klemens Bichler

Andy beim Abstieg mit Lager 3 im Hintergrund © Klemens Bichler

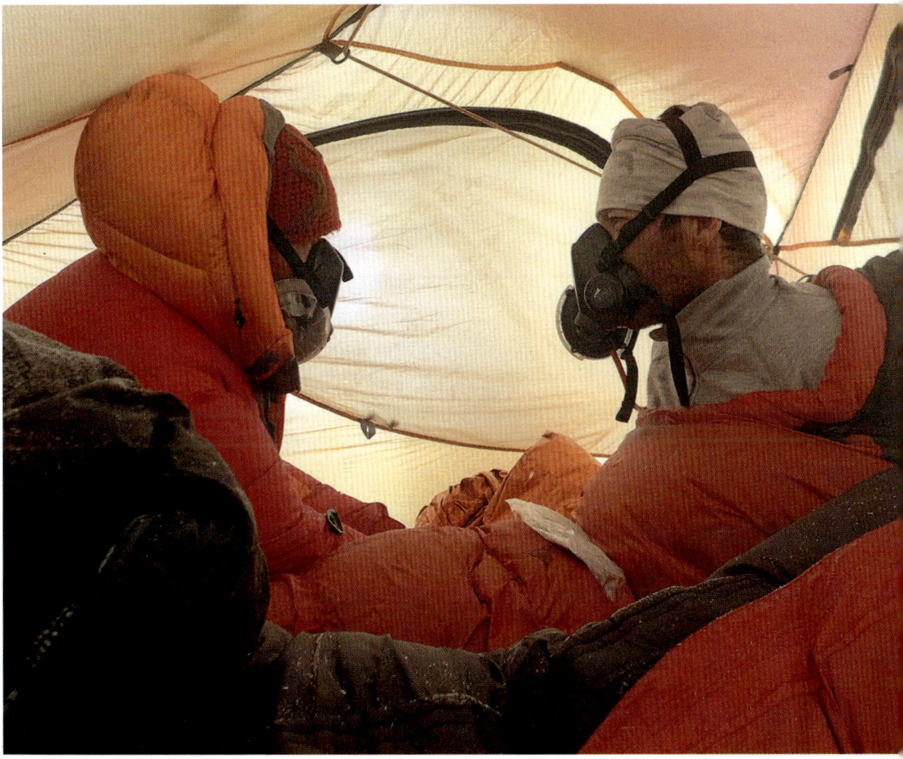

Nach dem Gipfelgang im Lager 3 auf 8300 Metern
© Wolfgang Klocker

Andy mit Wolfi beim Abstieg vom Gipfel © Klemens Bichler

Frieden mit dem Everest © Florian Brunner

© Andreas Scharnagl

den meditierenden und trommelnden Lama passiert hatten, beförderte uns eine noch einmal zwei Meter tiefe »Kletterstelle" in die unterste Ebene der Heiligstätte. Dort unten verweilten wir kurz und beteten für eine erfolgreiche und glückliche Expedition. Beim Hochsteigen segnete der Abt jeden Einzelnen von uns und hängte uns den landesüblichen »Haddak« um. Ein Haddak ist ein weißer Schal und symbolisiert Reinheit und gute Beziehungen. Er wird mit beiden Händen genommen, auf Schulterhöhe gehoben, die Hände werden ausgestreckt, man beugt sich nach vorn und überreicht den Schal dem Gast. Man sollte ihn ebenso mit beiden Händen entgegennehmen und dann vor den Sitz oder die Füße legen.

Wie schon erwähnt ist es wichtig für mich, die landesüblichen Traditionen und Glaubensrituale so weit wie möglich zu verstehen und mich danach zu richten. Zum einen ist anderen Religionen selbstverständlich Respekt geschuldet, zum anderen verspüre ich die freundlichen Gesten unserer Sherpas als Zeichen ihrer Freude und Dankbarkeit für dieses respektvolle Miteinander.

Der nächste Tag stand für uns alle im Zeichen des Gedenkens an die unendlich traurigen Ereignisse vor einem Jahr an der Südseite unseres Berges. Mein damaliger Eintrag ins Onlinetagebuch gibt meine Gedanken vielleicht am besten wieder:

Hallo Sabine,
wir sitzen eben beim Abendessen, habe Pizza und Kartoffel konsumiert und nun wieder mein Netbook auf dem Tisch. Ich hörte schon in der Nacht, dass es leise an die Zeltwand schneit und uns wohl ein Morgen mit Zuckerguss erwarten würde. Laut Flos Thermometer hatten wir in der Nacht minus 7 Grad im Zelt.
Also gute, frische Luft, wenn ich die Nase aus dem Schlafsack stecke, während der Körper, nur in der Unterwäsche, sich wohlig fein fühlt. Gegen halb sieben wurde ich heute ohne Wecker munter und sofort schoss mir die exakt gleiche Stunde vor einem Jahr in den Kopf. Zu diesem Zeitpunkt lag ich 15 Kilometer südlich von hier im Basislager der Südroute in meinem Zelt, als ich das Donnern der Unglück bringenden Eislawine im Khumbu-Eisbruch vernahm. Auf einen Schlag war dann alles anders und die Besteigung des höchsten Berges der Welt rückte in weite Ferne.

Heute am Jahrestag gedenken auch hier ganz viele Menschen gemeinsam mit den Sherpas des fürchterlichen Unglücks von 2014. Als ich um kurz vor acht aus meinem Zelt stieg, spürte auch ich ohne Sicht, dass der Schotterboden vor den Zelten heute wunderbar weich gedämpft vom Neuschnee war. Gleichzeitig wärmte mich die Sonnenstrahlung und schon brach es aus mir heraus: »Mannda, aufstehen, ein superschöner Morgen wartet auf uns.«

Verteilt über den ganzen Tag kamen mir trotz meiner positiven Grundeinstellung immer und immer wieder die dumpfen Gedanken an die Tragödie vom letzten Jahr in meinen Kopf.

Noch waren wir guter Dinge und ahnten nicht, dass uns auch diesmal wieder ein Unglück bevorstand. Es stand die erste Akklimatisierungswanderung vom Basislager aus auf dem Programm. Tenzing bot sich freundlicherweise an, uns zu begleiten. Mit Wolfi und meinen Jungs hatte ich vor, den ersten Teil des Weges in Richtung Mittelcamp, den wir während der nächsten Zeit noch öfter zu gehen hatten, zu erkunden. Dieser erste Teil verlief über recht flaches Terrain, hinein zwischen zwei Moränenrücken am Grund eines kleinen Tales. Später dann verlief der gar nicht mal so grobblockige Pfad an der rechten Hangseite entlang, um sich weiter vorne dann wieder in der kleinen Talsohle zwischen den mit bizarren Sandtürmen flankierten Moränen zu verlieren. Von hier noch eine halbe Stunde weiter und wir näherten uns der Abzweigung, welche das Haupttal des Rongbuk-Gletschers von dessen östlichen Arm in Richtung Mittelcamp und ABC aufspaltet. An diesem Tag baute sich eine herzhaft freundliche Beziehung zwischen Tenzing und mir auf, ähnlich der, die ich mit seinem Namensvetter aus dem Vorjahr an der Südseite des Everest erleben durfte. Tenzing war ständig unmittelbar hinter mir und stets bereit einzugreifen, falls ich einen Fehltritt zu machen drohte.

Er wusste noch nicht genau, wie viel oder wenig er tatsächlich eingreifen sollte. Überaus empathisch half er uns beim Vorankommen. Er wollte sogar meinen Rucksack tragen, was meiner Stabilität in diesem wackeligen Gelände natürlich guttat. Auch meine Videokamera nahm er und war ständig dabei, die besten Aufnahmen von uns dreien zu machen.

Überaus zufrieden über den doch nicht ganz so argen Weg trotteten wir talauswärts und nach einigen Stunden erreichten wir wieder den großen Schotterplatz des Chinesischen Base Camps. Für meine Jungs und mich war aufgrund unserer Vorinformationen ja schon dieser lange Anmarsch bis ins ABC eine der ganz großen Hürden zum Erreichen des Gipfels.

Reini, ein Bergsteiger aus dem Nordosten von Österreich, der wie Lois und Clemens in einem Schweizer Team unterwegs war, lud uns auf einen Drink zu sich ein. So erfuhren wir eindrucksvoll, mit welch unterschiedlichen Standards die Bergsteiger hier im Camp leben. Ein eigenes Kuppelzelt für Sport und Spaß, ausgestattet mit Billardtisch und Kicker, waren nur die ersten Highlights, die Flos und Klemens' staunende Augen zu sehen bekamen. Ein Internet-Mediazelt und ein restaurantähnliches Dining-Zelt komplettieren dieses Luxus-Camp.

Die folgenden Tage vertrödelten wir mit kleinen Wanderungen im unmittelbaren Umfeld unseres Lagers. Der erste Aufstieg auf größere Höhe gab meinen Freunden auf circa 5650 Meter Seehöhe eine etwas andere Perspektive auf dieses Panorama. Zum ersten Mal während dieser Reise gelangten wir vier am 21. April auf über 6000 Meter.

Die ersten zweieinhalb Stunden quälten wir uns durch eine canyon-artige Schlucht mit brüchigem Schnee und mal dickeren, mal dünneren Eisbrücken, die wir ständig zum Überqueren des Wasserlaufes benutzten. Am Ende dieses flachen Tales begann dann ein geländemäßiges Highlight für mich persönlich.

Über diese letzten fünfhundert Höhenmeter zog sich mit fast vierzig Grad Steilheit ein gleichmäßiger, mit feinem Sand überzogener Steilhang ohne Unterbrechung hinauf auf über 6000 Meter Meereshöhe.

Hier konnte ich ohne lästige Stolperei einfach höher steigen, meinen eigenen Rhythmus finden und meine Leistungsfähigkeit auch umsetzen. Natürlich ging es zwei Schritte hinauf und einen Schritt zurück, weil der Untergrund so weich und sandig war. Aber dasselbe Problem hatten hier alle Bergsteiger, und so genoss ich die Gleichberechtigung für diese eine Stunde. Für Florian war es das erste Mal, dass er die Grenze von 6000 Meter Seehöhe überschritten hatte. Einzig der starke Wind trübte diesen Gipfelfrieden.

Der Zeitpunkt war gekommen, an dem ich mich wieder hinaus ins Unbekannte bewegen konnte. Das Basislager und die umliegenden Moränenrücken waren mir nun vertraut und es war an der Zeit, einen ernsthaften Schritt in Richtung unseres eigentlichen Ziels zu tun. Nun stand die mühsame Strecke hinauf zum Mittelcamp an und von dort weiter in das ABC.

Flo trug heute das Glöckchen am Schuh, ich hielt mich wegen des Windes dicht hinter ihm, Wolfi und Klemens folgten uns. Wir trugen über Nase und Mund eine spezielle Staubmaske, die vermutlich wenig fotogen ausgesehen haben mochte, doch gegen Staub und einen trockenen Rachen effektiven Schutz bot. Diese Maske hält den Rachenraum immer feucht und einer Entzündung wird damit vorgebeugt.

Bis zur Abzweigung vom Haupttal hinauf zum östlichen Rongbuk-Gletscher schafften wir es diesmal in einer Stunde und fünfzehn Minuten, was mich sehr zuversichtlich für den nächsten Streckenabschnitt stimmte. Auch die folgenden, teils mit Blöcken durchzogenen und steiler werdenden Passagen bescherten uns keine besonderen Probleme.

Es folgte eine Passage über feinen Gletscherboden – für mich einfach ein Spaß zum Laufen – doch dann begannen die Strapazen. Der folgende Abschnitt war ein einziges Auf und Ab; über Moränenrücken ging es hinauf und gleich wieder hinunter, loses Blockgestein lag zwischen Wasserpfützen. Immer wieder kamen uns auch Yak-Karawanen mit ihren Treibern entgegen; wir waren jedes Mal genötigt, nach rechts oder links vom eh schon wackeligen Steig in brüchiges Steingelände auszuweichen. Ganz langsam machten sich die Stunden des hochkonzentrierten Gehens und die doch schon zunehmende Höhe bemerkbar und es wurde richtig zäh für Flo und mich. Aber von unserem Mittelcamp, das auf circa 5780 Metern stehen sollte, war für meine Freunde weit und breit nichts zu sehen. Immer wenn wir wieder eine Moränenkuppe erreicht hatten, hoffte ich darauf, dass mir einer meiner Kameraden Meldung von der Sichtung des Camps machte. Und jedes Mal machte sich die leise Enttäuschung breit, dass wir offenbar noch weit von unserem Tagesziel entfernt waren und uns der Pfad dann wertvolle Höhenmeter hinunter in den nächsten grausigen Graben führte.

Ziemlich genau nach fünf Stunden und zwanzig Minuten trafen wir dann tatsächlich in unserem Mittelcamp, dem sogenannten Intermediate Camp, auf 5780 Metern ein.

Auch Wolfi und Klemens waren hundemüde; sie korrigierten meine Schritte im ewigen Blockgelände nun schon seit Stunden; dementsprechend waren sie schlicht zu fertig, um unsere Ankunft im Camp zu dokumentieren. Nur Flo, mein Glockenträger, riss sich zusammen und so entstand ein sehr emotionales Video unserer Ankunft. Wenn ich die ganze Konzentration auf das Gehen und die gewaltige Kraftanstrengung loslassen kann, dann ist es bei mir oft so, dass große Emotionen in mir hochkommen. Natürlich war mir klar, dass das Erreichen des Camps relativ zu unserem Gesamtvorhaben nur ein Detail bedeutete – kein Grund zum Jubeln also.

Aber für mich persönlich war genau dieser ewig lange, recht flache und steinige Weg bis ins ABC auf 6400 Metern ein wesentlicher Abschnitt auf meiner Reise zum Dach der Welt. Und diese Hürde hatte ich jetzt zur Hälfte genommen! Das Mittelcamp war auf einer Moräne voller Felsblöcke aufgebaut, wo für mich jeder Schritt, ob zur Toilette oder zum Essenszelt, einfach ein Horror war. Das Niveau der Feldküche und der Komfort unserer Zeltplätze lagen hier oben weit unter dem, was wir vom Base Camp gewohnt waren.

Nichtsdestotrotz ließ unser chinesischer Koch nichts unversucht, um aus den kläglichen Zutaten, die es bis hier hinauf in seine Küche geschafft hatten, und dem teils von den Yaks verunreinigten Wasser etwas Schmackhaftes für uns zu zaubern. Insgesamt fielen Frühstück und Abendessen jedoch recht karg aus.

Umso mehr wussten wir unsere Top-Verpflegung im Basislager zu schätzen und hofften im Stillen darauf, auch weiter oben im ABC ähnlich gut verköstigt zu werden. Das bescheidene Leben hier im Zwischencamp ließ sich mit dieser Perspektive ganz gut aushalten.

Wolfi und Klemens lagen etwa 15 Meter von unserem Zelt entfernt zwischen Steinblöcken und ruhenden Yaks in ihrem kleinen Zweimannzelt, Florian teilte sich mit mir das zweite Zelt. Auch unsere Behausung war von lagernden Yaks und ihren Exkrementen flankiert. Offenbar kommt es schon mal vor, dass ein Yak, sich nachts im Schlaf umdreht und mal eben eine Zeltwand eindrückt. Auch geruchsmäßig waren diese starken und friedlichen Tragtiere omnipräsent. Zwei Nächte und einen ganzen Tag der Ruhe war an diesem nicht eben kuscheligen Ort für uns eingeplant. Wir wollten unseren strapazierten Körper noch ein wenig Ruhe und Zeit für eine perfekte Höhenanpassung gönnen. Da spielten die rustikalen Rahmenbedingungen des Lagers keine wirkliche Rolle für uns. Andere Bergsteiger mieden den längeren Aufenthalt im Mittelcamp, vor allem wegen des Mangels an sauberem Trinkwasser.

Das Erdbeben

Am nächsten Morgen hatte Flo neben mir im Zelt Probleme mit seinem Magen. Er litt unter Übelkeit. Die wenigen Meter von unserem kleinen Zelt hinüber zum improvisierten Essenszelt, zwischen Yaks und Steinblöcken hindurch, machten ihm erhebliche Schwierigkeiten. Als uns der Koch eine Tasse Tee mit Sand und anderen natürlichen Zusätzen am Grund der klebrigen Blechtasse auf den schrägen Tisch stellte, kämpfte Flo neben mir erneut mit seinem Brechreiz.

Während ich mein Frühstücksei schälte, sank Flo vom Campingsessel. Im nächsten Augenblick würgte es ihn und er presste die Überreste des gestrigen Abendessens auf den Boden. Wolfi und Klemens waren mittlerweile auch eingetroffen und kamen ihm zur Hilfe; wir vermuteten eine Kreislaufschwäche bei Flo. Wir brachten ihn in Rückenlage, lagerten seine Beine hoch und redeten ihm gut zu. Ein kleines Gerät zur Messung von Puls und Sauerstoffgehalt im Blut ist ein fixer Bestandteil in unserem Werkzeugkasten. Aber Flos Puls und seine Sauerstoffsättigung zeugten nicht unbedingt von einer Höhenerkrankung. Einige Schlückchen Tee und etwas trockenes Toastbrot bekam er herunter, was ihm wieder ein besseres Gefühl gab. Nach 10 Minuten war die Schwächephase vergessen und Florian scherzte wieder mit uns.

Nach dem spartanischen Frühstück galt es nun, den zweiten Teil des blindenunfreundlichen Geländes auf der Strecke vom Mittelcamp bis hinauf ins ABC zu meistern. Klemens und Wolfi würden heute im

Wechsel für meine Steuerung verantwortlich sein. Für zwei Stunden lief unsere Route entlang des Moränenkamms, bis zu dessen Ende auf etwas über 6000 Meter Meereshöhe. Am oberen Ende dieser langen Moräne stiegen wir dann steil hinab in ein kleines Tal, das an seiner linken Flanke von blau-grau schimmernden Eistürmen verziert wurde, die mir Wolfi und meine Burschen als überdimensionale Haifischzähne beschrieben. Der Grund, auf dem wir liefen, war sandig und fein strukturiert, also nun wieder »behindertenfreundlich«. Dieser Abschnitt wurde von früheren Everest-Aspiranten auf den Namen *Miracle Highway* getauft. Bald erreichte unser Team die lang gezogene Hochfläche, die sich in Richtung Südosten bis knapp unter unser ABC zog. Der Untergrund war hier mit mittelgroßen Steinen übersät, doch der frische Schnee füllte die Zwischenräume aus und so konnte ich recht ungehemmt meine Schritte setzen.

Es war fast Schlag 12 Uhr Mittag, als uns das Beben erreichte und wir direkt in eine Tragödie steuerten. Hier noch einmal ein Auszug aus meinem damaligen Blog:

Das mit dem starken Erdbeben sagte ich dir ja eben am Sat-Phone, das war extrem eigenartig und sehr, sehr emotional. Wir hatten das Gefühl, als gingen wir über einen See, der nur dünn zugefroren ist und plötzlich bricht die Eisdecke ein. Klemens schwamm auf einer schlauchbootartigen Scholle daher. Ich fühlte mich wie im Seemannsgang auf einem schwankenden Schiff. Wir waren gerade auf 6180 Metern am östlichen Rombuk-Gletscher in der recht flachen Talsohle im Aufstieg, als von links von den Steilhängen gewaltige Steine kamen und von rechts eine Eislawine.

Begleitet war das Ganze von einem unheimlichen Grollen und Grummeln. Der Gletscherboden, in dessen Mitte wir gingen, ist an dieser Stelle circa 150 Meter breit und wir waren so weit wohl sicher – wir wussten aber nicht, was los ist.

Wolfi begann mit mir zu laufen, ich schrie ihm zu: Gib nur Gas, ich bin fit!

Wir dachten ja an eine Eislawine ...

Wolfi sagte mir danach, er fürchtete, dass die Spalten, die vor ihm aufgingen, uns verschlucken würden ...

Circa 10 Minuten später liefen wir auf Tenzing auf, der als Erster verstand, was passierte:

»Earthquake!«, rief er.

Ein Erdbeben – es war extrem emotional!

Gleich dachte ich an die Leute, die jetzt sicherlich im Khumbu-Eisfall unterwegs waren und die dort nicht so große Schutzzonen hatten wie wir hier ...

Nach weiteren 20 Minuten kam uns von oben ein Sherpa entgegen und meldete, dass es anscheinend in Kathmandu einige Opfer geben sollte. Es ist einfach eigenartig, dass ich hier am Everest jedes Mal etwas von dieser unbändigen Naturgewalt so hautnah erlebe ...

So, weitere Infos später ...

Alles Liebe vom ABC.

Flo, Klemens, Wolfi und Andy.

Diese Zeilen geben auch jetzt, nach drei Jahren Abstand, am authentischsten meine Gefühlslage nach dem Beben wieder. Zum damaligen Zeitpunkt hatten wir noch keine Ahnung, welche katastrophalen Konsequenzen diese Erdbewegung tatsächlich für so viele Menschen nach sich zog. Wir dachten damals recht naiv: »Gut, dass dieses Beben hier an der unbesiedelten Nordseite des Everest stattgefunden hat – und nicht in Kathmandu.«

Zu dieser Zeit bin ich von der Annahme ausgegangen, dass der Boden, auf dem ich mit Wolfi dem Beben beziehungsweise den Lawinen davonzulaufen versuchte, aus reinem Eis bestünde. Erst zwei Jahre später, als wir dasselbe Terrain wieder begingen, habe ich realisiert, dass der Untergrund im oberen Tal des östlichen Rongbuk-Gletschers tatsächlich aus Steinen und Schotter besteht. Das, was ich während des Bebens für einen Gletscher und Eisschollen gehalten hatte, war also nur eine Schneedecke. Also entsprang das Krachen und Ächzen unter uns nicht dem brechenden Eis; was wir wahrnahmen, das waren berstende Felsen und Steine, die das Erdbeben mit einer Magnitude von 7,8 direkt unter unseren Füßen auseinanderriss. Wolfis damalige Befürchtung, es könnte uns in eine Spalte reißen, war also durchaus realistisch. Erst nach und nach wurde uns das Ausmaß dieser Naturkatastrophe bewusst. Völligen Überblick bekamen wir dann zu Hause, als wir wieder Zugriff auf die Medien aus aller Welt hatten.

Zunächst war in Kathmandu von 618 Opfern die Rede. Diese Zahlen schnellten stündlich hinauf. Unsere Sherpas nahmen per Satellitentelefon umgehend Kontakt zu ihren Lieben zu Hause auf. Das Solokhumbu, die Heimat der meisten Sherpas, liegt nur wenige Kilometer südwestlich des Mount Everest und dort hatte das Beben vielleicht noch heftiger gewütet als auf chinesischer Seite. Auch Tenzing hatte es hart getroffen:

»Andy, my house is gone, everything at home is gone – but the people are okay!!« Und dann lachte er wie ein Kind. Seine Gelassenheit inmitten dieser Katastrophe hat mich tief beeindruckt. Materielle Werte bedeuten Menschen wie Tenzing und seinen Freunden offenbar nicht das, was sie für uns Westler darstellen; zuallererst kommt die Familie.

Unsere Ankunft im ABC war ein kleines Highlight für mich. Die Freude, es in nur fünf Stunden ohne weitere Komplikationen bis hierher geschafft zu haben, überstrahlte zu diesem Augenblick noch die dumpfe Ahnung, dass das Beben wohl viel mehr zerstört haben könnte, als wir zu diesem Zeitpunkt ahnten. Unsere Wahrnehmung war an diesem Punkt noch verzerrt. Wir hatten keine Chance, dies richtig zuzuordnen. Nicht mal unsere Sherpas machten den Eindruck, dass nun die Welt zusammengebrochen sei. Mir ist dabei bewusst, dass ein Sherpa für seine Kunden immer alles zu geben bereit ist und niemals wegen seiner persönlichen Befindlichkeit seinen Dienst und seine Unterstützung verweigern würde. Tenzing und Passang, unsere engsten Begleiter, machten auf uns einen immer noch recht sonnigen Eindruck.

Ich weiß noch sehr gut, wie ich nach dem ersten Mittagessen im ABC in meinem Zelt lag; ich schaltete mein Satellitentelefon ein, um meiner Sabine einen Lagebericht zu geben. Mittlerweile kursierten in Europa sicher die ersten Horrormeldungen aus Nepal und so war es mir wichtig, unsere Angehörigen mit Informationen aus erster Hand zu versorgen.

Mitten im Telefongespräch erschütterte ein schweres Nachbeben die Gegend. Sabine bekam direkt über den Hörer mit, wie die Erde unter mir bebte. Meine Äußerungen und das Dröhnen des Bebens gaben ihr ein realistisches Bild, in welche Lage wir nun mit unserer Everest-Expedition geraten waren. Trotzdem blieb Sabine ruhig in diesem Moment; sie gab mir keine Furcht oder gar negative Gedanken mit. Sie versuchte im Gegenteil, mich aufzumuntern und mir zu vermitteln, dass alles so ist, wie es sein muss.

Sabine kennt meine Einstellung. Ich kann grundsätzlich nichts ändern, was nicht in meinem eigenen Wirkungskreis liegt. Trotzdem kann ich auch draußen, außerhalb meiner Primärwirkung, ganz viel schaffen. Ich muss Positives nach außen tragen, dann darf ich auch von dort Positives erwarten.

Also lag es in dieser bedrückenden Situation, mitten im Erdbebengebiet und zwischen etlichen Nachbeben, wieder mal an uns selbst, was wir aus dieser Situation erschaffen würden. Während der Nachmittagsstunden und in der folgenden Nacht plagten mich dieselben zweifelnden Gedanken wie nach der Eislawine im Vorjahr. Ich war wieder einmal geneigt, das gesamte Vorhaben infrage zu stellen.

1953 wurde der Mount Everest zum ersten Mal erfolgreich bestiegen, seitdem wächst die Zahl der Everest-Bezwinger stetig. Ihre große Anzahl sollte mich eigentlich positiv stimmen: Mathematisch gesehen standen unsere Chancen, diesen Giganten zu besteigen, gar nicht mal so schlecht. Natürlich war mir bewusst, dass ich erst der zweite blinde Mensch überhaupt war, der an diesem Berg so weit gekommen war.

Mein Freund Erik Weihenmayer konnte den Gipfel am 25. Mai 2001 über die Hillary-Route ersteigen. Ich habe auch noch von einem blinden Australier gehört, der es ebenfalls über die Süd-Route versucht haben soll. Meines Wissens hatte dieser Bergsteiger schon im Basislager Pech gehabt, war in eine Gletscherspalte gestürzt und hatte sich dabei seine Schulter schwer verletzt.

Mein perfektes Team, unsere effiziente Vorbereitung und die klare Einstellung zu unserem Projekt, die meine Burschen mit mir in den letzten beiden Jahren erarbeitet hatten; dazu unsere jüngste Erfahrung, dass uns auch der beschwerliche Weg ins ABC nicht vor ein unlösbares Problem gestellt hatte; die Tatsache, dass uns hier auf 6400 Metern doch nur noch 2450 Höhenmeter bis zum Top of the World fehlten: All das sprach für unseren Erfolg.

Doch immer kommt es anders …

In diesen 61 Jahren, seit Edmund Hillary und Tenzing Norgay den Gipfel erreicht hatten, war es noch nie vorgekommen, dass die komplette Route gesperrt wurde. Natürlich haben sich in diesen sechs

Jahrzehnten an den Flanken des Everest immer wieder Dramen abgespielt. Aber ganz hat der Berg seine Besucher seither nie abgeschüttelt. Und jetzt drohte dieses Szenario in gleich zwei aufeinander folgenden Everest-Saisons. Exakt in den beiden Jahren also, in denen ich mich mit meinen Männern stark genug fühlte, den höchsten Berg der Erde zu besteigen.

Sollte dies nun ein klares Signal an mich sein? Ein Wink, dass ich hier oben nichts verloren hatte? Und dass ich, wenn ich diese Warnung nicht lese und es noch einmal versuche, vielleicht tragisch scheitern werde? Oder sollte das bedeuten, dass die Geschichte vom »Blind Climber« Andy Holzer sich mit einem Everest-Erfolg nicht verträgt? Möglicherweise hatte ich mich ja maßlos überschätzt mit diesem Projekt.

Schon nach wenigen Minuten verzogen sich diese schicksalsschweren Gedanken und ich gewann wieder einen klaren Blick. Besonders in Krisen neigen wir dazu, das Geschehen um uns herum ganz auf uns zu beziehen. Aber ernsthaft zu glauben, dass dieses Welt- und Naturtheater dazu aufgeführt würde, um ausgerechnet mir eine Botschaft zu übermitteln, das war die wahre Selbstüberschätzung! Nein, so wichtig kann ich als Einzelner gar nicht sein, dass sich die Natur so dramatisch ins Zeug legt, nur um mir etwas zu sagen.

Ganz klar: Die Katastrophen der letzten beiden Jahre hatten rein gar nichts mit mir zu tun. Auch andere Everest-Aspiranten erlebten in diesen Stunden vermutlich ihre persönliche Krise. Und sie werden sich wahrscheinlich genau dieselben Fragen gestellt haben.

Es galt nun, klar zu prüfen, was der nächste, effiziente Schritt für uns wäre. Am nächsten Morgen krochen die Leute aus ihren Zelten und für einen Moment war mir, als hätte ich dieses Beben nur geträumt, als wäre die Welt umher unverletzt und in perfekter Harmonie. Die Sherpas bauten eine Puja-Stätte auf und sammelten Ausrüstungsgegenstände ein, die stellvertretend für das gesamte Equipment gesegnet werden sollten. Auch Klemens, Flo, Wolfi und ich gaben Tenzing das eine oder andere Teil mit: Steigeisen, Pickel, Expeditionsstiefel, Steigklemmen und Anseilgurt.

Jeder benahm sich so, als sei alles normal, als liefe hier alles nach Plan. Und doch lag über allem eine bedrückende Schwere. Egal ob

Bergsteiger oder Einheimischer, alle fühlten wir etwas Schreckliches, Unsichtbares im Hintergrund.

Meine Zeilen an Sabine vom 26. April 2015 zeugen davon:

Hallo Sabine,

erst mal: Es geht uns hier allen vieren supergut! Heute haben wir die erste Nacht im »vorgeschobenen Basislager" (ABC) auf 6.440 Metern gut überstanden. Auch das Essen schmeckt uns und das sagt schon einiges.

Nur die Konzentration auf unser weiteres Vorankommen ist aufgrund der so traurigen Ereignisse des schweren Erdbebens von gestern sehr angeschlagen. Diese traurige Stimmung ist hier im Camp immer und überall deutlich zu spüren. Von unseren Sherpas gibt es kaum einen, der nicht sein Haus verloren hat. Es ist für uns Westler fast erschreckend, wie pragmatisch diese lieben Menschen das hier aufnehmen. Sie wissen einfach, der Berg ist der Arbeitgeber und nur durch diese harte Arbeit können sie auch ihr Haus wieder aufbauen.

Ein anderer Einfluss bezüglich der weiteren Planung ist die Meldung der chinesischen Regierung, die aufgrund der Gefahr jetzt für 3 bis 5 Tage keinen weiteren Aufstieg erlaubt und eigentlich alle Leute vom Berg hinunter haben möchte. Natürlich sind die meisten dieser chinesischen Beamten Menschen, die noch nie in der Nähe des Everest gewesen sind. Dass es auf dem Weg hinunter ins Tal wahrscheinlich unsicherer ist als hier oben unter freiem Himmel im Zelt, das haben sie nicht verstanden. Es geht ihnen einfach um die Gefahr von weiteren Beben.

Um 10:00 Uhr stand heute die Puja auf dem Programm, die Tenzing, der auch Lama ist, hervorragend leitete. Danach liefen die Bergsteiger und Sherpas den ganzen Tag ohne Plan hier oben herum und keiner wusste, was recht ist ...

In meinem kleinen Team geht es mir kurzfristig jetzt um Flo, der ja bestens vorbereitet nun hier auf 6.440 m auf seinen Gipfelsieg am Lhakpa Ri (7.045 m) wartet und für den es keinen Sinn macht, wieder runter auf 5200 m ins Chinesen-Basislager zu latschen. Da gibt es noch mehrere Bergsteiger, die dasselbe Problem haben.

Dies erfuhr ich, als wir am Nachmittag einen Rundgang im ABC machten. Dabei besuchte ich Kari Kobler in seinem Camp und ich spürte deutlich, dass wir uns im Denken in dieser Situation sehr ähnlich. Kari rief per Sat-Phone eine wichtige Assistentin der TMA (Tibet Mountaineering Association) an, um die chinesische Sicht mal abzufragen.

Kari Kobler ist schon zum fünfzehnten Mal mit seiner Agentur hier, er weiß genau, wen er wann kontaktieren muss. Dieses Telefonat fiel schon mal nicht ganz schlecht aus und Kari lud um 16:00 Uhr zu einer Versammlung aller Expeditionsleiter und Sherpas hier im ABC in sein Zelt.

Wolfi stiefelte mit mir zu diesem Meeting und wir wurden sehr warmherzig empfangen. Alex, ein Expeditionsleiter aus Russland, einige Briten, Japaner und Pata waren vor Ort. Kari brachte uns auf den neusten Stand: Dass er mit den Chinesen im Kontakt stehe und wir nun die Erlaubnis hätten, hier oben im ABC zu bleiben. Wir dürften nur nicht höher steigen, bis wir grünes Licht von den Chinesen bekämen. Gestern nach dem Erdbeben waren seine Sherpas vom Camp 3 auf 8.300 m abgestiegen und hatten berichtet, die Route sei perfekt und vom Beben nicht beeinflusst. Ich warf ein, man müsse die entscheidenden Chinesen unten im Tal darüber informieren, damit eine vernünftige Weisung möglich wäre.

Traurige Nachricht: Die Expeditionen an der Südseite des Everest wurden, genau wie im Vorjahr, alle gecancelt. Eine große Lawine war im Bereich des Basislagers von den Flanken des Pumori (7.161 m) abgegangen und hatte Menschen getötet. Überhaupt soll es im Khumbugebiet hohe Verluste aufgrund des starken Erdbebens gegeben haben.

Einige Expeditionsteams saßen im Lager 1 an der Südseite, also oberhalb des Khumbu-Eisfalls, fest und hatten nur noch für vier Tage Verpflegung und Gas. Der Khumbu-Eisfall ist nach dem Beben nicht mehr passierbar und die Menschen warten auf einen Hubschraubertransport.

Also war mein Gedanke, diesmal an die Nordseite des Everest zu gehen, nicht ganz falsch ...

Das Epizentrum des stärksten Erdbebens in Nepal seit langer Zeit soll zwischen Kathmandu und Pokhara liegen und hat offenbar die Stärke 7,9 erreicht. Die Landverbindung zwischen unserem Basislager an der Nordseite über Tingri und Zangmu nach Kathmandu ist an mehreren Stellen verschüttet und Brücken sind eingestürzt. Internationale Flüge aus und nach Kathmandu sind derzeit nicht möglich, die ganze Gegend ist auch von der Infrastruktur her schwer betroffen. Also wieder alles sehr hart für die Motivation, aber wir müssen uns einfach auf unser Ding konzentrieren. Alles andere hilft auch niemandem und somit haben wir vier jetzt mal beschlossen, dass wir die nächsten drei bis vier

Tage im ABC ausharren und die Höhenanpassung verstärken. Flo ist damit je-
derzeit schlagbereit für seinen Lhakpa Ri und Wolfi, Klemens und ich erfreuen
uns trotz der Höhe auch bester Gesundheit. Wenn ich heute Abend wieder zwei
Teller Spaghetti verdrückt habe – dann könnt ihr euch vorstellen, dass es nicht
schlecht mit uns ausschaut:–).

Jetzt mache ich mich wieder auf den Weg in mein Zelt und freu mich auf einen
tiefen Schlaf.

Klemens hat letzte Nacht minus 22 Grad in seinem Zelt gemessen.

Also, schöne warme Grüße und wir sind immer in unserer Mitte!

Andy mit seinen Buam.

PS: Ich möchte euch noch mal erklären, dass wir uns an der Nordseite befinden,
also an der gegenüberliegenden Seite der Südseite, die vom Unglück so stark
betroffen ist, etwa 15 km Luftlinie entfernt.

Hier gibt es keine Verletzten, keine Lawinen, die das Lager betreffen, hier ist so
weit alles ganz anders und relativ sicher. Und dass uns das Unglück unsagbar
leidtut und im Herzen trifft!!!

Wir sind noch recht zuversichtlich, wir sind mit den besten dieser Höhenberg-
steiger der Welt im Boot und alles wird so, wie es sein soll.

Also, doch ganz anders als voriges Jahr!!

Bussi, dein Andy.

Auch drei Tage nach dem Beben war für uns so gut wie keine
Änderung der Situation erkennbar. Für uns dort oben war der Infor-
mationsfluss stark eingeschränkt und wir waren angewiesen auf
kurze Blitzmeldungen, die von Zelt zu Zelt, von Camp zu Camp wanderten. In jedem Fall war uns klar, dass da etwas Fürchterliches passiert war.

Und doch war es surreal, denn das Beben hatte in gerade mal neun
Kilometern Entfernung, also ganz in unserer Nähe, gewütet; offenbar
waren viele, die in derselben Passion wie wir unterwegs waren, ins
Verderben gerissen worden. Das ganze Khumbu-Gebiet, das an der
Südseite des Everest liegt und Heimat unserer liebenswürdigen Sherpas ist, war besonders betroffen. Es gab so gut wie keinen Sherpa in
unserem Team, dessen Familie oder Haus nicht enormen Schaden genommen hatte. Ähnlich wie vor einem Jahr wussten wir in dieser

Phase nicht zu sagen, was diese Katastrophe für unser Vorhaben konkret bedeutete.

Wenn es da eine Botschaft für mich gab, die es zu entziffern galt, dann diese:»Andy, du bist nicht im Paradies, es gelten andere Regeln als die, die du dir manchmal ausdenkst.« Und genau das hat mir mein Leben so oft schon versucht beizubringen. Oft bin ich an solchen Punkten ins Zweifeln gekommen, oft ist mein Optimismus verflogen. Ich denke in solchen Momenten, um mich wieder in die Spur zu bringen, dass man nicht das Recht hat zu beurteilen, ob das Leben gerecht oder ungerecht zu einem ist. Man hat meiner Meinung nach die Aufgabe, aus dem, was ist, mittels seiner begrenzten Möglichkeiten und einem energievollen Einsatz für die Sache das Beste zu gestalten – und selbst das geht oft sauber in die Hosen.

Unten im chinesischen Basislager waren in der Zwischenzeit hohe, chinesische Beamte eingetroffen, die über die weitere Vorgehensweise entscheiden sollten. Dort sollte ein Meeting mit allen Chef-Sherpas stattfinden. Auch ein Beamter des chinesischen seismologischen Instituts war vor Ort. Es wurden weitere schwere Nachbeben befürchtet.

Es hieß nun, dass der entscheidende Regierungsbeamte aus Lhasa erst am nächsten Tag im Basislager eintreffen würde. Telefonisch hatte dieser den Chefs der Agenturen heute schon mal mitgeteilt, dass alle Berge hier im Umfeld, also auch Cho Oyu und Shisha Pangma, für weitere 8 Tage gesperrt werden sollten. Pata wies uns über seinen Bruder Tenzing an, am nächsten Tag das ABC zu verlassen und hinunter ins Basislager zu kommen.

Für uns vier bedeuteten diese Ansagen die denkbar unsichersten Aussichten für unser Projekt. Für Flo war es hart, so kurz vor seinem Ziel zurückgepfiffen zu werden. Auch Wolfi, Klemens und ich waren ratlos: Wie sollte es jetzt weitergehen?

Déjà vu

Am nächsten Morgen packten wir unsere Sachen; für den Fall einer Totalsperre der Route präparierten wir auch das übrige Gepäck für den Abtransport mithilfe der Yaks. Wir hatten für den Abstieg nur einen Tagesrucksack auf dem Rücken.

Nach dem Frühstück verließen wir gemeinsam mit Tenzing das ABC in Richtung chinesisches Basislager. 25 Kilometer und 1200 Höhenmeter im Abstieg durch diese Steinwüste waren zu bewältigen. Die ersten Schritte machten mir immer noch zu schaffen, selbst nach vier Nächten der Höhenanpassung auf 6440 Metern. Wolfi nahm diesmal die kleine Glocke und lief knapp vor mir. Ich hatte an diesem Tag besonders damit zu kämpfen, mich auf den Weg zu konzentrieren, denn die aktuellen Unsicherheiten beschäftigten meine Gedanken. Die Frage, ob es das nun war oder doch noch nicht; der Unmut, dem Ziel so nahe zu sein und doch nicht weiterzudürfen; daneben diese lähmenden Fantasiebilder der Zerstörung auf der anderen Seite des Berges, die sich ein Lichtloser vielleicht noch plastischer auf die innere Netzhaut projiziert als ein Sehender.

Bald schon durchliefen wir das Hochtal auf 6180 Metern, in dem wir am 25. April Bekanntschaft mit dieser entfesselten Naturgewalt gemacht hatten. Dieser Abschnitt verlangte zudem höchste Aufmerksamkeit von mir, denn nun waren die Schneereste zwischen den Felslücken getaut und die so freigelegten Spalten wurden zu tückischen Stolperfallen. Immer wieder überholten uns Bergsteiger anderer Teams und teilten uns ihre Enttäuschung über die Routensperrung und den Abbruch ihrer Reise mit.

Wolfi signalisierte mir mit dem Glöckchen und mit gezieltem Anklopfen seiner Trekkingstöcke an vorstehenden Felsblöcken exakt, wohin ich meine nächsten Schritte setzen musste; dabei wechselten wir kaum ein Wort. Ich hatte den Eindruck, jeder von uns nutzte diese Phase, um in sich zu gehen und trotz aller äußeren Dramatik und Unsicherheit zur Ruhe zu kommen.

Für mich brachte diese Phase eine Wendung; mit jedem Schritt, den es talwärts ging, öffnete sich mein Herz ein Stück mehr. Ich empfand eine derart tiefe Freude an unserer gemeinsamen Reise, dass die Frage nach dem Gipfelsieg in diesem Moment zweitrangig wurde. Ich fühlte schlicht große Dankbarkeit für unsere intensive Teamarbeit, für das intime gegenseitige Verständnis, für das Teilen von Glücks- und

Frustmomenten, für den konstanten Zusammenhalt unter uns vier Freunden – so wie ich es mir bei unserer Abreise erträumt hatte.

Jeder Einzelne im Team hatte sich in den letzten Wochen mehr als einmal überwunden, um sich in herausfordernden Situationen den eigenen Standardreaktionen zu widersetzen und sich stattdessen von seiner besten Seite zu zeigen, insbesondere mir gegenüber. Genau diese Notwendigkeit zur Rücksichtnahme, die aufgrund meiner Eingeschränktheit im Team ständig präsent ist, hat aus uns vier Jungs eine unzerstörbare Einheit geschmiedet.

Als wir dann im letzten Abschnitt, unten in diesem langen flachen Tal, circa eine Stunde vor unserem Basislager in den Abend hineingingen, erwartete uns Pata mit einem Küchenjungen, der uns mit Tee und Keksen entgegenkam. Pata hielt mit den Neuigkeiten nicht lange hinterm Berg:.»Bad news, Andy: everything is closed!" Das war's dann wohl.

Die Chinesen hatten heute um 13 Uhr im Basislager verordnet, dass die hohen Berge von Tibet, also Mount Everest, Lhakpa Ri, Cho Oyu oder Shisha Pangma, wegen der latenten Gefahr eines Nachbebens auf unbestimmte Zeit geschlossen würden.

Vielleicht war ich zu erschöpft, vielleicht hatte ich es längst geahnt. Mich brachte diese Nachricht nicht aus der Fassung – im Gegenteil: Die Ungewissheit war nun ausgeräumt. Und von einer klaren Ansage ist es nie weit bis zum nächsten Lösungsansatz.

Zwei Everest-Besteigungen waren damit passé. Beide Male durfte ich nicht mal meine Expeditionsschuhe anziehen; somit hatte ich nicht wirklich eine Chance, mich mit eigener Kraft am Everest zu versuchen.

Am nächsten Morgen hatten Wolfi und ich ein *Déjà vu* beim Frühstück. Vor genau einem Jahr saßen wir, gemeinsam und unter frappierend ähnlichen Bedingungen, beim Frühstück im Zelt des Basislagers an der Südseite des Berges. Ein ganzes Jahr hatten wir uns vorbereitet, trainiert und alles dem Unternehmen »Everest« untergeordnet, getragen von unseren geduldigen Frauen und Familien. Wolfgangs Arbeitgeber hatte ihm keine Steine in den Weg gelegt. Ihm wurden für dieses Unternehmen zwei Monate Auszeit bewilligt.

Ich hatte endlose Telefonate, Mails und außerdem eine schöne Stange Geld investiert. Und nur wenige Momente der entfesselten Urgewalt hatten erst unsere Träume im Vorjahr und jetzt auch die diesjährigen pulverisiert. Seltsamerweise fühlte ich in diesem Moment weder Frust noch Zorn. Es war sonderbar. Da war vielmehr ein unerschütterliches Vertrauen ins Gute, in meinen eigenen Lebensweg und dass es schon so für mich passen wird. Dass ich noch ein drittes Mal hierher zum höchsten Berg unserer Erde kommen würde, das konnte ich mir in diesem Moment nicht im Entferntesten mehr vorstellen.

Meine Gedanken galten nun in erster Linie der Planung unserer Abreise aus dieser vom Beben gebeutelten Region. Unsere ursprüngliche Reiseroute, die uns über den Landweg via Zangmu zurück nach Kathmandu und von dort weiter mit dem Flugzeug nach München bringen sollte, war aufgrund der zerstörten Infrastruktur hinfällig. Ich hing einen halben Tag am Telefon, um mit Sabine und Andi, einem befreundeten Reisekaufmann, eine zügige Heimreise für uns zu organisieren. Irgendwann zeichnete sich eine Lösung ab: Wir würden zwei Tage über das Tibetische Hochland nach Lhasa reisen und von dort via Peking und Istanbul zurück nach München fliegen. Uns blieben noch einige Tage, um gemeinsam mit den Sherpas und dem Küchenteam im Lager zu verweilen. Die Flüge waren aufgrund der allgemeinen Rückreisewelle völlig überbucht und es galt nun, einen kühlen Kopf zu bewahren, um alles richtig zu koordinieren.

Ironischerweise war unser größtes Problem für eine gelungene Rückreise nicht die zerstörte Infrastruktur des Landes, sondern ein lächerlich kleines Stück Papier: unser Visum. Es bedeutet in China einen enormen behördlichen Aufwand, ein Gruppenvisum, wie wir es zusammen mit unserem Mongolen und den beiden indischen Mitreisenden hatten, in ein Vierer-Visum umzuschreiben. Und ohne Visum kommt man in China nirgendwohin.

Aber was war dieses bürokratische Hindernis schon im Vergleich mit dem, was unseren Sherpas nun bevorstand. Auf sie wartete in ihrer Heimat das pure Chaos. Sie hatten – neben allem Hab und Gut – sicher auch den Verlust eines Familienmitglieds oder Freundes zu beklagen. Obendrein war für die Sherpas die Situation auch finanziell ein Desaster. Ein Sherpa verdient in den Monaten April und Mai, der

Everest-Saison, sein Jahresgehalt. Wenn nun in zwei aufeinander folgenden Jahren die Expeditionen abgebrochen werden, dann kann man sich unschwer vorstellen, wie hart diese Einbußen diese Menschen und ihre Familien treffen. Die meisten Sherpas schienen auch – im Gegensatz zu uns – gar keine Eile zu haben, sofort nach Hause zu kommen. Für sie gestaltete sich die Abreise – trotz der geografischen Nähe zu ihrer Heimat – wesentlich komplizierter als für uns. Eine Landverbindung nach Nepal gab es nicht mehr. Und sich mal eben ein Flugticket zu buchen, um von Lhasa nach Kathmandu zu fliegen, das kann sich ein Sherpa nicht so ohne weiteres leisten. Nebenbei war der Flugbetrieb in Kathmandu nach dem Beben stark heruntergefahren und wurde nur für Not- und Versorgungsflüge offengehalten.

Für uns war nun die Zeit gekommen, uns von Tenzing, Pata und all den anderen liebenswerten Helfern zu verabschieden. Auch dieser Abschied ging mir ans Herz; Üblicherweise gibt man seinem persönlichen Sherpa nach gelungener Expedition etwas Trinkgeld oder man überlässt ihm vielleicht einen wertvollen Ausrüstungsgegenstand; das ist eine bei den Sherpas durchaus willkommene Gabe.

Als ich an der Reihe war und Tenzing mir direkt gegenüberstand, überkam mich ein schöner Gedanke. Nach unserer bewegenden Umarmung sagte ich zu ihm:»Tenzing, I have at this time nothing for you. But believe me: when I'm at home, you will hear from me.«

Meine Idee war, für den Wiederaufbau seines Hauses Hilfe zu organisieren. Ich spürte Tenzings Vertrauen in mich und das war das schönste Geschenk an mich.

Über unsere Stimmung auf der dreitägigen Rückreise nach Lhasa, während der wir alleine in Xigaze einen ganzen Tag auf die Extrahierung des Permits warten mussten, um dann am Abend zu erfahren, dass es vielleicht morgen klappen könnte – über diese Stimmung gibt es nicht viel Aufregendes zu berichten. Die Mühlen der chinesischen Bürokratie mahlen eben noch viel langsamer, als wir das von uns zu Hause schon gewohnt sind. Dies blieb aber nicht der letzte Haken auf unserer Rückreise. Chinesische Beamten mögen zäh sein, getoppt werden sie nur noch vom chinesischen Flughafen-Servicepersonal. Stunden vor unserem Abflug in Richtung Istanbul standen wir pünktlich am Schalter, um unsere sechs Gepäckstücke aufzugeben. Mit der Fluglinie hatten wir den Deal, dass wir zusätzlich zu unserem Hauptgepäckstück noch ein Zusatzgepäck als Sportgepäck einchecken durften, zum Preis von 80 US-Dollar. Jeder von uns hob also seinen Trosssack auf die Waage; der Beamte hinterm Schalter nahm allerdings keine Notiz von uns.

Ich versuchte es mit ein wenig Small Talk, aber mein Gegenüber blieb ungerührt. Wir hatten mittlerweile noch unsere drei zusätzlichen schweren »Sportbags« auf das Band gewuchtet; als die dreißig Kilo schweren Dufflebags vor ihm standen, erwachte der Mann langsam zum Leben. Er zückte seinen Taschenrechner, tippte Zahlenreihen in seinen PC und endlose Minuten später präsentierte er uns sein Endergebnis:

»3600 US-Dollar!«

Ich weiß nicht, wer von uns als Erster erbleichte. Wir konterten: »These are our sportbags! 80 Dollar per bag is the deal! «

»3600 Dollar!«, hielt er uns ungerührt entgegen.

Unsere Nerven lagen blank. Unser Flug ging in einer Stunde – und wegen diesem Holzkopf sollten wir nun den Heimflug versäumen? Zweimal versuchte ich es noch, am Ende reichten wir ihm tatsächlich eine handschriftliche Stellungnahme über den Schalter: Alles zwecklos. Der Mann blieb stur. Er starrte ungerührt auf seinen Monitor, und war augenscheinlich mit der Erledigung anderer Aufgaben beschäftigt. Die Schlange hinter uns wurde länger und länger.

Für 3600 Dollar hätten wir locker zwei weitere Flugtickets kaufen können; unser Etat war erschöpft und der geforderte Betrag war ein klares No-Go für uns. Es war zum Durchdrehen. Da machst du dich auf zum höchsten Berg der Erde, überlebst ein Erdbeben – und dann droht deine Heimreise an einem chinesischen Beamten zu scheitern.

Irgendwann kam mir der rettende Gedanke.»Wenn uns einer helfen kann, dann ist es der Andi Höck!«, sagte ich zu Wolfi. Kurz darauf hatte ich Andi, der unsere Flüge gebucht hatte, am Hörer.

Ihm war unser Problem nicht neu: Chinesische Flughafen-Bedienstete kümmern sich nicht unbedingt um die Deals anderer Fluganbieter, sie folgen ganz eigenen Regeln. Ich habe bis heute keine Ahnung, wie Andi das Kunststück fertiggebracht hat, unser Dilemma vierzig Minuten vor dem Abflug fernmündlich zu lösen.

Zwanzig Minuten später standen wir wieder am selben Schalter. Und dann, so berichtete man mir, geschah das Unglaubliche: Die Lippen des Mannes umspielte tatsächlich ein Lächeln! Er verkündete geläutert sein neues Ergebnis:»460 Dollar!« Offenbar hatte Andi in der Zwischenzeit eine Meldung ins Headquarter der Fluglinie gebeamt und unser Beamter hatte tatsächlich diesen sachdienlichen Hinweis direkt auf seinem Monitor erhalten. Wenig später saßen wir mit breitem Grinsen im Flieger nach Istanbul und wir durften uns endlich sicher sein: Es ging heimwärts!

Als ich wieder daheim am Schreibtisch saß, schweiften meine Gedanken nach Nepal, wo es Tenzing und seiner Familie jetzt ganz sicher nicht so gut ging wie mir hier in Tirol. Wie sollte ich die Hilfsaktion angehen? Was wäre das Effektivste, um meinen Freunden in Nepal zu helfen? Dann kam mir eine Idee. Ich suchte mir fünf oder sechs meiner Kunden aus der Kartei, die mich im letzten Jahr als Keynote Speaker gebucht hatten. Gezielt sprach ich Menschen an, von denen ich wusste, dass sie auch über die nötige Freiheit und die Finanzkraft für so ein spontanes Hilfsprojekt verfügten.

Nach kürzester Zeit trafen die Zusagen von Firmenleuten aus mehreren Ländern ein – über eine Gesamtsumme, die am Ende die Kosten für den Bau von vier neuen Häusern in der Khumbu-Region decken sollte. Diese Dynamik schaukelte sich sehr schnell hoch und so traten auch kleinere Spender ganz herzenswarm an mich heran. Sogar Pepi und Christl, Wolfis Eltern, nahmen an dieser Aktion teil.

Tenzing, Passang und Pata zeigten sich überwältigt; sie standen über Monate mit mir im engen Kontakt. Tenzings Bilder, die den Baufortschritt dokumentierten, gingen regelmäßig bei mir ein; sie waren für mich und meine Lieben zu Hause der Beweis dafür, dass diese Hilfsaktion wohl der wahre Grund meines zweiten Versuches am Everest gewesen sein musste. Manchmal dauert es eben etwas länger, bis man den tieferen Sinn einer vermeintlich missglückten Reise begreift.

EVEREST 2017 – BLIND NACH GANZ OBEN

Das Paradies ist eine Gartenliege an einem sonnigen, ganz dem Müßiggang gewidmeten Nachmittag. Eigentlich genoss ich unsere wunderbare Terrasse viel zu selten: die geordnet verlegte Pflasterung, die optimalen Untergrund für mich als blinden Menschen bietet, um ohne Stolpern laufen zu können. Das von Sabine gehegte saftig grüne Gras, das, wie mit dem Lineal gezogen, vom großen blühend-duftenden Garten abgegrenzt ist. Neben meiner fein gepolsterten Liege stand auf einem Tischchen die eisgekühlte Cola griffbereit. Sabine rief mir eben aus dem Wintergarten zu, ob ich noch ein Eis möchte. Oh Herz, was willst du mehr. Die Augustsonne wärmte mich und ich hatte bei dem Gedanken, dass ich wohl nie mehr in die ganz große Kälte, auf die ganz hohen Berge gehen wollte, ein wohliges Gefühl. Und dann schweiften meine Gedanken wieder so weit hinaus, weit über meinen Garten, über die Grenzen meiner Dolomiten und sogar weit über die Grenzen, die mir meine eigenen Barrieren aufnötigen. Was ist mir gegeben? Was habe ich mit meinen Vorgaben erreicht? Habe ich mich auch wirklich mit allen Fasern meines Daseins bemüht?

Die Lienzer Dolomiten stehen quasi direkt vor meiner Gartenliege. Dort konnte ich mir im Laufe der Jahre fast alle meine alpinen Träume erfüllen. Auch in den angrenzenden Bergen meiner Heimat gingen für mich bergsteigerische Märchen in Erfüllung: die Nordwand der Großen Zinne durchsteigen und an der Südwand der Marmolata oder in der Südwand der Großen Laserzwand meinen Schweiß hinterlassen. Einmal durch die Ostwand der Rosengartenspitze diesen wunderbaren Gipfel erreichen, an dem ich vor vielen Jahren gemeinsam mit dem Bruckner Hans unterwegs war. Hinzu kamen die ungezählten Unternehmungen in den Weltbergen auf mittlerweile allen Kontinenten …

Viel konnte ich nicht falsch gemacht haben. Aber da brannte noch eine Frage in mir, auf die ich keine rechte Antwort fand: Weshalb bin ich am Everest nicht weitergekommen? Weshalb hatte mich die Natur dort zweimal ferngehalten, obwohl ich doch alles getan hatte, um dort hinaufzugelangen? Zweimal durfte ich quasi bis zur großen Zehe dieses Berghünen wandern. Aber nicht mal bis zum Knöchel des Riesen wurde ich vorgelassen. Zwei Naturkatastrophen hatten mich jeder Chance beraubt. Sollte ich das als gegeben akzeptieren und meiner Bequemlichkeit Raum geben? War der Gedanke, dass ich den Everest eben nicht brauchte, tatsächlich eine befriedigende Antwort? Nein, das war nicht meine Antwort. Mir war bewusst, dass ich auch am Everest, falls alles nach Plan laufen sollte, eine reale Chance hatte.

Alle guten Dinge sind drei

Wenige Tage später brachte mich Wolfgang von einer wunderbaren Klettertour nach Hause. Wie üblich wendete er den Wagen vor der Einfahrt meines Hauses, um mich direkt an meiner Gartentür hinauszulassen. Als ich im Begriff war auszusteigen, die rechte Hand am Türgriff und das Gurtschloss längt geöffnet, lag mir eine Frage auf der Zunge:

»Wolfi – wie geht es dir eigentlich mit dem Everest?«

Diese Frage war ein Balanceakt. Zweimal hatte mich mein Partner nun schon zum höchsten Berg der Erde begleitet, selbstlos und verlässlich. Ich war ihm zu tiefstem Dank verpflichtet – Wolfi war mir bestimmt nichts schuldig geblieben. Ich wollte einfach in ihn hineinhorchen: Hatte er mit diesem Giganten abgeschlossen – oder brannte da auch in ihm noch die Sehnsucht?

Ganz sicher waren diese beiden kraftraubenden Aufstiegsversuche auch an Wolfgang nicht spurlos vorbeigegangen; zum einen stellt der Everest sowieso an jeden Besteiger außergewöhnliche Anforderungen, zum anderen hatte Wolfi als mein Guide ja auch Hervorragendes geleistet; wollte er sich diese Strapazen tatsächlich ein drittes Mal antun?

Die Antwort meines Freundes kam prompt und unmissverständlich: »Irgendwie haben wir das Buch noch nicht fertiggeschrieben, Andy. Da ist noch was offen. Und ich spüre, wenn alles passen sollte, dann haben wir eine Chance.«

Ich wollte ihn keineswegs drängen. »Wolfi, genial, wie du jetzt reagiert hast. Aber lass uns jetzt mal nichts mehr darüber verlieren. Ich gehe jetzt heim und auch du gehst noch mal in dich. Wir reden uns das morgen oder übermorgen dann aus. Okay?«

Mit unserem kurzen Gespräch war ich mehr als zufrieden; alle Türen standen offen und ich war einmal mehr dankbar für unsere direkte und ehrliche Art der Kommunikation.

Als mir Wolfgang schon am nächsten Tag einen dritten Anlauf am Berg vorschlug, wusste ich, dass wir auf dem richtigen Weg waren.

Mona und Sabine, unsere Frauen, waren jetzt die Zünglein an der Waage. Und auch von ihrer Seite gab es grünes Licht: Mona wollte ihren Liebsten auch noch einmal auf dem Weg zum Everest sehen, damit es wieder ruhiger in seinem Kopf werden konnte. Auch meine Sabine gab mir volle Unterstützung; sie sagte mir, dass der Everest zu mir gehöre und ich dort nie verlieren könnte. Als mir auch Anda die volle Rückendeckung zusicherte und mir darüber hinaus seine ganze Kraft für den Gipfelversuch mit auf den Weg geben wollte, da waren meine letzten Zweifel beseitigt. Klar war auch, dass wir es wieder von der Nordseite versuchen wollten.

Wieder trieb mich die Frage um, wer uns als dritter Mann begleiten sollte. Für Anda lag der Fall diesmal ganz klar: Er würde nicht mit zum Mount Everest gehen. So blieben mir noch Daniel, der mich 2014 begleitet hatte, und Klemens, dessen Einsatz mich im Vorjahr beeindruckt hatte.

Meine Erfahrungen während der ersten beiden Versuche am Everest hatten mir keine eindeutige Präferenz für einen der beiden Burschen gegeben. Ich hatte also die Qual der Wahl. Und ein Viererteam zu formieren, kam für mich finanziell nicht infrage. Ich wollte diesmal ohne offiziellen Ausstatter und Sponsor unterwegs sein, also frei von jedem Druck. Anfangs erwog ich sogar, auf einen Weblog zu verzichten. Also würde ich einen von beiden enttäuschen müssen.

Auch Wolfgang hatte keine klare Präferenz: Auf der einen Seite war Klemens für ihn ein bewährter und seit vielen Jahren vertrauter Spitzenpartner auf großen Touren. Auf der anderen Seite war er auch von Daniels Qualitäten als Athlet und Bergführer überzeugt. Letztlich fragte ich Daniel, ob er es sich noch einmal vorstellen konnte. Relativ schnell kam seine Zusage; vorerst stand also unser Team für 2017. Beeindruckt hat mich Tage später Klemens' Reaktion, als wir im Auto auf dem Weg zu einer Tour nach Friaul in Norditalien saßen. Ich musste ihm ja irgendwann vermitteln, dass er im nächsten Jahr leider nicht mit uns zum Everest gehen konnte. In schonenden Sätzen versuchte ich ihm beizubringen, dass er sich für nächstes Frühjahr mal frei von mir nehmen könnte. Natürlich war mir bewusst, in welches Wespennest ich bei Klemens damit stach. Vielleicht weniger bei ihm selbst; vielmehr ging sein ganzes Umfeld fest davon aus, dass er beim nächsten Versuch am Everest mit mir natürlich dabei sein würde. Klemens reagierte erstaunlich gelassen. »Okay, Andy, das verstehe ich und ich konnte auch nie davon ausgehen, dass ich mit dir noch einmal zum Everest unterwegs sein könnte. Ich bin einer von mehreren«, bemerkte er gelassen.

Und dann machte mir Klemens darüber hinaus noch dieses tolle Angebot: »Andy, dann begleite ich dich eben bei deiner Vorbereitung. Ich weiß ja vom letzten Mal genau, was du brauchst und wie es funktioniert.« Damit schloss Klemens dieses Kapitel sehr freundschaftlich mit mir ab.

Auch während unserer darauf folgenden Berg- und Klettertouren zeigte Klemens mir gegenüber keine Anzeichen von Frust; er gab Daniel einfach den Vortritt und beharrte keine Sekunde auf seinem Recht.

Für mich war nun zu klären, mit welcher Agentur wir im nächsten Frühjahr zum Everest starten sollten. Zweimal war ich mit der nepalesischen Expeditionsagentur von Dawa Stevens sehr zufrieden gewesen und hatte eigentlich keinen Grund, jetzt zu wechseln. Als Wolfgang mir jedoch den Link zu einer österreichischen Agentur schickte, die mit neuen technischen Möglichkeiten warb, überdachte ich die Entscheidung noch einmal.

Relativ schnell war mir klar, dass das Vorgehen und die Herange- hensweise dieses Expeditionsanbieters eine interessante Alternative darstellte. Zum einen bot die Organisation, die den Firmensitz in Tirol hat und damit vor Ort ist, einen praktischen Vorteil. Außerdem stand ein ganz neues Sauerstoffsystem für den Gipfelgang zur Verfügung; von mehr Support durch die Sherpas war die Rede, im Gegenzug sollte auch mehr Lohn für unsere Helfer fließen. Es gab die innovative Mög- lichkeit, sich mithilfe eines speziellen Sauerstoffreduktionszeltes schon Wochen vor der Abreise zu akklimatisieren; die Ernährung setzte auf gewohnte, heimische Produkte und Geschmacksrichtungen. All das war neu. Ich telefonierte mit Lukas, dem Chef der Agentur, und wir verstanden uns auf Anhieb recht gut. Das alles schaute nach einer fei- nen Zusammenarbeit und einer erfolgversprechenden Geschichte aus.

Irgendwann im Herbst fragte ich Lukas, wer unsere Gruppe am Everest als Bergführer offiziell leiten würde. Die Regeln schreiben je- dem westlichen Expeditionsanbieter vor, für seine Teilnehmer einen zertifizierten Bergführer mit im Team zu haben. Für Wolfi, Daniel und mich war dies gar nicht so entscheidend. Kein Bergführer könnte auf meine besonderen Anforderungen so gut reagieren wie das meine eigenen Burschen für mich machten. Und nebenbei ist Wolfi ja Hee- resbergführer und Daniel ein zertifizierter Zivilbergführer. Wir wa- ren also eh ein eigenes Team im Team. Lukas reagierte zögerlich be- züglich des Bergführers, worauf ich ihm spontan anbot, dass ich für ihn schon einen zertifizierten Bergführer wüsste. Meine Idee war es, Daniel diesen Job zu vermitteln. Damit wäre mehreren Anliegen Ge- nüge getan: Daniel könnte einen weiteren Entwicklungsschritt in sei- ner Bergführerlaufbahn vollziehen – und wir hätten einen Topmann für das gesamte Team gewonnen.

Die Referenzen sprachen für ihn. Daniel ist ein junger, dynami- scher Bergführer, er hat sogar einen Gast durch die Eiger Nordwand geführt. Beim Höhenbergsteigen auf zahlreichen Expeditionen hat er bereits reichlich Erfahrungen gesammelt.

Nach einigen Treffen traute Lukas Daniel die Führungsrolle zu. Für mich ergab sich so eine völlig neue Situation. Daniel war nun offi- ziell für das ganze Team, also für bis zu acht Teilnehmer, zuständig und nicht nur speziell für mich. Für Daniel wiederum war es sehr beruhigend, Wolfi und mich im Team zu wissen, weil er sich unserer vollen Unterstützung sicher sein konnte. Das war für alle eine Win-win-Situation.

Und noch etwas verzeichnete ich auf der Gewinnseite. In meinem persönlichen Team war jetzt wieder ein Platz frei. Ich musste ja jetzt die Kosten für Daniel nicht mehr tragen und so war klar: Klemens war als neuer Mann im Team meine erste Option. Genauso cool wie er vor wenigen Wochen auf meine Absage reagiert hatte, so smart antwortete mir Klemens nun auch bei meiner erneuten Anfrage: Er müsse es noch zu Hause bei seiner Erika und auch in der Kaserne dienstlich abklären, meinte er. Und damit war die Sache klar.

Im Oktober traf ich Lukas zum ersten Mal persönlich, im Rahmen einer meiner Vorträge. Mir war wichtig, dass Lukas als Expeditions-anbieter meine Philosophie und die meines Teams vor der Reise kennenlernte. Er sollte einfach wissen, wie wir drei am Everest funktionieren und dass wir wirklich ein kleines, autonomes Mikroteam im Team von Daniel bilden würden. Lukas hatte die Stimmung im Vortragssaal aufgesaugt und er war offensichtlich ganz zufrieden mit seinem neuen Kunden.

Mitte Februar wurden dann die Sauerstoffreduktionszelte für Wolfi, Klemens, Daniel und mich geliefert. Es handelt sich dabei um eine Art Tunnelzelt, das man direkt im heimischen Bett aufbaut. Atemtechnisch versorgt wird man über ein Gerät, das der Umgebungsluft anteilig den Sauerstoff entzieht und diese dünnere Luft dann über einen Schlauch ins Zelt bläst. So lag ich also die kommenden Wochen in meinem Treibhaus, von meiner geduldigen Sabine nur durch die dünne Zelthaut getrennt. Im Laufe der nächsten sieben Wochen, bis zum Tag unserer Abreise, sollten wir nun sukzessive den Sauerstoffanteil zurückdrehen, um uns so im Schlaf an die Konditionen beim Aufstieg anzupassen. Eine Akklimatisierung bis auf 5000 Meter Höhe wäre damit machbar, so versprach uns die Agentur. Das klang nach einer guten Idee.

Bei Wolfi und mir selbst funktionierte die Sache zunächst ohne Probleme. Mithilfe eines Pulsoximeters war es uns möglich, den Fortschritt unserer Anpassung täglich zu messen. Daniel klagte hingegen, dass er so gut wie keinen Effekt mit dem Zelt erzielen könnte. Gegen

Ende der siebenwöchigen Sauerstoffdiät litt ich unter Unwohlsein nach drei bis vier Stunden Aufenthalt in diesem Zelt. Ich bekam Kopfschmerzen und den unbedingten Drang, das Zelt zu verlassen. So etwas wie Platzangst ist mir fremd; es war schlichte Atemnot. Jede Nacht gegen 2 Uhr und dann noch mal kurz vor dem Aufstehen öffnete ich das ganze Zelt, um tief durchzuatmen. Danach konnte ich wieder gut einschlafen. Heute ist mir klar, dass ich unter dem Kohlendioxyd meiner eigenen, verbrauchten Atemluft gelitten habe. Ein anderer, für mich wesentlicher Punkt einer Vorakklimatisierung ist die Gewöhnung an den Unterdruck, den so ein Zelt natürlich nicht simulieren kann. Aber Lukas war der Meinung, dass dieses Phänomen eh keinen großen Einfluss auf eine gelungene Höhenanpassung hätte.

Man muss sich vor Augen halten, dass in einer Höhe von 5000 Metern nicht nur der Sauerstoffanteil der Atemluft auf fünfzig Prozent reduziert ist, sondern auch der partielle Luftdruck. Auf der Gipfelhöhe des Mount Everest, auf 8848 Metern, reden wir von nur noch 33 Prozent Sauerstoffpartialdruck und damit auch nur von 33 Prozent Sauerstoffgehalt im Vergleich zur Meereshöhe. Wer schon mal auf der Bergstation einer Seilbahn eine Plastiktrinkflasche luftdicht verschlossen hat und sich damit wieder in die Tiefe begeben hat, der wird bemerkt haben, dass sich diese Plastikflasche zusammengezogen und ihren Innenraum verkleinert hat. Es ist also die Frage, ob dieser Parameter dem Körper nicht auch einiges an Anpassungsarbeit abverlangt. Wie auch immer: Anfang April war ich dann schon froh, zumindest die letzte Nacht vor unserer Abreise wieder in einem barrierefreien Ehebett schlafen zu können.

Wieder ein Aufbruch

Wir waren bereit. Die bewegendsten Momente erlebte ich am Morgen der Abreise mit meinem Vater. Er stand wenige Wochen vor seinem neunzigsten Geburtstag und war gesundheitlich schon ein bisschen angeschlagen. Nach seinem Schlaganfall 2009 hörte er nur noch eingeschränkt und auch sein Denken war verlangsamt. Trotzdem realisierte mein Vater sehr genau, dass sein Sohn heute eine ganz große Reise antrat und dass es, wenn überhaupt einer, dann sein Andy packen wird. Mit oder ohne Gipfel, der Andy kommt wieder heim!

Genau dieses grenzenlose, selbstverständliche und fast unerklärliche Zutrauen, mit dem mich meine Eltern von Anfang an beschenkt haben, das ist wohl der Ursprung meiner optimistischen Kraft. Meine Mutter war sehr tapfer, denn sie hatte in dieser Situation mit gleich zwei Unwägbarkeiten zu kämpfen: Kommt ihr Sohn wieder heim – und wenn ja, würde er seinen Vater noch gesund antreffen und in den Arm nehmen können?

Meine Schwester hatte wie immer in diesen Momenten mit einer extra Portion Traurigkeit zu kämpfen. Und meine Sabine gab mir wie immer in diesen Stunden diese unfassbar große Rückenfreiheit mit auf den Weg. Sabine weiß, dass etwas passieren kann. Aber sie weiß genauso, dass ich alles tue, was ich selbst in der Hand habe.

Mittlerweile waren auch meine Everestpartner Wolfi und Klemens mit ihren Familien eingetroffen. Wir beluden den Bus mit dem Equipment für die nächsten acht Wochen. Nach einem letzten, herzhaften Kuss für Sabine kletterte ich auf die Rückbank des Wagens. Und dann ging es los zum Flughafen nach München.

Mit einer Hand am Rucksack von Klemens, Daniel oder Wolfgang ließ ich mich durch das übliche Flughafenchaos dirigieren und so schlüpften wir zwischen Hindernissen und Stolperfallen hindurch bis zum Abfertigungsschalter nach Istanbul beziehungsweise Kathmandu.

Irgendwo im Wartebereich trafen wir auf Martin, einen Tiroler, der in München lebt und auch zu unserer Crew gehörte. Ich checkte in Sekunden seinen Humor, seine Nervosität und bekam sehr schnell eine positive Antwort. Martin war entspannt und er blickte mir – wie ich wahrnehmen konnte – direkt in die Augen. Also war er dabei. Ab jetzt waren wir fünf Freunde mit demselben Ziel.

Die folgenden drei Tage in der Hauptstadt Nepals waren den üblichen Besorgungen und Ritualen gewidmet: Eine erste Begegnung mit unserem Chef-Sherpa und den restlichen Gruppenmitgliedern; mein Hotelzimmer beziehen, dabei mit den Händen im Badezimmer den Rand der Toilettenschüssel, der Duschkabine und des Waschbeckens ertasten; meine Ausrüstung auf Vollständigkeit checken, mit meiner Hand an der Schulter meines Freundes durch die engen, lauten Gassen stolpern, um Wasser- und Cola-Flaschen zu kaufen; das obligatorische, gemeinsame Abendessen mit Crew und Sherpas in der »Fire-and-Ice-Bar« mit der schmackhaften Pizza und dem köstlichen Everest-Bier.

Neben Daniel, Wolfi, Klemens und Martin waren noch zwei Holländer und eine Deutsche namens Anja Teil unserer Gruppe. Während unseres gemeinsamen Abendessens in Kathmandu wurden uns unsere Sherpas und unsere Küchenmannschaft für die nächsten acht Wochen vorgestellt. Dieses erste, hautnahe Kennenlernen und dieses Freudestrahlen unserer Everest-Ermöglicher hatten mich schon immer sehr gerührt und beeindruckt. Wie immer fühlte ich mich im Kreis dieser herzlichen Helfer sehr gut aufgehoben. Ich hatte das Gefühl, die Sherpas mochten auch mich mit meinem Problemchen und spürten meine Lösungswilligkeit.

Die Sherpas und das Küchenteam brachen an diesem Tag auf, um das gesamte Equipment über einen weit im Westen Nepals liegenden Grenzübergang nach Tibet ins Basislager zu bringen. Diese Route war für Touristen gesperrt. Währenddessen warteten wir in der Abfertigungshalle im Flughafen von Kathmandu. Wieder mal war ein Flug ausgefallen und wir hofften seit Stunden auf eine Ersatzmaschine. Unser Plan war, von hier direkt über den Himalaya-Hauptkamm nach Norden in die Hauptstadt von Tibet, nach Lhasa, zu fliegen, um uns von dort aus über die Straße unserem Berg zu nähern. Lhasa liegt circa fünfhundert Kilometer nordöstlich des Mount Everest auf einer Seehöhe von circa 3600 Metern.

Stunden später befanden wir uns im Anflug auf unseren Zielflughafen. Aber statt zu landen, startete der Pilot durch. Bald darauf kommentierte eine freundliche, chinesische Stimme über den Bordlautsprecher, dass eine Landung in Lhasa heute wegen Schlechtwetter nicht möglich sei und wir deshalb gleich weiter nach Cheng Du fliegen würden. Cheng Du liegt circa 1200 Kilometer nordöstlich von Lhasa; wir waren also unserem Ziel weit entrückt.

Gegen Mitternacht landeten wir in unserem Ausweichflughafen – und die nächsten Behördenschmankerln warteten auf uns in der Ankunftshalle. Cheng Du gehört nicht wie Lhasa zur Region Tibet; unser Visum war hier also ungültig und es musste ein neues Gruppenvisum ausgestellt werden. Wer einmal mit chinesischen Behörden zu tun hatte, der weiß, was dies jetzt gegen Mitternacht für uns müde Passagiere bedeutete.

Um 5 Uhr morgens sollte uns dann die nächste Maschine zurück nach Lhasa bringen. An Schlaf und Erholung gab es in dieser kurzen Nacht also nicht viel zu holen. In Lhasa erfuhren wir, dass auch unsere Sherpa-Mannschaft mit Hindernissen zu kämpfen hatte; ein Moränenabgang hatte die Straße verschüttet, was auf eine mehrtägige Verspätung hinauslief. Leise schlich sich bei mir ein ungutes Gefühl ein.

Die nächsten Tage waren geprägt von langen Autofahrten, Stadtbesuchen in Lhasa und Xigaze und ersten Akklimatisierungswanderungen in Chegar. Der Reiz des tibetischen Hochlands hatte mich bereits auf früheren Reisen verzaubert. Auch für Wolfi und Klemens, denen diese Route von unserem Versuch im Jahr 2015 vertraut war, verlief diese Fahrt entspannt. Delikates Detail dieser Anreise waren diesmal unsere Herbergen.

Wir wunderten uns über flauschige Teppichböden und nobel ausgestattete Badezimmer; so viel Komfort hatten wir in den Jahren zuvor nicht geboten bekommen. Sogar die Heizung tat einwandfrei ihren Dienst – womit hatten wir diese Annehmlichkeiten verdient? Wolfi half mir bei der Beantwortung der Frage: Er schob meine Hand ins Nachtschränkchen. Dort lagerten reichlich Präservative – wir waren also in einem Bordell untergebracht! Offenbar wurden die Arbeitsstätten der Freudenmädchen in der Bergsteigersaison zusätzlich an die westlichen Reisenden vermietet. Die früher dürftigen Straßen entpuppten sich diesmal als perfekt ausgebaute Überlandstraßen. Nur die letzten, wild rumpelnden Schlaglochzonen erinnerten noch an alte Zeiten. Typisch für die Eigenwilligkeit der chinesischen Bürokratie war wiederum die nicht ganz nachvollziehbare Geschwindigkeitsbegrenzung auf vierzig Stundenkilometer.

An der Kreuzung eines Checkpoints, circa zwei Stunden vor unserem Basislager, hatten wir dann eine Begegnung der anderen Art. Wie aus dem Nichts tauchte der Kleinbus mit unseren Sherpas auf. Man hätte dieses Zusammentreffen auch im digital vernetzten Westen nicht pointierter planen können. Ich lasse mich schon lange auf diese andere, auf uns Westler oft chaotisch wirkende Art dieser strahlenden Nepalesen ein; umgekehrt ist mir bewusst, dass man sich in unseren Breitengraden trotz aller Vernetzung noch lange nicht auf jeden verlassen kann. Nun waren wir also wieder vereint; einem erfolgreichen Start am Everest stand nichts mehr im Wege.

Als wir am Nachmittag auf der Schotterhalde des chinesischen Basislagers ankamen, standen dort erst wenige Zelte. Im Normalfall ist bei der Ankunft der Expeditionsteilnehmer das Lager vorbereitet und das Essen gekocht. Aber unsere Sherpas waren wegen der tagelangen Verzögerung gerade erst im Begriff, den LKW zu entladen und das gesamte Lager aufzubauen. Einmal mehr wurde mir bewusst, wie schutzlos wir Menschen dieser rauen Umgebung ausgesetzt sind, und welche Anstrengung es bedeutet, der Natur hier oben einen geschützten Platz abzutrotzen. Ich fingerte mir warme Sachen aus dem Rucksack. Daniel verwöhnte uns derweil mit Zillertaler Speck und Käse und schon war die Stimmung ausgezeichnet. Heimische Geschmäcker auf der Zunge wirken oft Wunder; sie beruhigen die Nerven und machen locker. Karma, unser Chef-Sherpa, reichte uns dazu heißen Tee. Bis zum Abend stand das Lager und wir konnten uns zur ersten Nachtruhe in die Schlafzelte verkriechen.

Der nächste Tag verlief für Klemens, Wolfi und mich im üblichen Modus. Wir richteten unsere Einzelzelte ein, installierten das Navigationssystem zu meiner Toilette und flanierten durchs Camp, um ein paar Kontakte zu knüpfen.

Kari, der Schweizer Veranstalter, hatte wenige hundert Meter von uns entfernt seine luxuriöse Zeltstadt für seine Kunden aufgebaut. Auch Dominik, ein Bergsteigerkollege, den ich schon länger kannte und mit dem ich 2016 eine Antarktis-Reise unternommen hatte, ließ sich in unmittelbarer Umgebung mit seinem kleinen Team nieder. Ein großes, chinesisches Team war angereist und auch Alex, der Russe, der seinen Kunden neben Kari wohl den höchsten Standard hier am Everest anbietet, hatte sein Camp in Sichtweite aufgeschlagen. Während unserer Rundgänge schlugen uns Interesse und kollegiale Wärme entgegen, die wir sehr genossen; offenbar hatte sich hier herumgesprochen, wer wir waren.

Die Nacht brachte circa sieben Zentimeter Neuschnee und Wind. Der Himmel hielt sich grau bedeckt und so pegelte sich die Nachttemperatur auf vergleichsweise milde drei Grad minus ein – zehn Grad milder als in der Nacht zuvor. Mein Schlaf war tief, aber das Wachwerden war von Kopfschmerzen begleitet. Oft bereitet mir der zweite Tag in der Höhe Probleme, wogegen der erste meist komplikationsfrei bleibt. Nach dem guten Frühstück starteten Wolfi, Klemens und ich zu einer Erkundungswanderung. Wenige Meter vom Camp bogen wir in das kleine Moränental ein, das sich in Richtung Mount Everest zieht. Nach etwa zwanzig Minuten wollte ich von Wolfi erfahren, ob wir denn den großen, offenen Platz des Basislagers verlassen hätten und schon ins Moränental abgezweigt wären. Grund meiner Desorientierung war der auffallend gut begehbare Pfad. Ich konnte mich an 2015 erinnern, als Steinblöcke mir den Weg schwer gemacht hatten. Klemens erkannte etwas weiter unten in der Talsohle die Spuren eines alten Pfades. Wolfi nahm sogar an, dass dieses Moränental diesmal viel schmaler war, als es noch 2015 gewesen war. Grund dafür war wohl mit das schwere Erdbeben vom 25.04.2015; damals hatte es die Seitenwand mit Türmen und Felsblöcken hinunter ins kleine Tal getragen und das Tal war so halb aufgefüllt worden. Zu meiner Freude war der neue Pfad mit weniger Blockgelände und Felsbrocken gespickt. Richtig rhythmisch konnte ich hinter Wolfi meine Schritte setzen und es ging angenehm in Richtung Südosten dahin. Trotzdem wählten wir einen moderaten Schritt; unsere Höhenanpassung war noch lange nicht gewährleistet. Bald kamen von hinten Martin, Anja, der Holländer Olivier und dann auch Daniel daher. Wir ließen uns in unserem Schneckengang nicht unterbrechen und genossen jeden Meter. Klemens machte ein paar Foto- und Videoaufnahmen; es war auffallend ruhig und friedlich hier. Von wegen»Massenauflauf am Everest« – still und selig trotteten wir durch die tibetische Landschaft und genossen die Einsamkeit. Lediglich eine Yakherde begegnete uns an diesem Tag. Hier nun, im steileren Terrain, fühlten wir deutlich, wie unsere Lungen nach Sauerstoff gierten. Dies war aber keineswegs unangenehm – im Gegenteil: Wir hatten Spaß daran, uns an diese neuen Rahmenbedingung des Bergsteigens anzupassen. Auch der Abstieg ging superfein vonstatten; ich war sehr glücklich über diesen guten

Weg, der uns später ins Mittelcamp und von dort ins ABC führen sollte. Nach genau vier Stunden und dreißig Minuten trudelten wir happy im Basislager ein. Dieser Tag erschien mir als gutes Omen für meinen sehnlichen Wunsch, ohne Licht auf den Gipfel zu gelangen. Am nächsten Tag war nach dem ergiebigen Frühstück die Puja anberaumt. Gegen Mittag war dieses bewegende Ritual abgeschlossen und wir wurden von der Küche mit einem herrlichen Mahl verwöhnt. Am Nachmittag waren wir dann damit beschäftigt, unsere Gepäckstücke zu sortieren, die dann von den Yaks ins ABC getragen werden sollten. Dabei galt es sehr gewissenhaft nur das auszuwählen, was oben in den höheren Regionen des Mount Everest dringend gebraucht würde. Für unsere gesamte Mannschaft waren 46 Yaks bestellt. Dieser Materialtransport ist für die Yaktreiber ein einträgliches Geschäft und schon deshalb waren sie ausnehmend freundlich zu uns.

21. April 2017 – Ein trauriger Tag

Dieser Tag wird sich mir bis zu meinem eigenen Ende einprägen. Am 21. April musste ich mich von meinem größten Vorbild und Lehrmeister verabschieden. In der Nacht hatte mein Vater einen Schlaganfall erlitten, an dem er in der Folge sterben sollte.

Hallo Sabine,

dein heutiger Anruf während unseres Abstiegs von der Akklimatisierungstour hat mich bis ins Herz getroffen, gleichzeitig bin ich auf meiner realistischen Denkebene seit 2009 darauf eingestellt und weiß einfach, dass das Leben hier auf diesem Erdball vergänglich ist.

Ich bin unendlich dankbar, dass ich es geschafft habe, mich mit wirklich guten Menschen umgeben zu dürfen.

Dies hat mir dein wenn auch für mich unsagbar trauriger, aber eben ehrlicher Anruf eben gezeigt. Und auch die Reaktionen von Wolfi sowie die Antwort von Klemens zeigen dies. Meine beiden Jungs sagten mir auf der Stelle, sie seien mit jeder meiner Entscheidungen aufgrund dieser nun so plötzlich geänderten psy-

146

chischen Situation für mich einverstanden und sie tragen diese Last gemeinsam mit mir.

DANKE Wolfi!! DANKE Klemens!!

Ich spürte sofort, ein Abbruch der Reise würde wahrscheinlich für die Gesellschaft gut sein, aber in Wahrheit dient so eine Entscheidung niemandem. Weitere Telefonate mit meinen engsten Familienmitgliedern haben in mir diesen Gedanken ganz deutlich gestärkt und so möchte ich jetzt noch eine Nacht darüber schlafen, besser wohl wachen, um mich in der für mich so argen psychischen Hochschaubahn zu orientieren.

... Aber liebe Leute, die Zeichen stehen auf POSITIV!!!

Meine Freunde hier im Camp, Klemens und Wolfgang sowie Daniel stützen mich extrem. Und die Telefonate mit meinen Lieben zu Hause geben mir enorme Kraft. Alles Liebe und habt großen Dank für euer Verständnis, dass heute kein Expeditionsbericht wie üblich über eure Bildschirme flattert.

Es gibt derzeit für meine Familie und mich einfach Wichtigeres.

Aber blicken wir gemeinsam nach vorne ...

Euer Andy mit Wolfi und Klemens.

Seit zwanzig Jahren trage ich nun schon diese Frage in mir, wie ich damit klarkomme, wenn einer meiner Elternteile sterben würde. Meine Blindheit und die damit verbundenen Umstände, speziell in meiner Kindheit, haben mir wohl eine ganz besonders starke Bindung an meine beiden Eltern beschert.

Ihnen gehört der Dank und der Applaus für das, was mir in meinem Leben bis hierhin geglückt ist. Von wem sonst sollte ich mein Denken und meine Einstellung zum Leben bekommen haben? Von wem sonst hätte ich, trotz meiner damals ziemlich aussichtslosen Startnummer als Blinder, den Glauben ins Unbekannte, das Vertrauen in die Ungewissheit erben dürfen?

Ich sehe es heute ganz pragmatisch: Meine Eltern haben mir, ob bewusst oder unbewusst, eine Software auf meine Festplatte gespielt, die ich heute als Erwachsener nutze. Ich bin also der User dieses Programms, nicht der Entwickler.

Immer wieder begegnen mir Menschen mit einer ähnlichen Einschränkung wie der meinen – aber jeder hat eine andere Software dazu bekommen. Ich glaube daran, dass es nicht darum geht, was man hat und was nicht. Es geht vielmehr darum, was man aus dem Gegebenen erschafft. Genau das habe ich meinen Eltern abschauen dürfen. Viel haben auch sie nie gehabt. Aber sie haben meinem Gefühl nach sehr viel daraus gemacht.

Der Nachmittag und der Abend waren von tiefsinnigen und einfühlsamen Gesprächen mit Wolfi, Klemens und Daniel geprägt. Auch die anderen Teammitglieder versuchten, mich zu stützen. Dabei half mir auch und besonders Martins warmherzige Zuwendung.

Noch vor dem Schlafengehen hatte ich recht klar erkannt, wohin diese Reise für mich gehen konnte. Ein offenes Telefonat mit meiner Mutter gab mir die nötige Klarheit. Meine Mama war ebenfalls glasklar in ihrer Beurteilung der Situation: »Wenn du jetzt abbrichst, um nach Hause zu kommen, dann gleicht dies beinahe einem weiteren Sterbefall für mich«, sagte sie mir am Telefon. Sie bat mich förmlich, meine Reise fortzusetzen und meinen Lebensweg, auch im Sinne meines Vaters, »nicht sterben« zu lassen. Diese Worte gaben mir den Frieden für eine ruhige Nacht.

Tränen sind in dieser Nacht auch geflossen ... und jede Träne, die vergossen ist, kann innen nichts mehr anrichten. Als gegen 7 Uhr am nächsten Morgen mein Mobiltelefon klingelte, meldete sich Sabine mit der traurigen Nachricht: »Dein Papa ist noch gestern Abend gegen elf im Krankenhaus in Lienz von uns gegangen.«

Nach vielleicht einer halben Minute des Schluchzens konnten wir uns beide wieder fassen. Danach rief ich meine Mutter an. Sie war ebenso gefasst und schilderte mir jedes Detail der letzten Stunden, von den ersten Anzeichen des Schlaganfalls zu Hause, als mein Vater noch mit ihr gesprochen hatte, über den Abtransport mit dem Rettungswagen ins Krankenhaus bis hin zu den letzten Momenten, als mein Vater, wenige Minuten nach 11 Uhr abends, friedlich und bereitwillig die letzte Seillänge seines irdischen Lebens in Angriff genommen hatte.

Zwanzig Jahre hatte ich gebangt: Wo genau werde ich sein, wenn es passiert? Ich war davon ausgegangen, dass mich eine solche Nachricht für Wochen aus den Angeln heben und zum Nichtstun verurteilen würde.

Und nun hatte ich diese erstaunliche Klarheit und wusste, was zu tun war. Genau diese Klarheit hatten mir meine Mutter, Sabine und meine Schwester vermittelt. Dieses Loslassenkönnen und Einverstandensein bedeuteten eine neue Lektion in meiner Lebensschule. Vielleicht war ausgerechnet dieser Ort, an dem ich mich eben jetzt befand, der richtige Platz dafür: das Basislager des Mount Everest. Man kann den Tod eines lieben Menschen sicher nie ganz verarbeiten, aber vielleicht kann man den Schmerz auf ein tragbares Maß reduzieren. Mein Bewusstsein für meine Aufgabe und mein persönliches Glück im Leben wuchs in dieser Situation. Allzu oft verfalle ich in die Annahme, alles wäre selbstverständlich, so wie es ist. Und dass ich mein Leben mit genau solchen Menschen leben darf, die mir zur Seite stehen, das sei vielleicht zum Teil von mir selbst gelenkt. Natürlich kann man einiges zu einem erfüllten Leben selbst beitragen. Aber von all den anderen Parametern, die außerhalb meines Wirkungsfeldes stehen, bin ich immer abhängig.

Viele Kindheitserinnerungen stiegen in mir hoch. Fast war es so, als hätte uns mein Vater auf seinen Abschied vorbereitet.

Nach plötzlichen Todesfällen spürt man immer diese Sehnsucht von den Hinterbliebenen; es ist, als sei einem die letzte Chance zum Abschiednehmen genommen worden. Auf einen Schlag ist nichts mehr übrig, außer der Erinnerung. Unser Papa hat uns da ein wenig geholfen. Er ist, so empfinde ich es, seit seinem ersten Schlaganfall im Dezember 2009 Schritt für Schritt von uns gegangen. Und doch hatte er zwischendurch immer wieder die nötige Präsenz, so dass wir voll auf ihn zählen konnten.

Als mit den Jahren seine Gehirnleistung abnahm, da konnte ich deutlich fühlen, wie er sich der anderen Seite seiner Lebensspirale näherte. Bis zur Verabschiedung am 3. April 2017, als ich ihn in meinem Arm hielt, war für mich jedoch immer klar: Papa steht immer noch mit beiden Beinen im Leben, er realisiert sein Umfeld zu einhundert Prozent.

Der liebe Gott hatte uns unseren Papa noch ein bisschen bei uns gelassen: So lange, bis auch Mama, meine Schwester und ich damit umgehen konnten. Bei aller Trauer kehrte unter meiner Zeltplane ein Gefühl des Friedens ein. Jederzeit konnte ich meine Gedanken mit Wolfi teilen. Allein das wohlwollende Brummen aus seinem Schlafsack gab mir Trost und Geborgenheit.

An den nächsten beiden Tagen wollte ich trotz physischer Abwesenheit zu Hause Präsenz zeigen. Sabine half mir in dieser Angelegenheit enorm. Auch die wiederholten Telefonate mit meiner Schwester und meiner Mutter gaben mir Halt in dieser schwierigen Phase. Ein unvergessliches Geschenk machte mir mein Freund Bernhard. Er ist Dekan unserer Pfarrei und liegt größtenteils auf meiner Wellenlänge. Bernhard zelebrierte auch den Trauergottesdienst und die Bestattung für meinen Vater. Während seiner Vorbereitung auf diesen Dienst kam er zu meiner Mutter nach Hause und besprach mit ihr alle Details der Bestattung. Im Anschluss daran griff er zum Telefon und führte mit mir, über eine Entfernung von über 7000 Kilometern, ein so ehrliches und direktes Gespräch, das ich nie vergessen werde.

Zunächst ging es um den Abgleich von Details während der Trauerfeier. Meine Mutter, Sabine und meine Schwester banden mich voll ins Geschehen ein und wollten auch meine Wünsche berücksichtigen. Nach einigen Minuten ging unser Gespräch dann über in einen tiefen Austausch zum Thema Tod und der Bindung meines Vaters und meiner Mutter zu mir. Ich war nach diesem außergewöhnlichen Telefonat mit Bernhard wie gereinigt von aller Ambivalenz, die ich wegen meiner Abwesenheit von zu Hause immer noch in mir spürte.

Jetzt war ich endgültig bereit, mich auf meinen weiteren Weg zu konzentrieren. Am 24. April ging es nun daran, uns mit Sack und Pack in Richtung Mittelcamp aufzumachen. Für diese steinige Strecke benötigten wir diesmal fünf Stunden und zwanzig Minuten, womit ich recht zufrieden war. Alle zwei Stunden wechselte mein Guide: So war mal Wolfi, mal Klemens mit mir unterwegs. Diese Strategie erwies sich als viel effizienter. Nicht nur unsere Aufstiegszeit verkürzte sich so; es war aufgrund der höheren Konzentration meines Partners auch für mich kraftsparender voranzukommen. Auch unser weiterer Aufstieg vom Mittelcamp über die lange Moräne hinüber zum *Miracle Highway* verlief zügig und reibungslos. Viel Aufmerksamkeit schenkte ich jener Stelle auf etwas über 6100 Metern, auf der wir, genau heute vor zwei Jahren, von dem wahnsinnigen Erdbeben überrascht wurden. Doch diesmal sah hier alles anders aus. Kein Gletscherboden, kein Eis, kein Schnee unter meinen Füßen – so wie mir meine Partner die Landschaft beschrieben, gab es hier nichts als eine Geröllhalde. Also war meine damalige Vorstellung, ich hätte mich während des Bebens auf einem Gletscherfeld befunden, ein Trugbild gewesen. So individuell ist der Eindruck und so falsch kann man liegen. Ich glaube aber, dass das nicht allein auf mein fehlendes Augenlicht zurückzuführen ist; auch Sehende deuten dieselben Eindrücke verschieden und kommen so zu divergierenden, mitunter falschen Schlussfolgerungen.

Die typischen Merkmale nach Erschöpfung in ungewohnter Höhe stellten sich ein: Müdigkeit, ein dumpfer Kopfschmerz und ein Bärenhunger. Wir drei waren die letzten unserer Gruppe; der Rest unseres Teams saß bereits im Dining-Zelt und ließ es sich schmecken. Tirin, unser Koch, verwöhnte uns mit Pommes und anderen Leckereien und so konnten wir unsere Kohlehydrat-Depots wieder auffüllen.

Der nächste Tag war für mich ganz der Verabschiedungsfeier meines Vaters gewidmet. Ich rechnete die Zeitverschiebung von zu Hause zu uns aus. Besonders still wurde ich am Abend während unseres Abendessens um 19 Uhr. Zu Hause in Amlach war es nun genau 14 Uhr 45. Ich hörte die mir seit meinen Kindertagen vertrauten Klänge der Kirchenglocken; ich sah die Menschen, die sich jetzt auf den Weg machten zur Aufbahrungshalle. Sabine, meine Schwester und meine Mutter hatten sicher schon in der ersten Stuhlreihe neben dem Sarg meines Vaters Platz genommen. Ich sah all die Verwandten und Freunde, die gekommen waren. Jeder Einzelne mochte seiner Trauer Ausdruck verleihen und meiner Mutter, meiner Schwester und der ganzen Gemeinschaft sein tiefstes Beileid ausdrücken. Ich hörte Bernhards warmherzige Stimme, seine mit Bedacht gewählten, Trost spendenden Worte.

»Andy! You want some more soup?«, rief mir Tirin, unser Koch, über den Tisch herüber zu und riss mich aus meiner gedanklichen Fernreise.

»Yes! Thank you! Would be nice!«, erwiderte ich dem so liebenswerten kleinen Nepalesen und dachte mich wieder zurück nach Amlach. Ich höre den Männerchor, der die Stimmen erhebt, um die Trauergesellschaft auf die heilige Messe für meinen Papa einzustimmen.

Wolfi, Klemens, Daniel und Martin nahmen Rücksicht auf meine Stimmung; sie ließen mich während des Abendessens in meiner Welt und beschränkten sich auf die für meine Logistik nötigen Kommandos:»Andy, Kartoffel auf 12 Uhr, Gemüse auf 4 Uhr.«Im Frieden mit mir und der Welt kroch ich an diesem Abend in meinen Schlafsack; alles fühlte sich rund für mich an.

Endlich richtiges Bergsteigen

Noch zwei Ruhetage verweilten wir im ABC; mit kurzen Spaziergängen und Besuchen bei anderen Camps vertrieben wir uns die Zeit und dann waren wir so weit, die nächste Höhenstufe anzugehen. Einmal wanderten die Jungs mit mir schon mal hinauf zum *Crampon-Point*. Das ist der Punkt etwa 250 Meter oberhalb unseres Lagers, wo die Moräne ins ewige Eis übergeht und wo man sich für den weiteren Aufstieg zum ersten Mal die Steigeisen anzieht. Des Weiteren stand die für alle Beteiligten so spannende »Sherpa-Lotterie« an. Genau genommen ist das eine Verlosung, bei der man nur gewinnen kann, denn jeder Sherpa ist ein Gewinn. Lasten von dreißig bis vierzig Kilo schleppen diese so liebenswürdigen und nahbaren Menschen aus dem nepalesischen Khumbu-Gebiet den Berg hoch. Klemens zog bei der Lotterie den Sherpa Kaji (29 Jahre alt), Wolfi einen Verwandten von Kaji, Kunga (24 Jahre alt), und ich hatte besonderes Glück: Angdorchi, mit 32 Lebensjahren und einigen Erfolgen am Everest und anderen Achttausendern sehr erfahren, stand mir zur Seite und auch er war offenbar happy mit seinem blind climber.

Nach einer weiteren Puja-Feier brachen wir am 30. April gemeinsam auf in Richtung Hochlager 1 auf dem Nordsattel des Mount Everest.

Zum Abschluss der Akklimatisierungsphase – auch »Rotation« genannt – wollten wir mindestens einmal oben auf 7050 Meter Meereshöhe übernachten. Der Aufstieg und das Verweilen auf dieser großen Höhe war für uns ohne Zuhilfenahme von künstlichem Sauerstoff geplant: Es würde einfach keinen Sinn machen, wenn wir uns auf noch größere Höhe anpassen wollten und dazu Sauerstoffflaschen verwenden würden, die dem Organismus ja eine geringere Meereshöhe simulieren. Es geht bei der sogenannten Rotation darum, dem Körper ein klares Signal zu geben, dass er sich von nun an auf noch weniger Sauerstoffpartialdruck und Sauerstoffgehalt einstellen muss. Um 8 Uhr 30 stiefelten Wolfi, Klemens, ich und die anderen Teilnehmer in dicken Expeditionsschuhen und gepackten Rucksäcken in Richtung Nordsattel los. Blind über diese Blockmoräne – und das in den übergroßen Spezialschuhen – das war schon noch eine harte Nummer für mich. Doch nach einer guten Stunde waren wir am *Crampon Point* angekommen; Angdorchi fädelte mir die Steigeisen an die Stiefel und schon stand ich auf 24 Stahlzacken und die Reise konnte weitergehen. Der weitere Weg verlief nun total flach, sogar mit etwas Gefälle, und der Untergrund war herrlich für mich zum Gehen. Die ebene, feingriffige Gletscherfläche brachte mein Herz zum Lachen.

Nach einigen Minuten jedoch begann das Terrain zu steigen und es dauerte nicht mehr lange, bis sich der Hang steil vor uns aufbäumte. Hier hatten wir den Fuß der steilen Eiswand hinauf zum Nordsattel erreicht und ich bekam das erste Fixseil mit meiner rechten Hand zu fassen. Die von den Sherpas installierten Fixseile ermöglichten hier ein sicheres und zügiges Vorankommen. Zügig war es dann weniger: Die Höhe von über 6700 Metern bremste uns deutlich ein. Immer, wenn nach einer gewissen Strecke das Sicherungsseil an einem Fixpunkt verspannt war, musste man seine eigene, am Seil mitlaufende Sicherung dort auf den nächsten Seilstrang umhängen. Dies wäre theoretisch auch von mir zu bewerkstelligen gewesen – effektiver war jedoch, dass der sehende Teil der Seilschaft mir dabei half. Mit dicken Fausthandschuhen hatte ich keine Tastempfindung; zudem kam es vor, dass nach einem Fixpunkt manches Mal zwei verschiedene Seilstränge nach oben führten. Einer davon diente nur als weiterer Sicherungsstrang, mit dem der darunter liegende Sicherungspunkt nach oben abgespannt war. Wenn ich mich nun irrtümlich in diesen Seilstrang eingehängt hätte, wäre ich nach zwei oder drei Metern wieder zum Umhängen auf den richtigen Seilstrang gezwungen gewesen. Wolfgang, der unmittelbar vor mir ging, wechselte also für mich meine Sicherung um und so konnte ich meinen Rhythmus des Höhersteigens beibehalten.

Das Herz möchte rausspringen, der Atem glaubt, sich überschlagen zu müssen. Und doch muss man seinen Rhythmus im Zaum halten, um einer Überbeanspruchung vorzubeugen. Wolfi stieg direkt vor mir, Klemens hinter mir. Mir machte es in dieser steilen Eisflanke richtig Spaß, mich nach oben zu bewegen. Zum ersten Mal am Everest konnte ich es spüren: Ich bin beim Bergsteigen.

Bald schon fand ich in einen angemessenen Rhythmus. Schritt für Schritt, Pause, Pause, Schritt, Schritt, – andere Bergsteiger kamen von oben und riefen mir Ermutigungen zu, Schritt, Schritt, Schnaufen, Schnaufen …

Kurze Zeit später liefen wir auf eine andere Gruppe auf und Wolfi vermittelte mir einen gewissen Stolz, als er mich an den anderen Kollegen, die neben uns am Fixseil zum Rasten hingen, vorbeilotsen konnte. Genau hier wurde wieder diese Umkehr der Verhältnisse für mich so spürbar, die mir das wohltuende Gefühl von ausgleichender Gerechtigkeit vermittelt. Weiter unten an den ewigen Steinmoränen waren diese Bergsteiger alle an uns vorbeigelaufen. Wahrscheinlich hatten sich einige gefragt, was ich dort oben überhaupt wollte.

Ich kann dies sogar gut nachvollziehen. Wenn man unser Gespann in einem für mich ungünstigen Moment von außen betrachtet, dann könnte dieser Anblick schon an eine etwas überforderte Touristenaktion erinnern. Einer sagt dem anderen jede Stufe an, sagt ihm, wann er beim Überqueren eines Wasserlaufs mit welchem Bein zuerst steigen muss, der andere ist fix und fertig, wackelt am ganzen Körper und bewegt sich eher wie ein Betrunkener als wie ein Bergsteiger.

Und jetzt plötzlich kommen diese drei Sonderlinge von hinten daher und überholen eine ganze Reihe von Everest-Kletterern. Dazu kommt noch, dass ich ja genau in solchen Momenten meinen Mund einfach nicht halten kann.»Wie weit ist es denn noch bis zum Gipfel?«, fragte ich dann demonstrativ meine Partner, die sich dann über die verdutzten Gesichter der anderen Bergsteiger amüsierten.

Immer weiter führte uns die Route diesen sehr steilen Eishang hinauf. In Links-Rechts-Kehren zog sich das Fixseil hinauf in Richtung Nordsattel. Wir gelangten an eine steile, vielleicht mit fünfzig Grad bemessene Passage. Genau hier kamen uns von oben die Schweizer mit ihrem Bergführer entgegen. Sie hatten die Rotation bereits einen

Tag vor uns angelegt. Da war sehr viel Freundlichkeit und Respekt zu spüren. Ich hatte einfach das Gefühl, dass sie ahnten, welchen Spaß auch mir das Ganze machte.

Ein weibliches Wesen fiel mir aufgrund der Stimmlage auf und ich konnte es nicht lassen, dieses Mädel kurz an mich zu drücken und ihr alles Gute und Liebe für unseren gemeinsamen Everest-Aufstieg zu wünschen. Diese herzliche Begegnung führte während der nächsten Wochen zu einem ganz besonders feinen Umgang mit Karis gesamter Schweizer Mannschaft.

Vielleicht achtzig Höhenmeter unter dem Nordsattel standen schon die ersten Zelte; für mich war das ein erster Orientierungspunkt. Die letzten sechzig Höhenmeter hinauf zum Nordsattel hatten es noch einmal in sich. Das Gelände steilte richtig auf und ich musste mich mit Frontalzackentechnik auf meinen Steigeisen Dezimeter für Dezimeter dort hinaufhebeln.

An den letzten fünf Metern glaubte ich fast zu scheitern. Die Aufregung darüber, zum ersten Mal zum Nordsattel des Everest aufzusteigen, gepaart mit dem zu hoch gewählten Tempo, brachten mich an den Rand der Atemlosigkeit. Wolfi, der mittlerweile seine Führung an Klemens abgegeben hatte, fing mit seiner Kamera einige gelungene Impressionen von Klemens und mir ein. Vier Stunden und fünfzig Minuten waren wir nun insgesamt vom ABC aus unterwegs. Ich war zufrieden mit unserem ersten Aufstieg ins Camp 1 auf 7060 Meter Höhe.

Es war jetzt wegen der plötzlich geänderten Luftströmung sehr ungemütlich und so schlich ich mit Wolfi in unser von den Sherpas vorbereitetes Zelt. Der Wind blies uns frostig um die Ohren, aber keiner von uns hatte Probleme wie Kopfschmerzen oder Übelkeit. Es war einfach fantastisch.

Der Zeltboden, auf dem wir nun schlafen sollten, war gewöhnungsbedürftig. Genau genommen lagen wir auf blankem Schnee und Eis, lediglich die millimeterdünne Zeltbodenfolie und eine fünf Millimeter starke Liegematte trennten unser Hinterteil vom Gletschereis. Unsere zusätzliche Unterlegmatte, die wir am Rucksack trugen, erhöhte diesen Abstand nur um dürftige zehn Millimeter. Schnell hatten wir uns darauf eingestellt, dass einige wirklich harte Stunden auf unsere Knochen zukamen. Über die folgenden 48 Stunden gibt es so weit nichts Besonderes zu berichten. Die erste Nacht hielt uns der Sturm wach. Am nächsten Tag, dem 1. Mai, versuchten wir noch einige hundert Meter höher zu steigen, bis uns der Sturm nach circa vierzig Höhenmetern einen Strich durch die Rechnung machte. Den restlichen Tag verbrachten wir auf dem harten und kalten Zeltboden in unserer engen Behausung. In der zweiten Nacht nahm der Wind noch zu.

Bei Klemens und Martin, hier oben unsere direkten Nachbarn, wurde sogar das Zelt beschädigt. Auch mir drückte es einige Male die gesamte Zeltflanke samt der Stange direkt ins Gesicht. Erinnerungen an 2009 wurden wach, als wir im Lager 2 auf 7100 Metern am Cho Oyu knapp davor waren, mitsamt unserem Zelt im Orkan davonzufliegen.

Das gemeinsame Frühstück am 2. Mai fand dann bei völliger Windstille und warmem Sonnenschein statt; so schnell wechseln am Everest die Verhältnisse. Unser Abstieg verlief völlig unproblematisch; nach einer Stunde hatten wir den flachen Gletscher und nach weiteren zwanzig Minuten den *Crampon Point* erreicht. Nach dem Abendessen lag ich im Zelt und hatte zum ersten Mal das Gefühl, dem Gipfel des Giganten nahe zu sein.

Nach einem Rasttag auf 6400 Metern im ABC rüsteten wir uns am 4. Mai zum Abstieg; in einem Tag wollten wir über das Mittelcamp ins Basislager auf 5165 Metern zurück. Wolfi sagte mir im Nachhinein, er hätte sich schon lange vor diesem Wahnsinnsritt mit mir gefürchtet.

2015 benötigten wir für die Etappe neun Stunden in völliger Konzentration. Genau deshalb achtete ich diesmal darauf, dass Wolfi und Klemens in exakten zeitlichen Intervallen von zwei Stunden mit mir arbeiteten. Ich begann mit Klemens. Er trottete mit mir um 8 Uhr 45 mittels Rucksacktechnik im ABC los. Fünf Zentimeter Neuschnee machten die Sache noch glitschiger. Einige Bergsteiger waren bereits vor uns abgestiegen und ich beneidete jeden, der uns schon dreißig Minuten oder gar eine Stunde voraus war. Aber seltsamerweise fühlte es sich schon während der ersten Minuten des Abstieges so an, als ob mich jemand tragen würde …

Ich möchte nicht romantisch erscheinen, aber es war sonderbar: Jeder Schritt machte Spaß. Martin, der unmittelbar hinter uns lief, hatte phasenweise Mühe, dranzubleiben. Ich spürte es oft nur am kurzen Anstreifen meiner Jacke an denen anderer Bergsteiger, dass Klemens mit mir ständig auf der Überholspur war. Irgendwann wollte ich wissen, wie lange wir schon gingen. Wir waren bereits in der Senke mit dem verwesten Yak und den eisigen Haifischzähnen, schon im Gegenanstieg auf die Moräne. Zwischendurch holten wir auch Dominik mit seinen Gästen ein, später dann auch den bekannten japanischen Extrembergsteiger Nobukazu Kuriki. Nobukazu bestritt bereits seinen siebten Versuch am Everest. Er hatte vor, den Berg über dessen Nordwand beziehungsweise das Hornbein-Couloir zu ersteigen. Diese Route zählt nicht zu den offiziellen Standardrouten, denn sie ist extrem anspruchsvoll und nicht durch Fixseile gesichert. Oft war Kuriki im Herbst hier am Everest gewesen. 2012 hat der Fünfunddreißigjährige dabei neun Finger durch Erfrierungen verloren; er plante erneut, alleine und ohne künstlichen Sauerstoff aufzusteigen. (Im Mai 2018 ist Kuriki bei seinem achten Versuch der Everest-Besteigung ums Leben gekommen.)

Nach genau zwei Stunden, kurz vor dem Mittelcamp, machten wir eine kleine Pause. Ich schob mir einen Power-Riegel in den Mund und trank einen halben Liter Tee dazu.

Weiter ging der Galopp, nun mit Wolfi, und rasch übersprangen wir das Mittelcamp. Am Gegenanstieg zur zweiten Moräne trafen wir auf einen sichtlich höhenkranken Bergsteiger. Daniel, der sich bis dahin mit uns ein Rennen lieferte, kümmerte sich sofort um den Fremden. Dieser wurde im Camp von einer anderen Agentur versorgt und rauchte wenige Minuten später schon wieder seine Zigarette.

Nach über vier Stunden gelangten wir an die Abzweigung ins flache Moränental und Klemens übernahm erneut meine Navigation. Die letzte Stunde ging es gemütlicher hinaus und nach fünf Stunden und vierzig Minuten inklusive Pausen trafen wir überglücklich und gar nicht mal so fertig wie 2015 nach 25 Kilometern und 1200 Höhenmetern im Basislager ein.

Damit war die Rotation – und somit auch unsere Akklimatisierung – für unseren endgültigen Gipfelgang abgeschlossen. In den nächsten Tagen würde es nun darum gehen, unseren Körpern ein Maximum an Erholung zukommen zu lassen.

Die beiden Übernachtungen auf über 7000 Metern und auch die Tage auf 6400 Metern, dazu die anstrengenden Auf- und Abstiege, ja selbst das Nichtstun und die Nächte in dieser Höhe hatten mächtig an unseren Körpern gezehrt. Jeder von uns hatte an Gewicht und damit auch an Reserven verloren. Diese Ressourcen galt es nun wieder aufzufüllen. Unser Plan war es deshalb, für zwei, drei Tage noch tiefer als das Basislager hinabzusteigen, um uns dort in verhältnismäßig sauerstoffreicher Luft zu erholen. Weiter unten schmeckt auch das Essen viel besser und der Körper kann die Nährstoffe effizienter einlagern.

Und da waren ja noch die berüchtigten *Hot Springs*. Diese heißen Quellen, von denen Klemens, Wolfi und ich schon bei unserem letzten Versuch gehört hatten, schienen uns ein vielversprechendes Ziel zu sein. Gemeinsam mit Daniel und dem restlichen Team organisierten wir uns einen Shuttletransport nach Xegar. Eine dreistündige Autofahrt vom Base Camp über den schon von der Anreise zum Basislager bekannten Panglapass führte uns in das »Hotel«, in dem wir schon am 12. April bei der Anreise aus Lhasa übernachteten.

Unseren Erholungstag nutzten wir für einen Besuch dieses Schwefelbades, das sich unweit unseres Hotels befinden sollte. Mit schweren Geländewagen erreichten wir nach zwanzigminütiger Fahrt diesen abgelegenen Ort. Wer von uns jetzt einen tibetischen Wellness-Tempel erwartet hatte, wurde herb enttäuscht; mit säuerlichem Unterton lieferten mir Daniel und Wolfi eine ernüchternde Beschreibung der Anlage.

Trotz allem wollte ich den Ort inspizieren. Unregelmäßige Stufen mit einem erdigen und ungepflegten Vorplatz bildeten den Eingangsbereich dieses Bades. Dazu stieg mir ein stechender Gestank in die Nase, der eher an eine verkommene Toilette denken ließ. Auch das Bassin selbst war optisch offenbar keine Einladung für entspannten Badespaß. Graue Brühe schwappte im mit Steinen eingefassten Becken; alle waren wir unschlüssig, ob man in diesem Tümpel wirklich baden sollte. Behutsam tasteten wir uns einer nach dem anderen vorwärts. Schließlich zogen auch Klemens und ich unsere Trekkinghosen aus und schlichen in Unterhose zum Rand der Schwefelkloake.

Aber als ich meinen Fuß in das gute Wasser streckte, hielt mich nichts mehr zurück: 45 Grad warmes, feinstes Schwefelwasser empfing mich; im Nu war ich bis zum Hals in diesem herrlichen Naturbad versunken. Klemens und Wolfi folgten mir und eine Stunde lang wollte keiner mehr raus aus diesem Wonne-Wannenbad. Einzig Daniel hatte es vorgezogen, lieber draußen zu bleiben und dort geduldig auf uns zu warten. Nach den eiskalten Nächten im ABC und am Nordsattel war dies eine unvorstellbare Wohltat für unsere ausgezehrten Körper. Nach dem Bad war mein Körper von frischer Energie durchströmt und ich war mir sicher, dass wir diese Wärme nun alle für unseren Gipfelanstieg gespeichert hatten. Das Essen schmeckte an diesem Abend noch einmal um Längen besser. Jeder von uns fand während dieser zwei Tage in Xegar auf nur 4300 Meter Seehöhe die nötige Erholung und den erwarteten Appetit.

Spielt das Wetter mit?

Am 7. Mai 2017 kehrten wir alle gemeinsam wieder ins Basislager auf 5165 Meter Höhe zurück. Allerdings war mein Körpergefühl mit dem am Ankunftstag vor vier Wochen nicht vergleichbar: Superwarm, fast wie bei einem Strandurlaub fühlte sich mein Körper an. Unsere Rotation und der lange Aufenthalt auf großer Höhe mit dem anschließenden Wellnessaufenthalt machten sich höchst angenehm bemerkbar.

Jetzt war das Thema »Fixseile an der Gipfeletappe« in den Fokus der Bergsteiger im Basislager geraten. Das chinesische Fixing-Team hatte oben, auf 8300 Metern im Camp 3, damit aufgehört, für die Kunden der diversen Agenturen die Fixseillinie hinauf bis zum Gipfel weiter voranzutreiben. Einige Stimmen behaupteten, es handele sich dabei um eine geschäftstüchtige Aktion der Chinesen. Jetzt hieß es, jeder Teilnehmer müsste für die Fixseile auf der Gipfeletappe nun noch einen extra Obolus berappen, sonst würden die Chinesen keine weiteren Seile mehr installieren.

Neben den Fixseilen in der Steilflanke hinauf zum Camp 1 ist die Fixseilkette oberhalb von Lager 3 in Richtung Gipfel die entscheidende: Dort oben sind einige sehr ausgesetzte und gefährliche Einzelstellen mit hoher Absturzgefahr zu erklettern. Ich denke dabei an die Strecke direkt oberhalb von Camp 3 hinauf zur Everestschulter am Nordostgrat. Oder an den *First Step* und die lange Querung in der Nordwand bis hinüber zum *Mushroom-Rock*.

Auch die Erkletterung der sogenannten Chinesenleiter am *Second Step* wäre ohne verlässliches Fixseil eine sehr unangenehme und gefährliche Aktion.

Auch das kurze Stück der dritten Stufe und der Weg zur felsigen Gipfelpyramide auf 8800 Metern möchte ich nicht gerne ohne Fixseil ersteigen. Eine Verhandlung mit allen Teamleitern und dem chinesischen Fixing-Team ergab jedoch eine für alle akzeptable Lösung. Bis zum 12. Mai wurde uns die Sicherung der Route bis zum Gipfel zugesagt, teilte uns Daniel mit, der stellvertretend für uns an der Besprechung teilgenommen hatte.

Oben in den höheren Regionen des Mount Everest tobte dieser Tage ein gehöriger Sturm, der sowieso keinen Aufstieg in große Höhen zugelassen hätte.

Den nächsten Tag, es war der 8. Mai, widmete ich gedanklich wieder meinem Papa. Heute wäre er also neunzig Jahre alt geworden. Ich gratulierte ihm mental zu seinem Ehrentag. Und irgendwie war ich mir ganz sicher, dass er mich diesmal hören würde. Es kam in den letzten Jahren, in denen mein Vater zunehmend schlechter hörte und ich an seinem Geburtstag genau wie diesmal unterwegs war, auch immer wieder zu einer für mich etwas gedämpften Stimmung. Ich habe in den diversen Jahren immer wieder versucht, meinen Papa zum Jahrestag per Satellitentelefon von den verschiedensten Punkten der Erde anzurufen – aber verstanden habe nur ich ihn am Hörer; er hat von meiner Stimme leider nicht mehr so viel wahrnehmen können und wurde dann schnell ungeduldig, was mich traurig machte.

Am Nachmittag kamen unsere wahren Helden vom ABC zurück. Unsere Sherpas hatten unsere Ausrüstung, wie Zelte und Sauerstoffflaschen, nun bis hinauf auf Lager 3 verteilt.

Man muss sich das vorstellen: Mit dreißig Kilo und mehr im Rucksack sind die Übermänner für uns auf eine Seehöhe von 8300 Metern gestiegen. Das sind nur 311 Meter unter der Gipfelhöhe des K 2 und es ist höher als die meisten Achttausender überhaupt. Und diese Auf- und Abstiege wurden größtenteils in der Nacht vollzogen, unbehindert durch Wind und andere Kletterer. So, meinte Karma, wären sie flott vorangekommen.

Vom ABC bis Camp 3 auf 8300 Metern und zurück über das ABC bis ganz hinunter ins Basislager auf 5165 Metern brauchten unsere Wundermänner nur gut 24 Stunden. Ich kann mich nur demütig vor ihnen verbeugen!

Auch die nächsten beiden Tage vergingen nicht ohne spannende Geschichten. Ich saß nach dem Frühstück noch in unserem *Dining Dom* und tratschte mit Karma, als Klemens hereinstürmte und hohen Besuch meldete. Vor unserem Gemeinschaftszelt traute ich meinen Ohren nicht: Reinhard, der Sohn von Albert Precht, stand gemeinsam mit seinem Freund Martin vor unseren Zelten. Albert Precht gilt als Kletterikone, er war einer der besten und innovativsten Alpinkletterer überhaupt. Er machte mehr als tausend Erstbegehungen an den Felsklippen der halben Welt. Albert war bekannt als wirklich sauberer und stilechter Freikletterer. So eröffnete er zum Beispiel im Hochköniggebiet eine wahnsinnig kühne Route zu Ehren seines Idols Paul Preuß, dem Revolutionär des Freikletterns Anfang des zwanzigsten Jahrhunderts. »Freier als Paul Preuß« benannte er diesen Klassiker, den er bei seiner Erstbegehung alleine, nackt und nur mit Kletterschuhen ausgerüstet beging.

Dieser legendäre Albert Precht hatte mich im September 2011 eingeladen, gemeinsam mit ihm und seinem Seilpartner Sigi Brachmayr eine Kletterroute mit 450 Meter Wandhöhe und im Schwierigkeitsgrad VI+ bewertet am Großen Gamsleitenkopf im Hochköniggebiet als Erstbegeher zu eröffnen.

Albert ist leider am 8. Mai 2015 beim Ausüben seiner Leidenschaft auf Kreta tödlich verunglückt.

Und jetzt stand er vor mir, Alberts Sohnemann ... Zwei Jahre jünger als ich, ein Muskelpaket und eine Ausstrahlung ähnlich der seines Vaters. Äußerlich zurückhaltend und doch voller Energie. Für mich war dieses Zusammentreffen ein sehr bewegender Moment. Ich konnte mit Reinhard über die Gefühle des Verlustes sprechen. Er hatte seinen Vater am 8. Mai verloren, also am Geburtstag meines Vaters – und ich verarbeitete gerade den Tod meines eigenen Papas. Es war ein herzbewegendes Gespräch und ich glaube, Papa und Albert waren direkt bei uns. Reinhard und Martin waren mit den Fahrrädern die über sechshundert Kilometer und x-tausend Höhenmeter von Lhasa hierher geradelt. Sie hatten das tibetische Hochland wirklich inhaliert.

Wir hatten derweil immer noch keine verlässliche Wetterprognose für den Aufbruch zum Gipfelsturm, was meine Burschen etwas nervös machte. Wir kalkulierten acht Tage ein, die wir vom Basislager bis zum Gipfel benötigen würden. Darin eingerechnet waren alle Einzeletappen von Lager zu Lager und auch einige Rasttage im ABC. Bis jetzt war der Wetterbericht eher eine nebensächliche Angelegenheit für unser Team. Aber spätestens wenn man sich dann über den Nordsattel hinaustraut, auf weit über 7000 Meter Meereshöhe, dann muss das Wetter mitspielen.

Daniel, unser Bergführer, hatte von unserer Agentur für diese heikle Aufgabe einen amerikanischen Wettermann an die Hand bekommen. Jeden Tag erhielt er via Internet den aktuellen Wetterbericht für die nächsten Tage. Natürlich wäre es für unseren Wettermann, der in diesem Fall genau auf der anderen Seite der Erde saß, sehr wichtig gewesen, immer wieder mal eine Rückmeldung über das tatsächliche Wettergeschehen an der Nordseite des Mount Everest zu erhalten, um seine Prognosen anzupassen. Denn erst mithilfe eines präzisen Feedbacks kann ein Wettermann seine Modelle exakt errechnen.

Wieder war ein Tag vergangen, an dem wir meteorologisch im Trüben fischten; langsam regte sich Unmut im Team Von Daniel bekamen wir immer nur die mehr oder weniger gleiche Information: Es würde weiterhin windig und wolkig bleiben und er könne aus dem Wetterbericht auch nicht mehr lesen. Auch die grafischen Abbildungen, die der englischsprachige Text des Wettermanns enthielt, brachten keine Klarheit.

Die Spannung spitzte sich langsam zu, denn von anderen Teams bekamen wir mit, dass sie für ihren Gipfelgang bereits in Richtung ABC aufgebrochen waren.

Daniel versuchte, sich auch bei unseren Nachbarteams aus Deutschland, der Schweiz und China ein Bild bezüglich des zu erwartenden Wetters zu machen. Aber der Wetterbericht ist in dieser heißen

Phase ein gut geschütztes Geheimnis, denn jeder Expeditionsleiter hält mit seinen Informationen gerne hinterm Berg. Der Grund dafür ist einfach: Niemand möchte synchron mit allen anderen aufbrechen und dann oben, an den Engstellen der Route weit über 8000 Metern, bei Eiseskälte in einen Stau geraten. So wird zwischen den Teams auch schon mal um den exakten Zeitpunkt des Aufbruches gepokert.

Gar zu viele Schönwettertage sind am Everest generell nicht zu erwarten – und so bleibt die eigene Wetterprognose ein streng geschütztes Geheimnis unter den meisten Bergführern.

Zum Glück gibt es auch Ausnahmen. Mit dem amerikanischen Team zum Beispiel konnte ich mich auch in der heißen Phase relativ offen über die Themen Wetter, Strategie und Timing unterhalten. Aber dieses Team bestand aus recht wenigen Teilnehmern und einige davon wollten es ohne Zuhilfenahme von künstlichem Sauerstoff versuchen. Das bedeutete, dass sie sowieso den ersten Schwall von Gipfelaspiranten abwarten und dann kurz vor Einbruch des Monsuns, gegen Ende Mai oder Anfang Juni, ihr Glück versuchen würden. Dann ist es schon etwas wärmer am Berg und sie wären dann relativ alleine auf der Route unterwegs, weil die Masse der Bergsteiger eben schon abgestiegen ist. Sie konnten uns also auch nicht recht weiterhelfen. Wir bekamen einfach keine klare Prognose für die Wetterentwicklung der nächsten Tage.

Als dann Wolfi zu mir ins Zelt kam, um mir sein schlechtes Gefühl hinsichtlich unseres Wetterbericht-Dilemmas mitzuteilen, da musste ich handeln. Mir ging es nun nicht darum, eine kleine Schwäche meines Freundes Daniel zu kaschieren. Es ging jetzt einfach darum, Erfolg zu haben mit unserer Mission. Wir wollten doch auf den Gipfel und genau deswegen hatte ich das Gefühl, alles in Richtung eines sicheren Aufstiegs tun zu müssen. Kurzerhand nahm ich mit meiner Sabine Kontakt auf und bat sie, mir die aktuelle Telefonnummer von Charly Gabl, dem bergsteigenden Wetterpapst aus Innsbruck, durchzugeben.

Charly ist in Bergsteigerkreisen bekannt und hat mir schon mehr als einmal das richtige Wetterfenster für eine Gipfelbesteigung prophezeit. Er hat einige Jahrzehnte die Zentralanstalt für Meteorologie und Geodynamik in Innsbruck geleitet; er weiß also, wovon er redet.

Höhenbergsteiger auf der ganzen Welt mit seiner Expertise zu unterstützen, ist eine seiner Leidenschaften. So war es nun für ihn eine relativ einfache Übung, zum x-ten Mal eine Prognose für die Region Everest-Nordroute zu errechnen.

Es dauerte nicht mal eine Stunde und ich hatte Charly wieder am Ohr. Wie selbstverständlich und wohlwollend er mir entgegengekommen war, das werde ich nie vergessen. Obwohl wir uns seit Jahren kennen, hatte ich diesmal im Vorfeld darauf verzichtet, seine Hilfe zu bemühen. Ich wusste ja vom amerikanischen Wetterbericht unserer Agentur – und angeblich verderben ja viele Köche den Brei.

Charly tat am Telefon so, als sei meine Anfrage für ihn nicht mehr als eine Erledigung. Er fragte nicht mal nach, weshalb ich ihn erst jetzt, einen Monat nach unserem Aufbruch, kontaktierte.

In der kommenden Stunde wollte er ein Modell für uns errechnen. Auch unsere beiden Holländer und Martin aus München interessierten sich jetzt für meine neue Informationsquelle. Ich lud auch alle ein, daran teilzuhaben. Schließlich waren wir ja ein Team – und auch Daniel war mit meiner Anfrage bei Charly einverstanden.

Mein zweites Telefonat mit Charly ergab, dass die Wetterlage in diesem Frühjahr tatsächlich schwer lesbar war und sich deswegen, anders als in den Jahren zuvor, kein eindeutiges Schönwetterfenster auftun wollte. Letzten Endes empfahl er uns den 16. Mai für einen Gipfelgang. Danach sollte es wieder für einige Tage schlecht und windig werden. Ob es dann ab dem 22./23. Mai bis Ende des Monats noch einmal richtig gut werden würde, konnte er mir nicht versprechen.

Kaum hatte ich das Telefon zugeklappt, da kam plötzlich Euphorie und Aufbruchsstimmung im gesamten Team auf: Jeder kroch in sein Zelt und sortierte seine Ausrüstungsgegenstände. Der Großteil unseres Equipments lag ja schon oben im ABC bereit.

Während einer kurzen Besprechung mit der gesamten Mannschaft im Dining-Zelt beschlossen wir gemeinsam mit Daniel, uns am 11. Mai. auf den Weg zum Gipfel zu machen. Dabei war mir schon klar, dass wir es selbst bei größter Anstrengung kaum bis zum 16. Mai schaffen würden, ganz nach oben vorzustoßen. In diesem Fall hätten wir uns vom 11. Mai an jeden Tag ein Lager höher bewegen müssen und wären ohne Ruhetag zum Gipfel aufgestiegen. Für mich war das ein Ding der Unvernunft: So, wie wir uns im Dreierteam bewegten, brauchten wir eben immer mal wieder einen Schontag zwischen den anstrengenden, konzentrierten Aufstiegsphasen. Der Mount Everest ist aus meiner Sicht kein Sportgerät und deswegen ist der Weg zum Gipfel auch keine Rennstrecke; wer Auf- und Abstieg sicher meistern will, sollte sich nicht eilen. Und ein wenig genießen wollte ich dieses Unternehmen auch.

Der Aufstieg

Am 11. Mai 2017 starteten wir voller Zuversicht, wenn auch mit leisen Zweifeln wegen der Wetterprognose, unseren langen Fußmarsch hinauf zum Mittelcamp. Diese Etappe verlief so weit unspektakulär – bis auf ein kleines Hoppala. Nach knapp der halben Strecke mussten wir, wie zum vielleicht hundertsten Mal während dieser Reise, zwischen circa sechzig bis siebzig Zentimeter großen Felsblöcken hindurchgehen. Der Durchgang war nur einen halben Meter breit, was an sich kein Problem sein sollte. Ich hatte jedoch das Kommando meines Partners falsch interpretiert. Mit voller Wucht knallte meine linke Kniescheibe in diesen Felsbrocken – augenblicklich wurde mir schlecht. Ich verlor kurz die Kontrolle und drohte umzufallen.

Solche Dinge sind mir in den letzten dreißig Jahren beim Bergsteigen zuhauf passiert. Da gibt es keinen Schuldigen. Aber meinen beiden Freunden, Klemens und Wolfi, ging dieser Aufprall beinahe näher als mir selbst.

Wenn mal etwas schiefgehen sollte, dann ist dies in jedem Fall ausschließlich auf meinen Willen zurückzuführen, als blinder Mensch dort hinaufgehen zu wollen. Dies ist auch ein klares Signal an mein Team, so einen »Unfall« nicht persönlich zu nehmen.

Nach zehn Minuten hatte ich diesen Aufprall körperlich weggesteckt. Gedanklich und emotional beschäftigte er allerdings meine beiden Buben noch lange. Ihre Empathie beeindruckte mich nachhaltig: Wolfi und Klemens haben meinen Knieschmerz wahrscheinlich intensiver gespürt als ich selbst. Wir sind uns gegenseitig einfach nicht egal und das ist für mich ein Traum.

Während des gesamten Auf- und Abstiegs vom Basislager bis zur Spitze des Everest und zurück war dies der einzige ernsthafte Anstoßer – und Gelegenheiten gab es dazu unzählige. Besser kann man einen Körper ohne Augenlicht unter diesen Umständen nicht dirigieren: Ein ganz großes Lob an dieser Stelle für Klemens und Wolfgang!

Als wir am nächsten Tag die zweite Etappe in Richtung ABC unter die Füße nahmen, bekamen wir neben der für mich so schweren Wegstrecke noch einen kleinen mentalen Rückschlag. Wir hatten eben die Hälfte der Tagesetappe hinter uns gebracht, als uns von oben eine Gruppe Bergsteiger entgegenkam.

Unter ihnen war auch Ralph aus der Gruppe der Schweizer. Ralph, er selbst kommt aus Deutschland und ist ein alter Hase; er hat bereits alle 14 Achttausender bestiegen und ist eine ganz große Nummer unter den Höhenbergsteigern weltweit. Er findet im Umgang mit mir immer einen wirklich feinen, respektvollen Ton. Wir unterhalten uns eben auf »Augenhöhe«. Es geht um Faktoren wie Wetter, Eisqualität, die Wahl der richtigen Steigeisen und die beste Route. Meine Blindheit spielt in diesem Zusammenhang nur eine begrenzte Rolle. Ich wiederum habe großen Respekt vor Ralphs Leistungen; wenn einer alle Achttausender bezwungen hat und jedes Mal heil nach Hause fährt, dann zeugt das nicht nur von körperlicher Fitness, sondern auch von einer Extraportion Hirnschmalz und der richtigen Strategie.

Und nun sagte uns Ralph, dass die ganze Schweizer Gruppe wieder absteigt ins Basislager, weil die Sturmfront jetzt früher als vorhergesagt hereinziehen sollte und sie im ABC mindestens eine Woche zum Nichtstun verdonnert wären. Auf einer Seehöhe von 6400 Metern im ABC auszuharren, ergibt keinen Sinn; hier baut der Körper trotz guter Akklimatisierung viel schneller ab, als er dies unten im Basislager auf 5200 Metern tun würde.

In wenigen Sekunden musste ich diese neue Information jetzt verarbeiten und zuordnen. Eigentlich wäre es jetzt nur vernünftig gewesen, ebenfalls kehrtzumachen. Aber irgendetwas meldete sich tief in mir drinnen; ich hatte einfach ein verdammt schlechtes Gefühl dabei, jetzt unseren Vortrieb zu stoppen und unsere Motivation wieder herunterzufahren.

Wenig später kam uns eine weitere Gruppe von Bergsteigern und Sherpas entgegen; auch sie meinten, dort oben wäre für die nächsten Tage nichts zu tun. Mein Gefühl sagte mir trotzdem, dass ich mit meinen Jungs ins ABC aufsteigen sollte. Es war wie schon so oft in meinem Leben: Ich musste dem Unbekannten vertrauen. Mir war es jetzt egal; wir stiefelten immer noch voller Tatendrang nach oben – und ich war meinen Jungs sehr dankbar, dass auch sie sich nicht entmutigen ließen.

Gleich nach der Ankunft im ABC wurden wir wieder von Tirin, unserem Koch, verwöhnt. Ich nahm umgehend mit meinem Wetterpapst Charly Kontakt auf und musste erfahren, dass laut aktueller Berechnung nun schon der 15. Mai ein vielleicht brauchbarer Gipfeltag sein sollte. Uns war zu diesem Zeitpunkt klar: Den 15. Mai konnten wir selbst dann nicht schaffen, wenn wir gleich morgen weiter ins Lager 1 aufstiegen. Irgendwas in mir kam trotzdem zur Ruhe. Wir würden einfach einen Ruhetag einlegen und dann abwarten, was passierte. Beim Höhenbergsteigen kommt es nicht immer darauf an, jeden Tag Vollgas zu geben. Die Tage der Ungewissheit, in denen man die Ruhe bewahrt und Kraft tankt, gehören genauso dazu – um sich dann, am Tag X, ganz auf den Aufstieg konzentrieren zu können.

Mit Wolfi und Klemens war ich da im selben Boot. Beide schafften es immer wieder, trotz ihrer energetischen Körper einfach ruhig zu bleiben. Wolfi spürte ich oft den ganzen Tag nicht. Wenn ich ihn rief, kam seine leicht verschlafene, tiefenentspannte Stimme aus seinem Zelt. Ob um 10 Uhr am Vormittag oder um 3 Uhr nachmittags: Wolfi kann immer abschalten. Genau auf solche Tage im ABC mussten wir uns nun laut der Wetterprognose einstellen.

Mit Klemens schlenderte ich am nächsten Tag ein wenig durchs Lager; wir unterhielten uns mit anderen Teams, die genau wie wir auf das passende Gipfelwetter warteten. Schließlich bat ich Klemens, mit mir hinauf ans oberste Ende des ABC zu spazieren, um dort Dominik, unseren Antarktis-Bergführer, zu besuchen. Mit ihm verbinden mich Erlebnisse der besonderen Art. In der Antarktis war er als Expeditionsleiter unserer Skitour in eine Eisspalte gestürzt und unser Team musste ihn, den verletzten Bergführer, mit vereinten Kräften mit dem Seil aus dieser lebensbedrohlichen Situation in der Gletscherspalte retten. Aber das ist eine andere Geschichte ... Nun war Dominik nicht aufzufinden, nur der Expeditionskoch war anwesend. Er teilte uns mit, dass Dominik mit seinen Gästen bereits in Richtung Gipfel unterwegs war und sie den 16. Mai als Gipfeltag anpeilten. Wieder kam in mir dieses Ungewisse auf. Waren wir vielleicht schon zu spät dran?

Wieder hieß es: Ruhe bewahren und auf das Unbekannte vertrauen. Wie sich alles entwickeln würde in den nächsten Tagen, das stand in den Sternen. Die nächsten beiden Tage vergingen ohne besondere Vorkommnisse. Wolfi und Klemens hatten immer wieder ihren Blick nach oben in Richtung Gipfel gerichtet. Sie konnten Windfahnen ausmachen. Und jetzt war Dominik mit seinen Gefährten auf dem Weg nach ganz oben. Wir sorgten uns schon ein wenig, ob für ihn und seine Crew da oben alles gut gehen würde. Über Funk bekamen wir die Information, dass es in einer anderen Gruppe, die parallel zu Dominik zum Gipfel vorstieß, Schwierigkeiten wegen der Unterkühlung eines Bergsteigers geben sollte.

Ein weiteres Mal nahm ich Kontakt zu Charly auf. Immer mehr rückte jetzt der folgende Sonntag, der 21. Mai, als halbwegs windstiller Tag in unseren Fokus. Auch der 23. Mai sollte gut gehen. Tendenziell schien der 21. etwas windiger zu werden. Mit Daniel stimmte ich mich bezüglich des Wetters jetzt im Zweistundentakt ab. Er wartete weiterhin auf die Wetterdaten via Internet von seinem amerikanischen Kontaktmann. Martin, der fließend englisch spricht, half ihm beim Auswerten der Daten. Letztlich überzeugte mich Charly Gabl, dass der 21. Mai unser Tag sein sollte.

Gewissheit bekommt man erst, wenn man sich tatsächlich bewegt. Im Stillstand sind noch nie brauchbare Erkenntnisse gewonnen worden. Wenn wir also am 21. Mai auf den Gipfel kommen wollten, dann hieß das, dass wir am 18. Mai im ABC starten mussten.

Jetzt ging es echt ans Eingemachte und alle zogen wir an einem Strang. Für die bereits bekannte Etappe vom ABC bis ins Lager 1 auf dem Nordsattel rechneten wir vier bis fünf Stunden ein. Deshalb verabredeten wir uns mit Daniel und dem restlichen Team für Donnerstag, den 18. Mai, nach dem Mittagessen zum Aufbruch. Schon in der

Nacht auf den 18. Mai spürte ich in mir dieses gewisse Kribbeln, dieses Fühlen, dass da etwas gehen könnte. Ich fokussierte mich immer wieder ganz hinauf auf diesen jetzt noch so unnahbaren Gipfel. Wie oft hatte ich schon an den ganz großen Bergen genau diese Situation erlebt: Der Gipfel schien zum Greifen nahe. Und dann, im entscheidenden Augenblick, vereitelte ein Wetterumschwung den letzten Schritt zum Gipfelsieg. Diesen verflixten Gedanken ans Umkehrenmüssen versuchte ich jetzt möglichst klein zu halten.

Den Vormittag des 18. Mai verbrachten wir mit konzentriertem Zusammenpacken und dem Checken unserer Ausrüstung; was jetzt vergessen wurde, das würde man oben schmerzlich vermissen. Für mich selbst ist dieses finale Packen immer ein besonderer Stress. Ich muss mir ja jeden einzelnen Gegenstand in diesem Chaos ertasten und dann hoffen, dass ich alles richtig mache. Nicht selten ist es mir schon passiert, dass ich von ein und derselben Handschuhmarke, die ich eben doppelt dabeihatte, zwei linke oder zwei rechte Handschuhe eingepackt habe. Die verschiedenen Qualitäten der Shirts zu ertasten ist auch ein Kapitel für sich.

Und dann fliegt wieder nur eine Socke durch die Gegend. Verdammt, wo ist denn die zweite Socke? Man muss wohl nicht blind sein, um dieses Ärgernis zu kennen. Ich bewältigte mein Packprogramm in passabler Zeit und bat Wolfi, noch einmal meine Behausung nach vereinsamten Socken und vergessenen Gegenständen abzuscannen. Diesen Check meisterte ich ohne Beanstandung; unserem Start stand also nichts mehr im Wege.

Draußen vor den Zelten vernahm ich die Stimmen von Martin, Daniel, Wolfi und Klemens. Und da war doch eine andere, vertraute Stimme?

Das war doch die Stimme von Dominik! Tatsächlich: Jemand redete gerade mit Wolfi. Die Windböen zerrissen die Sätze zu Wortfetzen, aber es war eindeutig Dominik. Einen Augenblick später zerrte jemand am Reißverschluss meines Zeltes. »Hallo Andy!«, hörte ich seine Stimme durch den Zelteingang. Was für eine Freude: Dominik ist vom Gipfel zurück – und er besucht mich!

Ich rollte mich aus meinem Schlafsack und kam ihm entgegen. Ich wollte meinen Freund, mit dem mich unsere Antarktisreise im

Jahr 2016 verband, sofort umarmen. Ich gratulierte ihm von Herzen zu seinem Gipfelsieg. Dominik war ebenso bewegt und wir tauschten uns während der folgenden Minuten sehr ehrlich aus. Er war nach seinem elfstündigen Aufstieg als Erster seiner Gruppe am Gipfel. Einer seiner Kunden kam vielleicht eine Stunde nach ihm auf den höchsten Punkt. Leider schafften die anderen beiden den Aufstieg nicht bis zum Gipfel.

Dominik machte sich Sorgen wegen meines Aufstiegs.»Andy, da oben gibt es diese lange Querung – die zwischen dem *First Step* und dem *Mushroom-Rock*. Die ist dieses Jahr extrem gefährlich. Dort liegen kein Schnee und kein Eis. Man muss sich auf seinen Steigeisen dort über eine lange Strecke, hoch ausgesetzt über der Everest Nordwand, hinüberschwindeln.«

Ich fragte ihn, ob denn da noch ein Fixseil vorhanden wäre.

»Oh je«, winkte Dominik ab.»Andy, das Fixseil an dieser Querung ist nur Kosmetik. Das ist so lose und instabil an den wackligen Felsen angebracht, dass es sicher keinem Absturz standhalten würde.«

Dominik hatte wegen seiner Bedenken bereits mit Wolfi und Klemens gesprochen.

»Ich weiß nicht, Andy, wie ihr zusammen diese Traverse schaffen könnt. Und ihr müsst sie ja auch im Abstieg noch mal packen. Da ist man saumüde und dann ist es am gefährlichsten.«

Mit diesen Worten und meiner Zusicherung, dass wir das schon packen würden, verabschiedete sich Dominik von mir und wünschte mir alles Glück dieser Welt. Heute noch spüre ich seine warme Hand in meiner Hand und sein Gesicht, wie er es zur Verabschiedung an meine Schläfe drückte.

Jetzt beneidete ich Dominik wirklich um seinen Gipfelsieg. Er konnte jetzt den Weg zurück in die Zivilisation antreten, während wir uns nach oben bewegten – ins Ungewisse.

Natürlich konnte ich Dominiks Sorge verstehen. Er war mit mir noch keinen Meter an einer solchen Querung geklettert und er konnte sich deshalb nicht vorstellen, wie ein Blinder dort, wo selbst Sehende ins Wackeln geraten, zurechtkommen sollte. Spätestens in diesem Augenblick war ich froh, mit Wolfi, Klemens und Daniel Partner an meiner Seite zu wissen, die mich bis ins Detail kannten und die wegen solcher Ansagen von außen nicht nervös werden mussten. Mit Klemens und Wolfi hatte ich während der vielen gemeinsamen Trainingstouren genau solche ausgesetzten und gefährlichen Situationen trainiert.

Jetzt gab es noch ein schönes Mittagessen und dann konnte es losgehen. Diesmal zog ich es vor, mit meinen Trekkingschuhen die lange Moräne bis hinauf zum *Crampon-Point* zu gehen. Dort oben hatten unsere Sherpas kleine Plastiktonnen als Depot aufgestellt, in denen wir unsere Trekkingschuhe lagern konnten. Nach der obligatorischen Umrundung unserer Puja-Stätte reihte ich mich zwischen Wolfi und Klemens ein und wir verließen das Lager.

Mit meinen Trekkingschuhen verbrauchte ich zwischen all den Steinblöcken wesentlich weniger Energie und wir stiegen zügig hinauf zum Fuß des Gletschers. Dort montierte ich die Steigeisen auf meine Expeditionsschuhe.

Selten während meiner Gipfelaufstiege fühlte ich solche Freude und Kraft wie in diesem Moment. Immer wieder erwischte ich mich dabei, fast laufen zu wollen. Den Anfang der Fixseile erreichten wir sehr flott. Diesmal machte mir die Steilheit der sich über unseren Köpfen aufbäumenden Steilflanke hinauf zum Nordsattel keine besonderen Probleme. Zackig stiegen wir hintereinander her und Klemens hatte alle Hände voll zu tun, mit dem Umhängen unserer Sicherungskarabiner nachzukommen. Auf etwa zwei Drittel der Flankenhöhe, auf 6900 Metern, fühlte ich zum ersten Mal, dass ich es vielleicht etwas langsamer angehen sollte.

Wolfi und Klemens, die beide austrainierte Spitzenathleten sind, hatten mit meinem Tempo keinerlei Probleme. Lediglich am Tempo der anderen Bergsteiger am Fixseil spürten wir, dass wir verdammt gut vorankamen.

Meine eigene Euphorie hätte mir auf dieser ersten Etappe hinauf zum Nordsattel fast die Show gestohlen. Denn schon bald fuhr mir die Antwort auf meinen kindlichen Übereifer so richtig ein. Von einem Moment auf den anderen fühlte ich Leere und Kraftlosigkeit in meinem Körper. Jeder Schritt wurde plötzlich zur Qual. Auf den letzten vierzig Höhenmetern unterm Nordsattel bekam ich sogar eiskalte Hände und mich fröstelte: Ein klares Zeichen, dass ich es mit meinem

Eifer wohl übertrieben hatte und mein Biohaushalt nach Zucker verlangte.

Jetzt auf einmal spürte ich umgekehrt, wie andere Bergsteiger an mir vorbeistreiften. Wolfi fingerte an seinem Rucksack herum, um mir seine warmen Handschuhe zu überlassen. In diesen Momenten kam mir mein Vater in den Kopf: Ich sah meinen Papa, wie er sich halb links vor mir am Hang am Fixseil nach oben hangelte. Flink und beweglich, genauso, wie ich meinen Vater aus meinen Kindertagen im Gedächtnis habe. Ihm zuliebe bemühte ich mich nun umso mehr und es ging wieder langsam voran. Mit letzter Kraft erreichte ich den obersten Punkt der Flanke und wankte wie ein Betrunkener zwischen Klemens und Wolfgang hinüber, diese 150 flachen Meter zu unserem Zelt im Lager 1.

Ein Blick auf die Uhr verriet Wolfi, dass wir trotz meines körperlichen Tiefs heute viel schneller ins Camp 1 aufgestiegen waren, als es noch im Zuge der Akklimatisierung am 30. April der Fall war.

Mein Körpergefühl sagte mir, dass ich jetzt vor allem Ruhe, Flüssigkeit und Nahrung brauchte. »Wenn ich mich jetzt einige Stunden erholen darf, dann bin ich morgen wieder voll fit«, versprach ich Wolfi, der neben mir im Zelt lag.

Auch für Wolfi lag der Fall klar und so kamen wir bald wieder in unsere vertraute, oft mit kleinen Scherzen geschmückte Stimmung unter unserer Zeltplane. Am frühen Abend brachte uns Karma, unser Chef-Sherpa, Sauerstoffflaschen ans Zelt. Ab jetzt konnten wir also mit der Hilfe von zusätzlichem Sauerstoff rechnen. Es war schon gewöhnungsbedürftig, sich auf diese klobige und von der eigenen Ausatmung befeuchtete Sauerstoffmaske einzustellen.

Der große Sauerstoff-Kick, mit dem wir gerechnet hatten, blieb zunächst aus. Unsere Flaschen hatten eine Länge von vielleicht sechzig Zentimeter und einen Durchmesser von elf Zentimeter. Gefüllt wog so eine Flasche etwa vier Kilo. Jetzt lagerten diese Flaschen zwischen unseren Schlafsäcken in der Mitte des Zeltes. Mit einem vielleicht sechs Millimeter dicken Schlauch waren die kühlen Pullen mit unserer Sauerstoffmaske verbunden. In einem glasigen Zwischenstück konnte man anhand eines Indikators ablesen, ob der Sauerstoff auch wirklich von der Flasche in die Maske floss. Ich dagegen konnte in diesem Glasröhrchen ein durchgehendes Surren vernehmen; abhängig von der Reglereinstellung wurde dieses Summen lauter oder leiser. So lagen Wolfi und ich nun da wie die Marsmännchen. Das hatte schon etwas von Science Fiction. Immer wieder mussten wir laut lachen, was angesichts der über unseren Mündern befindlichen Maske ziemlich lustig klang. Nach einer Stunde Sauerstoff-Support bemerkte ich dann doch eine gewisse Erleichterung. Auch wurde mir wieder etwas wärmer. Und meine Motivation, mich am nächsten Tag über diesen anscheinend sehr steilen Firnrücken hinauf in Richtung Lager 2 aufzumachen, stieg wieder an.

Es war schon ein ganz spezielles Gefühl, zum ersten Mal im Leben mit einer Sauerstoffflasche schlafen zu gehen. Einerseits dachte ich an die ersten Menschen, die sich auf dieser Route im Jahre 1924 ernsthaft versucht hatten und dass sich George Mallory und sein Partner Andrew Irvine genau wie wir auch die Sauerstoffmasken angeschnallt hatten. Auf der anderen Seite erinnerte mich unsere Situation an eine Intensivstation, wo Patienten künstlich beatmet werden. Aber beide Parallelen hatten wenig mit unserer Situation gemeinsam. In Wahrheit waren wir verwöhnte Westler, die sich bei voller Gesundheit und mit der Unterstützung der stärksten und erfahrensten Sherpas einbildeten, den höchsten Berg dieser Erde mit allen nur denkbaren technischen Hilfsmitteln ersteigen zu müssen. Wobei man das mit der »vollen Gesundheit« eben doch einschränken muss: Immerhin hatten wir mit mir den ersten blinden Menschen der Everest-Geschichte im Team, der sich jetzt, ohne Zuhilfenahme von künstlichem oder natürlichen Licht, nach fast hundert Jahren an Mallorys und Irvines Route versuchte. Mit einem Gefühlscocktail irgendwo zwischen Vorfreude und Respekt, Tatendrang und Demut sank ich neben Wolfgang in die Daunen und verfiel in erholsamen Schlaf.

Das Frühstück am 19. Mai in herrlicher Morgensonne konnte ich richtig genießen. Wir saßen draußen in den Campingsesseln, die unsere Sherpas bis hier hinauf auf den Nordsattel getragen hatten. Auf meinen Knien hielt ich eine offene Packung Salami, die wir brüderlich teilten. Etwas Knäckebrot, dazu drei, vier hartgekochte Eier, die mir Tirin reichte, und der etwas eigenartig schmeckende Tee vervollständigten meine erste Mahlzeit an diesem Tag.

Wir ließen uns bewusst Zeit mit dem Aufbruch zu unserer nächsten Etappe, weil wir wussten, dass die Wegstrecke bis zum nächsten Lager uns vielleicht fünf Stunden beanspruchen würde und es keinen Grund gab, allzu früh im Lager 2 einzutreffen. Mit leichten Rucksäcken, Sauerstoffflasche und -maske starteten wir am späten Vormittag.

Die ersten Schritte, hinaus aus dem Camp 1 und diese kleine Mulde hinunter, bis wir dann ins nun wieder ansteigende Neuland kamen, die werde ich nicht so schnell vergessen: Diese Firnpiste war wie künstlich für mich erschaffen. Gleichmäßiger hätte auch eine Pistenwalze diese Fläche nicht präparieren können. Plötzlich war da keine Barriere mehr – und wieder fühlte ich mich absolut gleichberechtigt gegenüber allen anderen Bergsteigern hier am Fixseil. Noch eine kleine Gletscherspalte galt es in Richtung rechts zu überspringen, wobei mir Wolfi exakt den besten Landeplatz ansagte. Und von nun an ging es für Stunden nur noch steil und gerade aufwärts. Nur die Firnanker, mit denen das Fixseil alle vierzig bis fünfzig Meter im Schnee befestigt war, brachten unseren Rhythmus kurz ins Stocken.

Wie wir es schon trainiert hatten, wechselte auch hier mein Vordermann für mich meinen Sicherungskarabiner zum nächsten Fixseil. Der jeweils andere Partner war mit Filmarbeiten und Fotografieren beschäftigt. Ich muss sagen: Wolfi und Klemens haben – neben ihrem harten Job, mich zu leiten und natürlich erst mal selbst dort hinaufzusteigen – eine Spitzenarbeit als Kameramänner abgeliefert.

Und so war es wieder da: mein so warmes Gefühl, dass ich hier vielleicht doch hingehöre.

Nach vielleicht zwei Stunden machte Klemens vor mir eine kurze Trinkpause. Erst hier bemerkte ich, dass mein persönlicher Climbing Sherpa Angdorchi direkt hinter mir stieg. Bis jetzt hatte ich nicht das Gefühl, dass sich ein persönlicher Bezug zwischen ihm und mir entwickelt hatte. Dies war während meiner zwei vorherigen Versuche am Everest und auch bei meinen Reisen zum Cho Oyu und zur Shisha Pangma anders gewesen. Jetzt versuchte ich, mit Angdorchi Kontakt aufzunehmen.

Dies ist für mich bei einem eher introvertierten Menschen oft schwierig, weil ich doch nie genau weiß, wo sich mein Gegenüber befindet und wohin er gerade schaut. Da kommt es für mich auf vielleicht fünf oder zehn Zentimeter an. Ich habe die Erfahrung gemacht, dass sich Menschen unwohl fühlen, wenn man sie mit seiner Blickrichtung auch nur um fünf Zentimeter verfehlt. Es geht nicht darum, ob mein Gesprächspartner weiß, dass ich blind bin. Es geht um eine intuitive Verspannung der Menschen, die im Moment, wenn ich sie anspreche, meine Blindheit für Sekundenbruchteile ja gar nicht auf dem Schirm haben. Dies läuft eher auf einer intuitiven Ebene ab.

Jetzt wusste ich aufgrund des gerade gespannten Fixseiles exakt, wo genau mein Sherpa hinter mir stand und wo in etwa sein Gesicht sein musste. Ich drehte mich um und versuchte, wie ich das ganz oft mache, ihn mit meiner Hand an seiner Schulter zu berühren und anzusprechen. Ich fühlte, wie ich selbst strahlte und war mir deshalb sicher, er würde mein Strahlen erwidern. Aber es kam nicht viel von Angdorchi. Ich konnte nur ein Murmeln hinter seiner Sauerstoffmaske vernehmen. Ich ging trotzdem davon aus, dass seine Reaktion positiv war genau wie unsere vorherigen Kontakte bis zu diesem Zeitpunkt. Angdorchi war eben zurückhaltender, er machte seine Arbeit eher im Stillen und in Perfektion. Vielleicht war das in dieser Situation aber genau das Richtige.

Weiter ging das so herrliche Höhersteigen am beginnenden Nordgrat des Mount Everest. Zwischendurch beschrieben mir Wolfi und Klemens, dass wir uns kurz vom Fixseil ausklinken müssten, weil vor uns rastende Bergsteiger den Weg blockierten. Sicherheitstechnisch stellte dieses Ausweichen an der Firnflanke für mich kein Problem dar; wichtig war es für uns vor allem, den Rhythmus möglichst beizubehalten.

Papa war wieder dabei. Er tanzte vor meinem inneren Auge jetzt zackig, ja, fast ungeduldig halb rechts über mir, sich mit seiner rechten Hand am Seil haltend, nach oben.

Nach weiteren eineinhalb Stunden gab die Steilheit dieses genialen Gratrückens auf einen Schlag nach und wir pausierten an einer nahezu ebenen Stelle im trittfesten Schnee. Wolfi vermeldete mir eine Seehöhe von 7500 Metern; ich hatte mich bereits auf einen gemütlichen Schlussanstieg bis zum Lager 2 eingestellt, mit vielleicht 150 Höhenmetern. Da hatte ich mich gründlich getäuscht. Nach vielleicht zehn Minuten ging der traumhafte Schnee in eine grausige Blockmoräne über. Immer wieder musste ich mit meinen Steigeisen sehr hohe Stufen im wackligen Fels nehmen. Im Blockgelände entscheiden wenige Zentimeter nach links oder rechts, ob die nächste Stufe dreißig oder eben siebzig Zentimeter hoch ist. Wenn du also danebenliegst, wird es dementsprechend anstrengend.

Der Wind frischte auf und behinderte die Kommunikation zwischen Klemens und mir. Ich musste also auf meinen eigenen Such- und Steigmodus umschalten und das bescherte uns ein deutlich verlangsamtes Vorankommen bei gleichzeitig höherem Energieverbrauch.

Auch für meine Freunde, die ja nicht in letzter Konsequenz für meine Orientierung verantwortlich sind, denke ich in solch schwierigen Momenten mit. Klemens schaltete sofort auf meine Kriechgeschwindigkeit herunter und so trödelten wir von Stufe zu Stufe mühsam höher.

Nach weiteren Sturmböen und Felsstufen vernahm ich das Flattern von Zeltplanen und ich schloss daraus, dass es nicht mehr weit bis zum Camp 2 sein konnte. Doch das Flattern stammte von Zelten, die andere Teams unterhalb des Lagers aufgebaut hatten.

Aber schon bald hatte diese Qual ein Ende. Armselig kam ich mir vor, wie ich im halbflachen Gelände so am Boden daher gekrochen kam. Daniel gratulierte mir zu meiner Tagesleistung. Und Wolfi ermutigte mich: »Andy! Abgerechnet wird ganz oben!«

Ich konnte sein vertrautes Schmunzeln förmlich spüren und dankte ihm für sein Vertrauen.

Das Zelt, das die Sherpas hier für uns aufgebaut hatten, war für mich als Zelt erst gar nicht auszumachen – so schief und deformiert fühlte es sich an; sie mussten es zwischen die riesigen Felsblöcke stopfen. Die Seitenflanken unserer Behausung wurden von den Kanten der großen Steine nach innen gedrückt und der schräg nach oben steigende Zeltboden ruhte auf waschbeckengroßen Steinen. Darüber lag lediglich die millimeterdünne Zeltplane und unsere mickrige Schaumstoffunterlage. Hier oben, auf 7650 Metern, standen aufgrund der beengten Platzverhältnisse nur noch ganz wenige Zelte für uns bereit. Deshalb hieß es jetzt zusammenrücken; jeweils drei bis vier Personen würden sich für die nächsten 16 Stunden ein Zelt teilen. Mit mir waren

Klemens und Wolfi in unsere Nylonbehausung geschlüpft. Der tobende Sturm bereitete mir Kopfzerbrechen.

Aber einen Sturm, den man im Zelt wahrnimmt, muss man relativieren. Der Wind, der an der Zeltplane reißt und flattert, ist oft in Wahrheit weniger arg, als das der Zeltinsasse glauben mag. Ich konnte in den Sturmpausen Daniels Stimme wahrnehmen; offensichtlich hatte er Unterschlupf im Zelt bei den Sherpas gefunden. So lagen wir zu dritt zusammen wie die Heringe in der Dose. Zeitweise konnten wir uns gar nicht unterhalten; der Wind war einfach zu mächtig.

Meine Gedanken drohten jetzt wieder ins Pessimistische zu entgleiten. Was sollte ich denn noch weiter oben? Wenn schon hier, auf nicht mal 7700 Metern, keine Chance zur Kommunikation bestand, wie würde es dann oben sein?

Meine vielen Touren in der Vergangenheit hatten mich jedoch gelehrt, dass sich eine im Moment verdammt ungute Situation binnen Minuten in ein Wohlgefühl verwandeln kann. Darauf hoffte ich und ich machte mir bewusst, dass ich genau jetzt wieder einmal ins Unbekannte, in die Dunkelheit vertrauen musste. Ich musste einfach so handeln, als ob alles perfekt wäre. Und in Wahrheit war bis zu diesem Zeitpunkt auch alles perfekt:

Ich lag hier, in meinen dicken Daunenschlafsack eingehüllt, neben Klemens und Wolfi in der Komfortzone.

Es gibt diese Momente, die ein Entscheidungspotential in sich tragen, sie haben etwas von einer Weggabelung; die Punkte, von denen man im Nachhinein sagen wird: An genau diesem Punkt hättest du auch umkehren können. Es geht ja nicht darum, unter Ausblendung aller Tatsachen stur weiterzumachen. Und genau jetzt stand, oder besser lag ich wieder einmal in einer solchen Situation.

Rein theoretisch hätte ich in dieser Sturmnacht im Zelt auf 7650 Meter Meereshöhe zu meinen Burschen sagen können, »Jungs, für mich war es das. Es ist zu gefährlich, zu stürmisch; wir haben schlicht keine optimalen Verhältnisse für den Aufstieg, schon gar nicht mit jemanden wie mir im Team.«

Jeder hätte meine Entscheidung zu diesem Zeitpunkt nachvollziehen können; Klemens und Wolfi hätten sie sicher akzeptiert. Aber wär ich, Wochen später daheim auf der Gartenliege, mit dieser Entscheidung noch glücklich gewesen? Wer kann das wissen. Entschieden wird immer im Moment. Erst kommt die Entscheidung, dann die Konsequenzen. Tröstlich ist allein die Erkenntnis, dass niemand zu jeder Zeit richtig entscheidet. Wichtiger ist, dass überhaupt etwas entschieden wird.

Viele Systeme fahren meines Erachtens deshalb an die Wand, weil sich niemand zu entscheiden traut und stattdessen die Verantwortung von einem zum anderen geschoben wird. Am Ende nimmt die Sache so oder so ihren Lauf; auch eine Entscheidung, die niemand bewusst trifft, hat Konsequenzen, die dann alle tragen müssen.

In der Nacht zum 20. Mai fand ich trotz Enge und hartem Boden zur Ruhe und auch die folgende Nacht konnte ich sogar recht gut schlafen. Zwei Portionen Gulaschsuppe und Knäckebrot brachten mich wieder nach vorne. Mein Appetit und mein ausgeglichener Wärmehaushalt signalisierten mir eine nahezu perfekte Bereitschaft meines Körpers zum Höhersteigen.

Erst gegen 10 Uhr am Vormittag kletterten wir aus unserer schrägen Nylonhütte, um uns zur nächste Etappe, den harten Aufstieg zum Camp 3 auf 8300 Metern, aufzumachen. Nach Schätzungen von Karma, unserem Chef-Sherpa, würden wir dafür etwa vier Stunden benötigen.

So zogen wir also los. Aber in Anbetracht der steinigen Welt aus ungleichmäßigen Felsblöcken, die uns hier flächendeckend umgab, konnte ich mir für uns beim besten Willen nicht vorstellen, die Strecke in diesem Zeitmaß zu schaffen. Ich brauchte ja schon fast eine Viertelstunde, um mich vor dem Zelt vertikal auf meine Steigeisen zu stellen und mich die ersten zehn Höhenmeter hinaufzuplagen.

Wieder kam in mir Verzweiflung auf: »Wie blöd bin ich denn? Was tue ich da meinem Klemens und meinem Wolfi an?«

»Andy! Eine Stufe! Ein Meter hoch!«, hörte ich Wolfis Stimme nun viel deutlicher. Was war passiert? Na klar: Der Wind hatte nachgelassen! Wieder wechselte meine Stimmung: Vielleicht war er doch was für mich, dieser Everest? Es war, als hätte der abenteuerlustige und bekümmerte Junge in mir wieder seine Stimme erhoben. Ein blinder, fünfzig Jahre alter und rational denkender Erwachsener würde doch niemals auf die Idee kommen, diesen überlaufenen und verdreckten, mordsgefährlichen und obendrein teuren Berg besteigen zu wollen ...

»Danke, mein kleiner Junge!«, sagte ich in mich hinein und hatte nun diesen ekelhaften Meter der Felsstufe überwunden. Halb rechts unten, in zehn oder fünfzehn Metern Entfernung, vernahm ich unsere Sherpas und auch meinen Freund Daniel.

»Guten Morgen, Daniel! Alles klar? Hast du gut geschlafen? Bist gut drauf? Der Sauwind hat jetzt endlich aufgehört! Wir stolpern mal ein wenig voraus, ihr kommt eh locker nach in dieser Blockhalde?«, rief ich zu ihm hinüber.

Daniels Antwort überraschte mich: »Nein, Andy, ich muss runter! Ich habe so Kopfschmerzen! Es geht nicht! Ich muss runter!«

Ich kannte Daniel als disziplinierten, harten Typen, gerade in schweren Situationen. Und jetzt sollte ihn die Höhenkrankheit zum Aufgeben gezwungen haben?

Daniel sprach zwar nur von einer Migräne, die ihn gerade von einem weiteren Aufstieg abhalte, aber aufgrund unserer Höhenlage hat mich seine Auskunft etwas befremdet. Jeder von uns ging davon aus, dass sich Daniel unten auf Camp 1 schnell erholen und uns dann beim Gipfelgang eh wieder einholen würde. Er zeigte sich doch während unserer Akklimatisierungstouren immer als der Schnellste und Aktivste von uns. Für Wolfi, Klemens und mich gab es jetzt keinen Grund zu warten – und so wackelten wir ganz gemächlich über die Steinwüste nach oben.

Die folgende Stunde brachte mich wieder an den Rand meiner Vorstellungskraft. Dieses Blockgelände, dieses Eingesperrtsein in meinen Körper und mein Eindruck, dass ich heute wieder einmal der Schwächste am Berg war, das alles nahm mir die Fantasie und den Optimismus, den Gipfel je erreichen zu können. Ich bin mir sicher, dass auch meine beiden Jungs in diesen Stunden manchmal an meinen Chancen gezweifelt haben. Aber sie haben es mir in diesen schweren Augenblicken nicht so vermittelt.

Im Gegenteil: Immer wieder haben sie mich motiviert, mir Mut zugesprochen. Immer wenn ich auf dieser emotionalen Grenze zwischen Mut und Verzweiflung balancierte, verhielten sich Wolfi und Klemens genial kooperativ. In solch angespannten Situationen hätte schon eine unglücklich gewählte Formulierung genügt, dass ich mental auf die andere Seite kippe und mich selbst abschalte.

Wir hatten vielleicht eine Höhe von 7850 Metern erreicht, als sich zum ersten Mal Probleme mit der Kälte in meinen Zehen ankündigten. Dadurch, dass ich in diesem schweren Gelände nicht so zügig steigen konnte, kam auch mein Wärmehaushalt durcheinander. Für die Gipfeletappe hatte ich von vornherein eine Schuhheizung eingeplant. Diese Heizung funktioniert auf Akku-Basis und kann von außen gesteuert werden.

Aber jetzt bekam ich schon Kälteprobleme auf nicht einmal 8000 Metern. Wieder war es Wolfi, der Entschlossenheit zeigte. »Andy! Dann klemmen wir eben den Akku an und es wird dir warm werden«, meinte er zu mir. Pro Mann hatten wir je zwei Garnituren Akkus mit dabei. Ich selbst war im Zweifel, ob die Heizleistung dann auch noch für unsere Gipfeletappe reichen würde. Wolfi hatte seinen Rucksack schon vor sich auf dem Boden und zog eine seiner zwei Garnituren heraus.

Schon nach einigen Minuten hatte ich wieder wohlig warme Füße. Dies war in dieser Phase des Aufstieges enorm wichtig. Die Erfrierungsgefahr konnte man in dieser Situation noch ausklammern – ich wollte vielmehr ein Energieproblem vermeiden: Das natürliche Warmhalten von Körperteilen kostet enorm viel Kraft, die ich wiederum für das anstrengende Höhersteigen bitter nötig hatte.

Tatsächlich lief ich nun wieder rund und endlich hatten wir das obere Ende von Camp 2 auf circa 7900 Metern überstiegen. Nur noch ein kurzer Schneehang und schon führte uns die Route in eine flache Querung nach weit rechts hinaus in Richtung der Nordwand des Mount Everest.

Klemens war jetzt wieder mein Leithammel und die Spur wurde immer schmaler und ausgesetzter. An meiner rechten Seite stürzte der Hang, auch für mich deutlich spürbar, nach wenigen Metern einer steilen Schräge ins Nichts der Nordwand ab. Ich brauchte mit meinem rechten Steigeisen nur eine Wischbewegung nach außen machen, schon hörte ich den entstandenen kleinen Schneeballen nach rechts unten hüpfen und dann lautlos in die Tiefe hinaussausen. Vielleicht dreißig Zentimeter breit war der Pfad vor mir jetzt; an meinem linken

Knie verspürte ich immer wieder die aufsteilenden Felsen, die sich unmittelbar links von mir weiter nach oben reckten. Sogar an meiner linken Schulter drückten mich die Felsvorsprünge immer wieder mal nach rechts, in Richtung des Abgrunds. Diese Situation war für mich jedoch kein Problem. Ich profitierte von meinen zahllosen Klettertouren in den Heimatbergen, auf denen ich Querungen wie diese immer wieder absolvieren musste. Hier muss man sich einfach darauf konzentrieren, dass die Körperachse stimmt und man keine schrägen oder schiefen Kräfte auf sich wirken lässt. »Immer schön axial bleiben!«, lautet die Devise – dann kann es an der Seite runterpfeifen, wie es möchte.

Laut meiner inneren Routenskizze kamen wir nun langsam an die magische Achttausendmetermarke. »Wolfi! Wir müssten jetzt die Achttausendmetergrenze erreicht haben?«, rief ich zu Wolfgang zurück, der gerade mit dem Fotografieren beschäftigt war. In mir kam jetzt wieder ein unbändiger Auftrieb hoch; ich wollte jetzt wieder richtig losstarten. Ich deutete Klemens an, er möge ruhig mal etwas Gas geben.

Klemens blieb cool und behielt die Kontrolle über unser Tempo. Dieses Wellental zwischen Verzweiflung und Euphorie wäre schon ein Grund, weshalb ich meine Reise zum Mount Everest nicht mehr missen möchte. Zügig erreichten wir das Ende der Traverse und nur noch ein steiler, recht geradliniger Schneehang zog über unseren Köpfen hinauf zum Lager 3. Jetzt war die Route genau mein Ding. Ich musste mich hier nicht mehr um Stufen, Kniesteine und Fußbrecher-Spalten kümmern. Nichts als planer Schnee lag zu meinen Füßen und zog sich vor meiner Brust steil aufwärts.

Eine Hand am Fixseil, die andere am Skistock, so hebelte ich mich Dezimeter für Dezimeter höher. Unser Dreiergespann lief jetzt wieder wie aus einem Guss. Hier kam ich der Vorwärtsleistung von Klemens und Wolfi nun endlich wieder näher. Alle drei strahlten wir um die Wette. Wir waren topfit; keiner verspürte Kopfschmerzen, Magenverstimmung oder sonstige Anzeichen einer Überlastung, auch von Höhenproblemen war nicht die Rede. Wann immer ich, frei von Hindernissen, in diesem vollkommenen Gleichtakt den Hang vor mir nach oben steigen konnte, dann schweiften meine Gedanken hinauf zu meinem Vater.

Er war mir am 21. April vorausgestiegen, um mir den Weg nach ganz oben zu bereiten. »Sein Vater war sein Leben lang sein Sherpa«, so formulierte es mein Freund Bernhard auf der Begräbnisfeier für meinen Papa: »Peter war stets vorausgegangen, um für seinen Andy das nächste Lager vorzubereiten.« Diese kleinen Ausflüge in meine spirituelle Welt, die tief in mir genauso einen wichtigen Platz gefunden hat wie die äußere Realität, brachten mich nie aus meinem Gleichgewicht – im Gegenteil: Diese beiden Welten lebten in mir zusammen und das tat mir einfach gut.

Im Halbstundentakt glichen Klemens, Wolfi und ich unseren körperlichen und mentalen Zustand miteinander ab. Ich könnte ja bei meinen Freunden ein eventuell beginnendes Problem, das sich oft schon anhand der Gesichtsfarbe ablesen lässt, aufgrund meiner Blindheit nicht feststellen. Ehrlichkeit und der Verzicht auf den eigenen Stolz, das waren wichtige Zutaten für unseren Dreiererfolg.

Nach einer weiteren Stunde des sich Höherplagens, immer entlang am steif gefrorenen Fixseil, trat ich wieder in eine neue Phase ein: Diese läppischen dreihundert Höhenmeter ab der Querung hinauf zum Lager 3 wollten kein Ende nehmen. Zu Hause wäre so eine Etappe eine Sache von einer knappen halben Stunde. Hier am Everest, auf über 8000 Metern, hätte mir dieser Streckenabschnitt fast den Glauben an mich selbst genommen. Ich trat in diesen speziellen Flow hinein, der mir schon von anderen Extremsituationen bekannt ist. Mir ging das Zeitgefühl verloren. Man glaubt, sich ständig auf demselben Fleck zu bewegen. Zeit und Raum fließen ineinander, und da ich mein Vorankommen oder mein Stagnieren mit optischen Mitteln nicht abgleichen kann, fühle ich mich wie in einem Vakuum. Klemens half mir aus dieser Beklemmung immer wieder raus.

»Andy! Wir haben nun zwanzig Meter bis zu diesem kleinen Felsköpferl.«

Oder: »Andy, die Querung liegt jetzt ungefähr 130 Höhenmeter unter uns.« Solche Angaben erleichterten mir die innere Orientierung und brachten mir schlagartig wieder neue Motivation. Man muss sich nur vorstellen: Du fährst mit dem Mountainbike eine steile Passstraße hinauf. Aber ein schwarzer Sack über deinem Kopf verhindert jegliche Sicht auf die Straße und die Landschaft; bald weißt du nicht, ob du weitergekommen bist oder immer noch auf derselben Stelle trittst. Irgendwann in dieser Phase kommt dann aus deinem Inneren der Befehl zum Abschalten. Für den Körper macht es einfach keinen Sinn mehr, wenn man seit Stunden dieselbe Qual verspürt und keine Rückmeldung über ein Vorankommen erhält.

Da kann es auch vorkommen, dass ein Befehl zum Abbrechen und Anhalten vielleicht nur drei Meter vor dem höchsten Punkt des Alpenpasses erteilt wird. Dieses Kommando kommt aus dem Unbewussten und man hat darauf wenig Einfluss. Andere nennen diesen Übeltäter auch den inneren Schweinehund.

Umso wichtiger war es für mich, dass mir meine beiden Partner immer wieder mal diesen imaginären, schwarzen Sack vom Kopf genommen und ein Feedback zu unserem Fortschritt vermeldet haben. Die ersten Zelte von Camp 3 waren plötzlich in Sichtweite. Und wieder schoss die Kraft in meinen Körper zurück: Ich schmiss alle Reserven in meine leeren Oberschenkel, um schneller aufwärtszukommen. Sofort bekam ich die Quittung für diesen Unfug. Ich stand auf der Stelle und hing mit meinem Oberkörper halb am Fixseil, halb am Skistock, um die Sauerstoffschuld, die ich eingegangen war, wieder nachzuholen.

Es verging sicher eine halbe Stunde des Weiterquälens, bis Klemens mir berichten musste, dass es sich hier bei diesen Zelten nicht um unser Lager 3 handelte. Ich konnte mich an die Ausführungen von Dominik erinnern. Er hatte doch von seinen Sherpas unterhalb vom originalen Lager 3, vielleicht auf 8180 Metern, seine Zelte für das Lager 3 aufbauen lassen.

Das bedeutete für uns: Wir mussten uns jetzt noch mal über hundert Höhenmeter eine Stunde lang dieser kräftezehrenden Schinderei hingeben. Wieder kamen wir in felsdurchsetztes Gelände mit einer leicht ansteigenden Querung. In meinem schon etwas angeschlagenen Zustand bedeutete das jetzt, noch mal die volle Konzentration zu behalten. Steine, Schnee, Löcher und Abgrund an meiner rechten Seite. Es war zum Verzweifeln. Wollte mich der Everest einfach nicht oben haben?

Noch mal folgte ein unbarmherziger Steilhang – und endlich gab das Gelände in seiner Steilheit nach; von einem Moment auf den nächsten änderte sich für mich die Umgebung. Das Fixseil war nun an meiner rechten Hand und erstes Geklapper von Aluminiumtöpfen drang aus vielleicht zehn Metern Entfernung rechts aus einem Zelt an meine Ohren. Doch Klemens stapfte immer noch weiter. Immer noch kein Ende. Unsere Zelte standen noch mal vierzig Laufmeter weiter halb links oben an der Abbruchkante der kleinen natürlichen Plattform von Camp 3.

Es wird wohl so gegen 14 Uhr gewesen sein, als ich mich fix und fertig in unser Zelt wälzte. Meine Steigeisen fädelte ich mit meinen klammen Fingern von den Schuhen und die Sehnsucht nach einer horizontalen Lage in der Wärme meines Daunenschlafsackes war mir wohl schon von Weitem anzusehen.

Wolfi und Klemens besorgten in der Zwischenzeit Wasser. Alle Sherpas hatten ihre Zelte im Umkreis unseres Zelts aufgebaut. Während unserer heutigen Etappe hatte ich keinen unserer Helfer wahrnehmen können. Sie waren schon lange vor uns aufgestiegen und hatten das Lager für uns vorbereitet.

Das Wasserkochen ist dabei eine der wichtigsten Verrichtungen. Der Schnee in dieser Höhe auf 8300 Metern hat nie einen anderen Aggregatzustand besessen als seinen aktuellen. Nur der Wind bearbeitet die Schneeoberfläche und so findet man hier oben eine wahnsinnig trockene Substanz von Schnee vor. Für die Trinkwasserzubereitung bedeutet das, dass man Unmengen dieses staubtrockenen Schnees in den Kochtopf geben muss, um daraus Flüssigkeit zu gewinnen. Für die Aufbereitung von einem Liter Trinkwasser braucht es hier, auf weit über 8000 Metern, fast zwei Stunden.

Dank der fleißigen Vorarbeit unserer Sherpas konnten wir nun alle drei gleich mal je einen guten Liter Flüssigkeit in uns hineinkippen. Ich hatte noch Bedarf und fragte, ob ich noch mehr haben könnte. Für mich ist es oft schwierig abzuschätzen, ob ich mit so einer Forderung übers Ziel hinausschieße oder nicht. Ich kann in den Mienen der Sherpas ja nicht ablesen, ob ich sie überfordere oder ob sowieso noch genügend Wasser vorhanden ist. Eine ähnliche Problematik erlebe ich oft bei alltäglichen Situationen wie zum Beispiel dem Essen mit Freunden. In meiner Lust auf Nachschub verlange ich vielleicht nach einem Stück Brot zum letzten Käse. Ich habe aber keine Ahnung, wie der Füllstand im Brotkorb gerade aussieht. Hat jemand gerade das letzte Stück Brot genommen – oder bin ich es, der das letzte nimmt? Ist der Brotkorb gerade vielleicht mehr als prall gefüllt? Hab ich schon mehr Brot gegessen als die anderen am Tisch? Mein Anstand hemmt mich dann, noch mal in den Brotkorb zu greifen. Manchmal liege ich damit richtig. Bei anderen Gelegenheiten bemerke ich, wie der Kellner einen fast vollen Brotkorb vom Tisch schafft, um für die Nachspeise Platz zu machen. Na ja, verhungert bin ich trotz allem noch nicht.

Jetzt versorgten mich meine Jungs hier oben mit ausreichend Wasser und ich fühlte deutlich, wie Kraft und Motivation in meinen Körper zurückkehrten.

Ich habe nicht gezählt, wie viele Tassen heißen Tee ich in mich hineingeschüttet habe. Auch zwei oder drei Teller Suppe, Schokolade, Speck und Käse nahm ich an Bord. Für meine Partner waren das verlässliche Indizien, denn sie wissen: Wenn der Andy richtig futtert, dann fehlt ihm nichts.

Entspannt und wohlig eingepackt lag ich nach diesem herrlichen Mahl in meinem Schlafsack. Sabine kam mir in den Sinn; jemand hatte behauptet, dass man von hier im Camp 3 mit dem Mobiltelefon direkt ins tibetische Mobilnetz einsteigen konnte. Die Funkwellen eines Mobiltelefons breiten sich linear aus wie Lichtstrahlen. Wo man also hinsehen kann, da kann man theoretisch auch hin telefonieren.

Ich zog mein altes Nokia aus meiner Brusttasche. Zuerst setzte ich einen Markierungspunkt für meine GPS-Datensammlung. Und dann ließ ich mein Telefon nach einem Netzanbieter suchen …

…Tatsächlich! Das chinesische Mobilnetz, für das ich eine Prepaid-Karte im Telefon hatte, meldete sich auf dem Display. Die Stimme der Sprachausgabe klang auf meinem alten Telefon etwas blechern, aber das könnte klappen. Zwei Minuten später hatte ich meine Liebste am Ohr.

Welche Wellen der Emotion mir jetzt durch meinen Körper schossen, das kann sich nur jemand annähernd vorstellen, der eben dabei ist, mit der Frau seiner Träume das erste Date zu vereinbaren. Nicht, dass ich meine Sabine erst kurz gekannt hätte – sie ist ja schon dreißig

Jahre an meiner Seite. Aber wer darf schon vom Camp 3 des Mount Everest, auf einer Meereshöhe von 8300 Metern, mit seiner vertrauten Frau in über 7000 Kilometern Entfernung, aus der Wärme seines Schlafsacks telefonieren – und das unmittelbar vor dem Aufstieg aller Aufstiege? In diesem Moment war mir der Gipfel des Everest näher als je zuvor.

Während der ersten Momente am Hörer verschlug es mir glatt die Sprache. Wer mich kennt, weiß, dass das selten vorkommt. Auch Sabine war sehr angespannt – so viel Emotion lag in der Luft. Es ist ein wirklich schönes Gefühl, wenn man sich nach so vielen Jahren immer noch so nahe sein kann. Sabine fasste unser Telefonat in ihrem Blog zusammen:

20. Mai 2017: 48. Tag Im Camp III auf 8.300 m angekommen
Wahnsinn – kaum zu glauben – aber ich konnte jetzt mit Andy auf 8.300 m über seine chinesische Simkarte telefonieren.
Andy, Klemens und Wolfi machten sich gerade bereit für den letzten Anstieg zum Gipfel des Mt. Everest mit seinen 8.848 m. Ich bin natürlich auch sehr aufgeregt und emotional.
...
Um 21 Uhr Ortszeit ist geplant, Richtung Gipfel zu starten.
Sie gehen jetzt die ganze Nacht durch – sie rechnen mit 8 bis 10 Stunden nur bis zum Gipfel – sie haben jetzt noch 550 Höhenmeter und der Second Step ist da oben in Griffweite, aber es wird wahnsinnig anstrengend werden und sie hoffen, dass sie den richtigen Rhythmus finden, um gegen 7 bzw. 8 Uhr in der Früh am Gipfel zu sein.

Dieser Text hatte mir auch im Nachhinein veranschaulicht, wie nahe meine Sabine an meinen Schritten und unserer Realität dran gewesen ist und wie sehr sie sich zu uns hinversetzt gefühlt haben muss.

Wassermangel

Den Rest dieses Nachmittages und den Beginn des Abends verschlummerte ich in den Tiefen meiner daunenweichen Schlafhülle. Es ging jetzt darum, den Aufbruch zum Gipfel, den wir für 21 Uhr mit unseren Sherpas geplant hatten, nicht zu verschlafen.

Die Müdigkeit und unsere Abgeschiedenheit von der lebensfreundlicheren Luft des Tales versetzte uns in diesen sonderbaren, fast zeit- und raumlosen Zustand. Da waren weder Ängste noch Nervosität wegen des zu erwartenden Wetters. Es herrschte einfach tiefer Frieden im Zelt. Und so schliefen wir ein.

Im Halbschlaf vernahm ich Wolfi, der sich am Reißverschluss unseres Zelteingangs zu schaffen machte. Wie lange hatten wir geschlafen?

»Es wird wohl nicht schon 21 Uhr sein?«, fragte ich Wolfi.

»Doch!«, rief er mir zu. Draußen ging, dem Flattern unserer Zeltplane nach zu urteilen, ein mittelmäßig starker Wind.

So etwas wie Aufbruchsstimmung konnte ich in unserer Gruppe nicht wahrnehmen; es fühlte sich an, als ob heute Sonntag wäre und wir etwas länger schlafen dürften.

Sonntag war heute aber noch nicht und schlafen durften wir jetzt auch nicht mehr. »Auf! Auf!«, rief ich und auch Klemens setzte sich schlaftrunken in seinem Schlafsack auf und begann, sich für den Aufbruch vorzubereiten.

»Wolfi!«, rief ich meinem Freund zu. »Ich bräuchte jetzt für den Gipfelgang noch mindestens zwei Liter Wasser. Und jetzt vor dem Aufbruch werde ich auch noch versuchen, einen Liter in mich reinzubringen«, setzte ich hinzu.

Auch Wolfgangs und Klemens´ Thermosflaschen waren leer. Mit unserer Agentur war vereinbart, dass nur die Sherpas den Schnee schmelzen und für uns alle das Wasser aufbereiten sollten. Das hatte ja auch in Camp 1 und 2 perfekt funktioniert. Wir selbst hatten hier oben auf Camp 3 weder Kocher noch Gas zur Verfügung. Wir hätten also gar kein Wasser aufbereiten können; unser Kochgeschirr lag unten im Basislager.

Ich versuchte, meinen Sherpa im Nebenzelt zu kontaktieren. »Angdorchi! Angdorchi!« Aber da kam nichts zurück außer dem Heulen des Windes.

So recht aus unserem Zelt steigen wollte jetzt auch noch niemand. Es war eine reichlich verfahrene Situation. Wir hatten vereinbart, alle zusammen um 21 Uhr in Richtung Gipfel aufzubrechen. Jetzt war es vielleicht schon eine halbe Stunde später und es tat sich gar nichts. Zwischen den Windpausen vernahm ich das Gemurmel von Menschen aus den Zelten rings um uns.

Ich hatte mit einem Mal ein seltsames Gefühl. Mir war, als hätten wir soeben den Zug verpasst; man steht am leeren Bahnsteig und hört nur noch die Stimmen der Zurückgebliebenen.

Gegen 22 Uhr 30 öffnete jemand den Reißverschluss des bergseitig gelegenen Zelteinganges und warf ohne Kommentar einen großen Plastiksack mit Gaskartuschen und Kocher in unser Zelt. Laut klirrend landete der Plastiksack auf meinen Unterschenkeln.

»Wieso geben die uns jetzt erst die Kochausrüstung rüber?«, fragte Wolfi etwas aufgeregt. Er überprüfte den Inhalt. »Da sind Gaskartuschen und sogar ein Kocher – aber leider kein Topf!«

Uns allen war klar, dass es jetzt zum Wasserkochen zu spät war.

Um einen Liter Wasser aus diesem staubtrockenen Schnee auf 8300 Metern zu gewinnen, benötigte man wie erwähnt zwei Stunden. Und wir brauchten für uns alle circa sechs Liter.

Jetzt zog jemand den Reißverschluss auf Wolfgangs Zeltseite auf. Es war Wolfis Sherpa! Und er brachte tatsächlich Wasser für uns.

Ich reichte meine beiden Thermosflaschen zu Wolfi rüber.

»Jetzt wart mal, Andy. Kunga hat nicht so viel Wasser für uns dabei«, versuchte er mir zu erklären.

An ein Auffüllen unserer Wasservorräte, im Körper wie in den Flaschen, war also nicht mehr zu denken. Wir mussten uns mit dem wenigen begnügen, was da war. »Wir bekommen nicht einmal eine Flasche richtig voll«, stellte Wolfi resigniert fest.

Anscheinend hatten sich unsere Sherpas diesmal bei der Zubereitung des Trinkwassers für uns Kunden verschätzt. Oder es war beim Timing etwas danebengegangen. Wie wir später erfuhren, hatte keiner in unserer Gruppe mehr als einen Liter Flüssigkeit pro Kopf für den Gipfelgang dabei.

Ich möchte ganz klar sagen, dass ich niemanden für dieses Missgeschick verantwortlich mache – schon gar nicht unsere so zuverlässigen Sherpas.

Hier oben greift diese für westliche Maßstäbe typische Logik nicht: »Ich habe dafür bezahlt – und jetzt bestehe ich auf der Leistung.«

Wir drei Osttiroler sahen unsere goldenen Helfer immer als überstarke Partner auf Augenhöhe – wobei Augenhöhe wohl stark untertrieben ist. Keinem Sherpa kann ein westlicher Bergsteiger hinsichtlich Leistungsfähigkeit und Verlässlichkeit je das Wasser reichen.

Je höher wir auf diesem Berg gekommen waren, umso demütiger nahmen wir wahr, was diese Männer für uns zu leisten imstande waren. Uns war es deswegen bewusst, dass das Problem des Wassermangels unseren Sherpas sicher genauso nahe ging wie uns selbst.

Am Ende hatten wir drei je einen Dreiviertel Liter Wasser in der Thermosflasche; für den vielleicht zehnstündigen Aufstieg und den fünf- bis sechsstündigen Abstieg vom Everest-Gipfel war das klar zu wenig.

Gegen 23 Uhr 15 versuchte ich, vor unserem Zelt auf meine eigenen Beine zu kommen und das kostete mich alle Mühe. Es war einfach sinnlos, unter diesen Bedingungen zum großen Finale aufzubrechen.

So viele Menschen vor uns waren dort oben an der letzten Etappe zum Gipfel an Erschöpfung oder Dehydration gescheitert, die Reiseberichte waren voll von diesen Geschichten.

Wie schon erwähnt benötigt mein Organismus wegen des erhöhten Energieaufwands noch einiges mehr an Flüssigkeit, als dies bei meinen Freunden Klemens und Wolfgang der Fall ist.

»Wenn wir jetzt losstarten, dann ist das schlicht fahrlässig«, gab ich meinen Jungs zu bedenken. »Das hieße: bei vollem Bewusstsein ins offene Messer laufen.«

Noch nie zuvor hatte ich beim Bergsteigen so viele Stunden unter voller Anstrengung mit so wenig Wasser geschafft. Und jetzt sollte ich die größte Leistung meines Lebens an den Tag legen. Jetzt sollte ich hinauf auf den Gipfel des Mount Everest steigen, in die trockenste und dünnste Luft der Welt. Dort, wo man im Normalfall deutlich mehr Wasser zuführen muss als sonst wo.

Mir blieben genau fünf Minuten. Die Sherpas standen bereit. Wolfi und Klemens hielten sich bei dieser Entscheidung zurück.

»2014 kamen wir ohne Gipfel heim, der Grund war die tödliche Eislawine. 2015 kamen wir ohne Gipfel heim, der Grund war das schreckliche Erdbeben. Und jetzt, 2017, sollen wir scheitern, weil uns ein oder zwei Liter Wasser fehlen?«

Nein! Nein! Das ging mir nicht in den Kopf.

Niemand hielt mich nun zurück. Keine Regierung aus Nepal, die die Routen blockiert hatte. Keine Regierung aus China, die den Berg gesperrt hatte. Und auch nicht eine spärlich gefüllte Thermoskanne. Im Gegenteil: Alles stand uns offen. Ich war also meine eigene Sperre. Nicht nur für mich, auch für Wolfi und Klemens. Wir hatten vereinbart, immer zusammen zu bleiben – außer im Notfall. Aber hier lag jetzt noch kein Notfall vor.

Mental stand ich jetzt neben mir in einem der Vortragssäle und hörte mich selbst die immergleichen Worte sagen: »Wer sich nicht ins Dunkle wagt, also in die Ungewissheit, der wird nie gewinnen.«

Also sagte ich zu meinen Burschen: »Wenn wir jetzt hinaufgehen, dann steigen wir bewusst ins Unbekannte. Keiner von uns kennt den Ausgang der Geschichte. Keiner von uns kann abschätzen, ob ich es schaffe oder ob ihr es schafft, mit nur 750 Milliliter pro Mann diese Wahnsinnsetappe zu überstehen.«

Wir mussten jetzt erst recht an einem Strang ziehen. Jetzt würde es darauf ankommen, wirklich – bis in die letzte Faser unserer Körper – ehrlich zueinander zu sein.

Es wird ernst

Wir waren uns einig und ich fühlte mich gewappnet für diese Etappe. Unsere Sherpas standen nur wenige Meter neben uns und hatten wahrscheinlich ein schlechtes Gefühl, auch wenn sie uns nicht verstehen konnten. Ich gab Angdorchi unser Okay und dass wir es nun gemeinsam packen wollten. Ich wollte auch unsere Sherpas in guter Stimmung wissen. Ein schlechtes Gewissen wäre jetzt zusätzliches Gepäck beim Aufstieg aufs Dach der Welt. Martin, Anja und auch die anderen waren in der Zwischenzeit längst gestartet; wir waren gegen 23 Uhr 30 Uhr die letzten, die in Richtung Gipfel losmarschierten. Wie so oft bei mir liefen die ersten Schritte sehr zäh. Das Fixseil hing viel zu weit unten. Immer wieder rutschte es an meinem Knie in Richtung Fußgelenk und ich musste es mit meiner Hand nach oben halten. Nach einer Viertelstunde begann mein Motor langsam warmzulaufen. Auch das Terrain bekam mir jetzt etwas besser. Es ging bergan. Immer mehr steilte der Hang auf und es dauerte nicht lange, bis ich sogar die Felsen an meiner linken Seite auf Schulterhöhe vorbeistreifen fühlte. Das Kratzen von Wolfis Steigeisen an den Felsen verriet mir, dass es nun wohl richtig zur Sache ging. Und tatsächlich zeigte das Fixseil jetzt abrupt steil nach links oben, ähnlich einem Klettersteig in mittlerer Schwierigkeit in den Dolomiten.

Wolfi rief mir auch schon von oben zu: »Andy! Jetzt musst du klettern!« Tatsächlich stand ich an einer steil aufgestellten Felsplatte an. Meine Hände und Arme übernahmen jetzt die Navigation. In großen Scheibenwischerbewegungen glitten meine Arme über die Felsstruktur vor mir. Dabei fühlte ich augenblicklich, wo eine kleine Schwachstelle des glatten, nackten Felsen für mich ein Weiterkommen ermöglichte. Mal erfühle ich diese kleinen Einbuchtungen mit meinen Fingern. Manchmal mit dem Ellbogen und manchmal mit der Mitte des Ober- oder Unterarmes.

Und schon zog ich mein linkes Knie an, um die Zacken meines Steigeisens in der kleinen Ritze, etwa achtzig Zentimeter über meinem Standplatz, in den Fels zu drücken. Mit dem Oberkörper machte ich eine dynamische Aufwärtsbewegung und die rechte Hand schob mein Sicherungsgerät am Fixseil nach oben. So konnte ich eine Kletterbewegung an die nächste reihen und es begann, richtig Spaß zu machen. Bald schon waren wir auf andere, vor uns steigende Gipfelaspiranten aus einer anderen Gruppe aufgelaufen. Hier war ich also in meinem Element.

Tatsächlich profitierte ich von dieser technisch anspruchsvolleren Etappe enorm und hatte daher Vorteile gegenüber einem weniger klettererfahrenen Bergsteiger. Es war wohl ähnlich wie beim Skifahren abseits der gewalzten Skipiste. Im Tiefschnee lebt man von der Balance und vom zentralen Stehen überm Ski und nicht von der Muskelkraft, die einen auf den Skiern hält. Wenn jemand dies nicht ausreichend geübt hat, dann wird er nach wenigen hundert Abfahrtsmetern im nicht ganz optimalen Pulverschnee verzweifeln, weil ihm seine Oberschenkelmuskeln den Dienst verweigern. Genauso ermüdend muss es wohl sein, wenn jemand versucht, sich mit vollem Krafteinsatz diese steilen Felsbäuche hochzuziehen.

Ich konnte diese Kletterpassagen ökonomisch und mit Genuss höher steigen, während ich auf meiner linken Seite das Stöhnen eines anderen Kletterers vernahm. Wolfi bestätigte mir, dass wir die Truppe vor uns nun überholt hatten. Knapp zweihundert Höhenmeter zog sich dieser Steilhang, gespickt mit kurzen felsigen Steilstufen und steilen Schneerinnen, hinauf in Richtung Everest-Schulter auf 8500 Metern. Meine Gedanken waren jetzt bei George Mallory und seinem Partner Andrew Irvine, die diese Route während ihres ersten ernsthaften Versuchs, den Everest zu besteigen, im Jahre 1924 eröffnet hatten.

Leider weiß man es bis heute nicht, ob sie damals die Barriere des »Second Steps«, überwinden konnten. Irgendwo in der Gegend, in der wir jetzt aufstiegen, wurden Jahrzehnte später einige Überreste dieser legendären Seilschaft gefunden. Die schmale Schneerinne legte sich immer mehr zurück und das Steigen wurde nun weniger anstrengend für mich.

»Wir sind auf der Everest-Schulter, Andy! Oben am Nordostgrat!«, gab mir Klemens zu verstehen. Zum ersten Mal in dieser Nacht drückte es mir ein paar Tränen heraus. … auf der Everest-Schulter, am Nordostgrat … Wie oft hatte ich davon gelesen. Wie oft hatte ich diese Stelle zu Hause am Wohnzimmertisch an meinem 3-D-Modell des Mount Everest aus Plastik zwischen meinen Fingern ertastet. Wie lange hatte ich mich hier hinaufgewünscht, gedanklich hinaufgebeamt. Und jetzt durfte ich hier sein. Emotional war das ein Hammer für mich.

Dass ich aber nur noch einen Dreiviertelliter Wasser im Rucksack hatte und dass wir womöglich genau deshalb würden umkehren müssen, das kam mir erst wieder in meinen Sinn, als Wolfi zu einer kurzen

Trinkpause vor mir stehen blieb. Ganz wenige Tropfen nur, genug für eine Lippenbefeuchtung, entnahm ich meiner Thermosflasche. Ich wollte in dieser Nacht noch ein Stück höher, ein Stück näher an mein ersehntes Ziel herankommen.

Aber dass ich jemals in meinem Leben eine Seehöhe von über 8500 Metern erklettern konnte, alleine dieser Gedanke stimmte mich glücklich. Und das Feedback, das ich aus meinen Körperteilen, vor allem aus meinen Beinen, bekam, forderte mich zum Weitergehen auf. Es ging mir noch richtig gut hier oben und dies teilte ich auch meinen Jungs immer wieder mit.

Auch meinen Papa hörte ich im Inneresten sagen: »Andy, du bist am richtigen Fleck.« Unsere Stimmung war einfach fantastisch, wir schwangen auf derselben Welle. Wolfgang war es nun wieder, der mir über die nun relativ flache und einfach zu begehende Strecke voranging.

Ich nahm den Untergrund hier als eine mit Schnee bedeckte, steinige Querung wahr, wenige Meter unterhalb des links über mir verlaufenden Grates und unmittelbar oberhalb der Steilabstürze an meiner rechten Seite. Der Schnee unter meinen Füßen erleichterte mir das Fortkommen. Bei jedem Schritt konnte ich den Untergrund so formen, wie es für das Aufsetzen mit den Steigeisen am angenehmsten war. Auf felsigem Untergrund gibt unter den Füßen dagegen gar nichts nach und meine Beine werden durch den Druck meines Körpergewichtes oft in die verschiedensten Richtungen verdreht.

Leider dauerte diese komfortable Fortbewegung auf weichem Schnee nicht sehr lange. Wir querten nun wieder ganz leicht rechts in die Flanke hinein, weil uns der Gratverlauf links einige felsige Barrieren in den Weg stellte. Schon war ich wieder mit harten Stufen aus Stein konfrontiert, gemischt mit weichem Schnee und unvorhersehbaren Löchern. Zeitgleich merkte ich, wie das Gehen mir nun wieder viel mehr Kraft abverlangte.

Erneut musste mir Wolfi die Tritte genau ansagen. Er war hier nun auch sehr gefordert. Es war ja stockdunkle Nacht und so musste er sich zu mir zurückdrehen, um im Schein seiner Stirnlampe sehen zu können, wohin ich als nächstes steigen sollte. Von hinten versuchte mir Klemens ebenfalls, immer wieder exakte Anweisungen zu geben.

Mein mentales Auf und Ab drohte mich ein weiteres Mal aus der Bahn zu werfen. Umso mehr war ich meinen Jungs für ihre Gelassenheit dankbar.

Wir trotteten nun aus der schmalen Querung heraus, weiter hinein in ein etwas größeres Schneefeld mit gutem Trittschnee. Schon lief es wieder besser. »Andy! Wir sind jetzt gleich beim First Step!« überraschte mich Wolfi.

Diese Ansage war für mein inneres Navigationssystem eine enorm wichtige Info. Ich war ja – in meiner subjektiven Wahrnehmung – schon seit einer Stunde nicht mehr vom Fleck gekommen und so nahm mir Wolfis Ansage einmal mehr meinen imaginären »schwarzen Sack« vom Kopf.

Klemens ergänzte die Szene um ein weiteres Detail. »Andy! Und die Stirnlampen der Bergsteiger, die lange vor uns im Camp aufgebrochen waren, die sind jetzt gerade erst am oberen Ende des First Step verschwunden.«

Dies bewies, dass wir, entgegen meiner Wahrnehmung, nicht bloß mit den anderen Everestbergsteigern mithalten konnten – wir waren ihnen sogar näher gekommen. Frisch motiviert stieg ich hinter Wolfi in den ersten Aufschwung des »First Step« ein.

Diese sogenannte Erste Stufe am oberen Nordostgrat des Mount Everest war mir aus vielen Dokumentationen und Erzählungen vertraut. Der »First Step« war für mein Gefühl eine vielleicht dreißig Meter hohe, bei Weitem nicht senkrechte Stufe aus Eis. An meiner linken Seite verlief das Fixseil und nun kam es wieder: Dieses tolle Gefühl des Sichhöherwuchtens. Als ich mich dem oberen Ende der Ersten Stufe näherte, musste ich eine fast waagerechte Rechtsquerung im sehr steilen Eis vollziehen. Spätestens jetzt machte sich bezahlt, dass Wolfi mit mir beim heimatlichen Training immer wieder ins steile Eis gegangen war, um mich auf genau solche Passagen vorzubereiten.

Ich habe in meiner Bergsteigerlaufbahn das eigentliche Eisklettern nie richtig praktiziert. Im Winter ziehe ich das Skitourengehen im tiefen Pulverschnee dem Eisklettern vor. Dies hat jedoch nichts mit meiner Blindheit zu tun. Mein Freund Erik Weihenmayer erzählt mir immer, dass für uns Blinde das richtige Eisklettern noch viel einfacher zu bewerkstelligen sei als das Felsklettern. Im Eis können auch Sehende keine Griffe wahrnehmen. Es liegt im Gefühl des Kletterers, wo genau er sein Eisbeil platziert und in welchem Winkel er sich dann am versenkten Gerät nach oben zieht.

Natürlich ist es klar, dass ein sehender Eiskletterer sich auch an der Farbe und Schattierung des Eises orientiert und erst dann entscheidet, wo genau sein Eisbeil landen soll. Aber im Fels mit tausend Strukturen ist es laut Erik schwieriger, sich zurechtzufinden als in eher flächigen Eisgebilden. Ich hatte dies bei den wenigen Eistouren, die ich während der letzten Jahre mit meinen Freunden gemacht hatte, auch so empfunden.

Mein Puls stieg auch in dieser etwas heiklen Querung nicht sonderlich an. Fast hätte ich es vergessen, dass ich nun schon über 8500 Meter über dem Meeresspiegel hing. Weiter ging unsere Reise nun wieder über dieses bandartige, schneeüberzogene Steiglein, das an seiner linken Seite von einer steil nach oben weisenden Steinmauer und an seiner rechten Seite vom Abgrund der Everest Nordwand gesäumt war. Dieses vielleicht dreißig Zentimeter breite Gesimse ging bald in eine recht ungemütliche, schräg nach rechts unten abfallende Traverse über. Mit dem Gesicht zur Wand und mit den Frontzacken der Steigeisen direkt zum Fels gerichtet, setzte ich nun behutsam einen kleinen Schritt neben den anderen.

Meinen Oberkörper musste ich dabei möglichst gerade halten, weil mich die Felsen über mir immer wieder hinaus in den Abgrund zu drücken drohten. Es war für mich das vertraute Gefühl, das ich vom Felsklettern in meinen Heimatbergen kenne. Da war keine Angst vor dem Abstürzen, keine Panik wegen der unter mir abfallenden Nordwand; ich fühlte mich in dieser Ausgesetztheit wohl. Die Trittleiste, auf der wir uns auf unseren zwölf Zacken unserer Steigeisen behutsam nach rechts hinüber, in Richtung des Gipfels bewegten, war oft nur wenige Zentimeter breit und mit lockerem Gestein gespickt.

Das Fixseil, das mich hier vor einem Absturz in die Nordwand schützen sollte, war tatsächlich eher kosmetischer Natur, wie es mir Dominik im ABC schon prophezeit hatte. Ein paarmal testete ich die Festigkeit dieses Seiles, indem ich es, bei gleichzeitig sehr gutem Stand, etwas nach oben und nach unten bewegte. Es gab in alle Richtungen und ohne Widerstand nach und vermittelte mir alles andere als ein Gefühl von Sicherheit.

Zur besseren Erklärung möchte ich an dieser Stelle festhalten, dass es für das »Fixing-Team«, also für die chinesische Mannschaft, die die Fixseile an der Everest-Nordroute installiert, gerade in dieser schwierigen Querung nicht einfach ist, ein Fixseil stabil zu montieren. Es gibt hier so gut wie keine soliden Felsen oder Ankermöglichkeiten, an denen man einen Felshaken oder andere Befestigungspunkte anbringen könnte. So ein Fixseil ist an die fünfzig Meter lang und so kam es schon mal vor, dass diese Strecke vielleicht nur an einer Stelle, also nach ungefähr 25 Metern, abgefangen wurde. Weil diese Passage über eine sehr lange Strecke horizontal verläuft, bedeutet dies, dass eine Stabilität des Fixseiles einfach nicht zu hundert Prozent gegeben sein kann. Wenn sich ein Kletterer in der Mitte zwischen zwei Fixpunkten, bei 12 oder 13 Metern, mit ganzem Körpergewicht ins Seil werfen würde, dann gäbe das Fixseil nach und dies könnte das Sicherungssystem zum Versagen bringen.

Wie so ein Absturz an dieser Sicherungskette dann tatsächlich ausgehen würde – noch dazu, wenn sich mehrere Bergsteiger gleichzeitig am gleichen Seilstrang befänden – das wage ich mir nicht auszumalen.

Nach einigen Minuten in dieser heiklen Querung meldete mir Wolfgang, dass ich nun besonders aufpassen müsste. Hier galt es nun, sich mit einem gezielten Spreizschritt über eine senkrecht nach unten ziehende Felsrinne hinüberzuwuchten. Genau hier hing ein fremder Bergsteiger vor uns, dem wir aufgelaufen waren, offenbar ein Chinese, wie Klemens mutmaßte. Nun musste ich mich also, zusätzlich zu der Kluft im Felsen, auch noch um diesen Kletterer herumwinden. Anscheinend war der Mann hier mit dem Gelände leicht überfordert. Dass hier nun ausgerechnet ein Blinder an ihm vorbeiwollte, das haben wir ihm nicht unter die Nase gerieben.

Beharrlich zehrte mich dieses hoch konzentrierte Balancieren aus – direkt über dem endlosen Abgrund. Ich registrierte von einer zur nächsten Minute, wie mir die Kräfte schwanden. Sofort setzte ich meine beiden Partner in Kenntnis. Was sollten wir hier jetzt machen? Wir konnten in dieser Position hier nicht einfach stehen bleiben; hier war es schon stehend enorm anstrengend, seine Stabilität aufrechtzuerhalten.

Ich kroch nun viel langsamer, aber stetig hinter Wolfi her. Tief in mir verließ ich mich einfach auf die Philosophie, die sich bei unseren Trainings zu Hause bewährt hatte. Dort hatte ich die Erfahrung gemacht, auch mit einem völlig entkräfteten Körper immer noch mal einen Schlag dazu geben zu können. Das bedeutete, dass ich eben noch nicht am Ende war, obwohl mir mein Körper genau das signalisierte. Diese mentalen Eselsbrücken halfen mir immer wieder über den nächsten Stein hinweg. Aber irgendwann war auch dieses Reservoir verbraucht; es schien für mich schlicht nicht mehr weiterzugehen. Ich war fertig; auch meine Moral drohte mich zu verlassen. Die Verzweiflung klopfte lautstark an. Ich gab das alles ungefiltert an meine beiden Freunde weiter. Dies entlastete mich ein wenig. Nur meinem Körper half das nicht mehr weiter.

»Hier können wir nicht rasten«, sagte Wolfgang bestimmt. Ich riss mir trotzdem den Rucksack vom Rücken, weil ich einfach nicht mehr weiter konnte. Nur einen kleinen Schluck aus der Flasche gönnte ich mir und dann stand ich wieder für die nächsten Schritte dieser elenden Schinderei zur Verfügung.

Plötzlich ging es wieder ganz schnell. »Wir sind nun beim Mushroom-Rock!«, meldete Wolfgang. Der Mushroom-Rock ist ein nach seiner pilzartigen Form benannter Felsblock, direkt hinter der langen Traverse. Noch ein oder zwei Schritte ging ich weiter und schon pfiff mir ein eiskalter, unangenehmer Wind um die Ohren. Diese Steinwand, in der wir jetzt so lange herübergequert waren, hatte uns bis hierhin vor dem Wind geschützt. Hier, beim Mushroom-Rock, hatten wir die rechtsseitige Kante dieses Felsens erreicht.

Klemens und Wolfi hatten nun alle Mühe, mich von hier noch einmal einige Schritte weiterzubewegen. Der Mushroom-Rock hat für die Sherpas strategische Bedeutung: Hier werden die Sauerstoffflaschen noch einmal getauscht. Egal ob die Flasche noch über etwas Inhalt verfügt oder leer ist, hier wird jedem Bergsteiger eine neue, volle Flasche angeschlossen. Weiter oben in Richtung Gipfel wird es offenbar immer schwieriger für einen Flaschenwechsel. Die halb vollen Flaschen werden hier deponiert und beim Abstieg dann wieder verwendet. Unsere drei Sherpas standen jetzt etwa zehn Meter weiter vorne, etwa ein bis zwei Höhenmeter über uns. Es schien mir unmöglich, diese wenigen Meter bis zum Wechseln meiner Sauerstoffflasche jetzt noch zu schaffen. Wieder fingerte ich meine Rucksackschnalle auf und zog meine Teeflasche heraus: Sie war tatsächlich leer! Nun war für mich alles zu Ende. Es war vielleicht 3 Uhr in der Nacht und der Gipfel war in unendliche Ferne gerückt. Ich wollte nur noch diese zehn Meter zu unseren Sherpas schaffen und dann meinen Rückzug verkünden.

Mein Gefühl in diesem Moment war eindeutig: »Andy, wenn du einer von denen sein willst, die vom Everest nicht mehr heimgekommen sind, einer von denen, die heute, nach Jahren ihres Versuches immer noch als stumme Materie hier oben am Wegesrand sitzen, dann brauchst du nur stur weiter nach oben zu steigen. Es wird nicht mehr lange dauern und du wirst nichts mehr spüren.«

Mitten in meinen Gedanken hörte ich die Stimme von Wolfgang. »Andy! Du musst hier heraufsteigen!« Hart, aber ehrlich kommandierte mich Wolfgang zurück in die Realität.

Eigenartig kam mir vor, dass weder meine beiden Freunde noch einer der Sherpas besondere Notiz von meinem Schwächeanfall nahmen. Dies legte die Vermutung nahe, dass ich von außen immer noch besser aussah, als ich mich innen fühlte. Ich verließ mich auch ein wenig auf die Erfahrung der Sherpas. Sie würden doch nicht tatenlos dabei zuschauen, wie ich hier vor ihnen zusammenbrach?

Wahrscheinlich hatten unsere Helfer solche Zustände bei ihren Kunden schon oft beobachtet und beurteilten meinen Zustand dementsprechend als nicht besonders dramatisch.

»Fühle ich mich jetzt schwächer, als ich tatsächlich bin? Bin ich einfach zu weich zu mir selbst?« Solche Fragen schwirrten mir durch den Kopf, während jemand hinter mir stand und meine Sauerstoffflasche wechselte. »Andy! For you a new bottle to climb to the top!«, hörte ich eine der vertrauten Sherpastimmen zu mir sagen.

Auch Klemens und Wolfgang taten so, als sei alles perfekt für einen weiteren Aufstieg zum Gipfel.

Nahm denn niemand Notiz von meinem Zustand? »Männer!«, platzte es aus mir heraus. »Für mich ist es jetzt wohl vorbei. Ich sehe nicht den Funken einer Chance, jetzt noch weiter nach oben zu steigen. Ich habe jetzt vielleicht 8600 Meter erreicht – mehr geht nicht. Wir müssen doch die ganze Querung beim Abstieg auch noch mal unfallfrei schaffen. Ich bin fertig. Wir haben nichts mehr zu trinken und mindestens vier weitere Stunden bräuchten wir bis zum Gipfel. Und dann noch der ewige Abstieg. Wie soll das gehen? Ich möchte nicht einer von den Menschen sein, die hier oben an der Route hocken und seit Jahren festfrieren. Das hier ist eine Sackgasse.«

Meine Worte verhallten erst mal im Wind. Wolfi und Klemens sagten gar nichts. Heute weiß ich: Hätte einer meiner beiden Burschen auch nur einen halben Satz von sich gegeben, eine Bestätigung wie vielleicht »Okay Andy, dann müssen wir eben umkehren«, dann wären wir auch umgekehrt.

Heute weiß ich auch, dass in 99 Prozent der Fälle, die so gelagert sind wie der, den ich hier beschreibe, die richtige Lösung eine kontrollierte, gemeinsame Umkehr gewesen wäre. Aber in einem Prozent der Fälle wäre dies falsch gewesen.

Ich werde bis zum Ende meiner Tage meinen Freunden Wolfgang und Klemens dankbar sein, dass sie mit dieser unfassbaren Empathie in mich hineinschauen und abschätzen konnten, dass ein weiterer Aufstieg eben doch positiv für uns alle ausgehen könnte. Sie haben die Entscheidung auf rein intuitiver Ebene gefällt.

Unsere Sherpas hatten sich offenbar wieder zurückgezogen und auf der Handlungsbühne standen wieder nur wir drei. Ich versuchte, mein tief in mir aufkommendes, todesangstähnliches Gefühl immer wieder mit meinen Burschen zu verarbeiten.

Klemens übernahm jetzt meine Führung. Ich schilderte meine Befürchtung, dass wir nun offenen Auges dem Everest in die Falle gehen würden. Klemens ließ das Gespräch nicht abreißen. Das Besondere war in diesen Minuten aber seine Strategie: Er ließ sich von mir nie in einen Stillstand unseres Vorankommens bringen. Immer wieder machte er ganz winzig kleine Schritte. So war ich gezwungen, ihm immer wieder, Zentimeter für Zentimeter, zu folgen, um seine Antworten auch hören zu können.

Zwischendurch kam dann immer wieder mal seine Anweisung: »Andy! Jetzt machst ein kleines Schritterl nach links unten.« Und schon hatte er mit mir wieder vielleicht zwei oder drei Meter des Weges in Richtung zum Gipfel bewältigt.

Jetzt vermisste ich die innere Stimme meines Vaters. Ich war mir unsicher: Wozu hätte er mir geraten, zur Umkehr oder zum Aufstieg? Nur das eine, das ich von meinem Vater gelernt hatte, schoss mir in den Kopf:»Andy, wenn du dich wirklich bemühst, dann wird der Lohn auf den Fuß folgen.«

Der eiskalte Wind hatte sich gelegt, seit wir die zugige Ecke beim Mushroom-Rock verlassen hatten; mir war nun nicht mehr so kalt. Aber im Grunde war mir in diesem Moment auch völlig gleichgültig, was genau auf den nächsten Metern auf uns zukam oder wie weit es noch bis zum»Second Step« war.

Genau genommen hatte ich mich innerlich schon aus dem Rennen genommen; es ging für mich jetzt nur noch um eine vernünftige Aufrechterhaltung meiner Vitalfunktionen, damit einem geordneten Rückzug nichts im Wege stand. Wieder hörte ich Klemens' Stimme, die mir zu beschreiben versuchte, dass da vorne irgendwo die Stirnlampen der vor uns steigenden Leute zu sehen seien.

Für mich war dies irreal. Wir hatten uns – nach meinem Empfinden – schon eine halbe Ewigkeit auf ein und demselben Flecken aufgehalten. Während dieser wertvollen Zeit waren doch die anderen Everestanwärter lange schon auf und davon, so kalkulierte ich.

Was Klemens da vorne gesehen haben wollte, fragte ich jetzt Wolfi, der geduldig etwa einen Meter hinter mir auf mein nächstes Schrittchen wartete.»Andy!«, meinte Wolfgang,»die Stirnlampen der Bergsteiger, die lange vor uns im Camp 3 gestartet sind, die stehen vor uns am Second Step.«

»Wie viele hundert Meter ist denn dieser Second Step von uns weg?«, wollte ich wissen. Als Klemens vor mir etwas von dreißig Metern sagte, glaubte ich es wieder nicht. Ich bekam nun in der Darmgegend das Bedürfnis, mich entleeren zu müssen. Auch für diesen Fall hatten wir alle drei gut vorgesorgt. Unsere Spezial-Daunenanzüge hatten einen doppelt laufenden, mit vier Zips ausgestatteten, großen Reißverschluss, der sich in einem Zug weit öffnen ließ.

So konnte man zum Verrichten seiner Notdurft ohne viel Aufwand eine relativ große Öffnung an der richtigen Stelle im Daunenanzug nach hinten aufklappen. Klemens zog seine Taktik des ganz langsamen Weitersteigens immer noch beharrlich durch und ich folgte ihm Zentimeter für Zentimeter. Ich konnte nun eine Einengung des Pfades spüren. Während der letzten zwanzig Minuten fühlte ich mich auf einem relativ breiten Blockfeld herumstolpern und es gab laut meinem Gefühl gar keine Gefahr, in irgendeine Richtung abzustürzen.

Jetzt wurde es zu meiner Rechten wieder abschüssig und zu meiner Linken leitete eine brüstungsartige, vielleicht zwei Meter hohe, senkrechte Steinwand den nun wieder sehr schmalen Pfad in einen leichten Rechtsbogen.

»Andy! Hier geht es nicht mit dem Entleeren!«, sagte Klemens bestimmt, als wir in dieses schmalere Wegstück gekommen waren. Für mich war seine Aussage nicht wirklich wichtig. Ich wusste einfach, dass mein Darm entscheiden würde, ob es ging oder nicht. Alleine diese Freiheit, die ich mir in dieser Kleinigkeit gegeben hatte, entspannte für mich die Situation und der Drang zum Entleeren bildete sich wieder zurück. Vielleicht fünf Meter weiter stieg in mir plötzlich das Gefühl auf, mich erbrechen zu müssen. Dieses wellenartige Auftauchen meiner Körperfunktionen erinnerte mich an die simple Tatsache, dass ich offensichtlich noch am Leben war. Auch sonst gerate ich während extremer Bergsituationen in Stress, wenn sich die allzu menschlichen Bedürfnisse melden. Man möchte ja das Team nicht noch zusätzlich aufhalten und genauso wenig Schmutz hinterlassen und Unannehmlichkeiten für seine Partner provozieren.

Aber hier oben – laut Klemens waren wir noch fünf Meter vom »Second Step« entfernt – da war mir das auf einmal komplett egal. Ich beugte mich nach rechts unten, vom Hang weg. Wolfi meinte noch, dass es hier nicht ideal sei, als ich schon die Sauerstoffmaske vom Gesicht gerissen hatte und mein Mageninhalt im Schwall den Körper verließ. Ich beugte mich nach vorne in die Knie, um auf den nächsten Würgereflex vorbereitet zu sein.

Jetzt wurde es still bei meinen beiden Freunden. Ich glaube, spätestens zu diesem Zeitpunkt konnten sie meinen Zustand nun selbst nicht mehr recht einschätzen. Noch zwei- oder dreimal hatte es mich so richtig durchgebeutelt, dann war auch der letzte Saft aus mir herausgepresst.

Deutlich konnte ich eine gewisse Erleichterung spüren. Und da war sie nun endlich wieder: Meine Verantwortung gegenüber meinen beiden Freunden Wolfgang und Klemens meldete sich zurück. Seit gefühlten Stunden hatte ich diese nicht mehr spüren können. Zu arg hatte mich der Aufstieg mitgenommen, als dass ich dieser Verantwortung hätte nachkommen können.

»Männer! Kein Grund zur Panik! Jetzt bin ich wieder ein Mensch!« Und genau jetzt drehte sich unser extrem sensibles Gebilde von gegenseitigem Einfühlen. Ich wusste genau, dass ich jetzt mal dran war, meine beiden Burschen etwas zu führen.

Natürlich nicht Führen im Sinne von »auf dem Weg führen«. Ich meine damit, dass ich jetzt derjenige war, der am besten wusste, was bei mir los war. Anscheinend waren es kurz zuvor noch Klemens und Wolfi, die meinen Zustand von außen her offenbar richtig beurteilt hatten und ihr Verhalten danach abgestimmt hatten. Dieses Erbrechen schenkte mir wirklich eine Erleichterung und gab mir mehr Spielraum in meinem Denken.

Ich hatte selbst bei den stärksten Sherpas beobachtet, wie sie sich bei enormer Anstrengung in großen Höhen übergaben, um danach gleich wieder weiterzusteigen. Mingma, Daniels zugewiesener Sherpa, musste sich schon gleich nach dem Crampon Point auf vielleicht 6700 Meter Meereshöhe direkt neben uns lautstark seines Mageninhaltes entledigen. Mingma trank darauf hin einen kräftigen Schluck aus seiner Thermosflasche und schulterte seine überdimensionale Last, um an uns vorbeizusteigen. Ich habe keine Ahnung, was das zu bedeuten hatte. Aber weder bei Mingma noch bei mir hatte dieser Vorgang irgendwelche negativen Folgen, im Gegenteil.

Auch Klemens und Wolfi trauten meiner nun wieder positiven Haltung und gemeinsam torkelten wir wieder zwei, drei Meter weiter.

Es muss irgendwann gegen halb fünf am Morgen des 21. Mai 2017 gewesen sein. Es war eben jener magische Moment, wo es sich wendet und der eine Prozentpunkt sich als stark genug erweist. Dieses Hundertstel war bis hierhin nur der Hauch einer Chance – und jetzt entpuppte sich dieser schmale Grat, der zwischen dem Scheitern und Gewinnen liegt, als konkret und trittsicher. Wenn du dieses letzte

Türchen zu früh zuschließt, dann sind es eben die anderen 99 Prozent, die Recht behalten und dein Scheitern besiegeln.

»Andy!«, rief mir Klemens zu, »gib mir mal deine Hand!« Ich streckte ihm meinen linken Arm hinüber und rechnete mit einer komplizierteren Stelle, an der er vielleicht für mich jetzt das Sicherungsseil umhängen müsste.

Nein, getäuscht!

Klemens führte die Finger meiner linken Hand direkt auf die Aluminiumsprosse – die unterste Sprosse der berühmten »Chinesenleiter« am »Second Step«– und gab mir damit den Schlüssel für meinen endgültigen Erfolg am Everest in die Hand. Obwohl meine Finger in Fausthandschuhe verpackt waren, konnte ich deutlich die gerippte Struktur der Trittfläche ertasten.

Es ist schwer zu beschreiben, was diese Berührung in mir auslöste – ein Glücksgewitter, ein Erschaudern und Staunen: Hier waren wir also, am legendären »Second Step«, und diese metallene Sprosse war der handfeste Beweis!

Ich vermag nicht zu sagen, seit wie vielen Jahren mir diese berühmte Chinesenleiter an der Nordroute des Mount Everest im Kopf herumgeistert ist. Als ich noch ein Junge war, hatten mir meine Eltern aus den alten Everest-Büchern davon vorgelesen. Eine Dokumentation über Mallorys und Irvines frühen Versuch im Jahre 1924 flimmerte damals über die schwarz-weiße Mattscheibe unseres Fernsehers. Weil ich das Ganze als Hörspiel aufnahm, erregte es in mir umso mehr die wildesten Fantasien über diese unfassbar ausgesetzte Stelle – so hoch oben, am Rand der Stratosphäre, auf 8610 Metern.

Ich höre es noch heute, dieses metallene Klirren von alten Karabinern im Sturm an dieser Aluleiter, kommentiert von der ehrfürchtigen Stimme des Moderators und dem begeisterten Staunen meiner Eltern – das alles verband sich in mir zu einem Mythos.

Und genau jetzt, in diesem Moment, hatte Klemens meine Hand an diese Leiter geführt. Es ging kein Windhauch. Alles war still, niemand war hier außer uns dreien. Vor genau dieser Stelle hatten wir schon während der Vorbereitungen tiefsten Respekt. Die Leiter am »Second Step« markiert eine Engstelle an der Nordroute.

Hier kann man an keinem anderen Bergsteiger vorbeiklettern. Es ist ein Nadelöhr und damit eine natürliche Staustufe. Genau an dieser Stelle haben sich in der Vergangenheit Tragödien abgespielt. Menschen standen zu lange untätig wartend herum und kamen an den Rand ihrer thermischen Möglichkeiten. Während die einen also noch im Aufstieg geduldig warteten, versuchten andere, mit letzter Kraft diese Schlüsselstelle der gesamten Route zu meistern. Wieder andere blieben auf halber Höhe der Leiter wie angewurzelt stehen, unfähig, auch nur einen Schritt nach oben oder unten zu machen: Ein Punkt der nackten Verzweiflung.

Genau genommen reden wir von drei Leitern, die hier oben in einer um die Ecke abgesetzten Linie aneinandergereiht sind. Die ersten beiden Leiterstücke sind sehr kurz. Man muss sich dabei über eine ausgesetzte Querung nach rechts zur nächsten, mit unzähligen Reepschnüren am Fels befestigten Leiter bewegen. Erst das dritte Leiterstück führt dann geradlinig noch einmal 15 Meter senkrecht in den Himmel.

Besonders kompliziert gestaltete sich das Höhersteigen mit den Steigeisen an den Füßen: Es gab schlicht zu wenig Platz für die zwölf Zacken der klobigen, eisernen Steighilfen, denn über die gesamte Strecke sind die Sprossenzwischenräume verwoben mit einem Spinnennetz aus Reepschnüren, die die altehrwürdige Leiter mit dem Fels verbinden soll.

Über die Jahre haben Sherpas immer wieder versucht, diese drei Leitern am Fels zu fixieren und dabei unzählige Meter Seil verknotet. Trotz dieser Maßnahmen fühlten sich die Aluminiumleitern für mich alles andre als »fix« an. Zum Glück bereitete mir das Durchsteigen dieser wackeligen Konstruktion keine Probleme. Ganz im Gegenteil. Ich war plötzlich neugierig wie ein Kind, das auf einen fremden Dachboden steigt. Ich wollte einfach hinauf und erfahren, was da oben ist. Dieser Antrieb war wohl mein Schlüssel für den Gipfel. Und mein Körper hatte wieder einmal genügend Reserven für den Einstieg ins Unbekannte bereitgehalten. Genau deshalb hatte er wohl in den Stunden zuvor auf diesen krassen Sparmodus umgeschaltet und keinen Funken mehr Energie freigegeben als irgendwie nötig.

Wolfi und Klemens hatten meine gefühlte Schwächephase nicht als solche bewertet und vertrauten voll auf meine Fähigkeiten. All diese Faktoren waren unabdingbar, um jetzt ins Unbekannte vorzustoßen. Ich meine damit auch das Unbekannte in meinem eigenen Körper. Nicht mal ich selbst hatte ihn bis zu diesem 21. Mai 2017 so gut erforscht, als dass ich die Situation richtig hätte einschätzen können. Ich rede von diesem einhundertsten Prozentpunkt. Jenem kleinen Punkt, der für Menschen oft bis zum Ende im Verborgenen bleibt. Und genau dort, in dieser Ungewissheit, da liegt doch der Schlüssel zum Erfolg, oder nicht?

Wolfi, der unmittelbar hinter mir die Leiter hochgestiegen kam, war beeindruckt, wie gut ich den Kampf zwischen den Frontzacken meiner Steigeisen und dem Gewirr aus Fixseilen erledigt hatte. Ich war in einer neuen Phase meines Körpergefühls angekommen. Es machte mir direkt Spaß, mein Feingefühl selbst in dieser unbarmherzigen Seehöhe noch spielen zu lassen. Für den gesamten Durchstieg der vielleicht dreißig Höhenmeter hatten wir nur wenige Minuten gebraucht. Klemens, der diesen Aufstieg filmte, bat mich sogar, das Ganze zu verlangsamen.

Eine heikle Kletterstelle erwartete mich dann ganz oben, am Kopf der langen Leiter. Hier galt es nun, sich mit einem entschlossenen Kletterzug von der sicheren Leiter nach rechts oben in glattes, steiles Felsgelände zu verabschieden, um sich mit einigen kräftigen Zügen am Fixseil noch mal zwei, drei Meter weiter nach oben ins flache und sichere Gelände zu retten. Diese wenigen Meter verlangten mir einiges ab. Vor 25 Minuten noch, als ich wenige Meter vor der ersten Leiter mit meiner Magenfüllung kämpfte, wäre ich wahrscheinlich wegen solch einer Kraftanforderung kollabiert. Und plötzlich war so eine Aktion für mich wieder im Rahmen meiner Möglichkeiten. Ich begann erstmals, diesen Morgen als etwas wirklich Außergewöhnliches zu genießen und ich teilte diese unbändige Freude mit meinen Jungs.

Auch mein Papa war wieder dabei. Leicht nach links vorne versetzt nahm ich ihn wahr. Diesmal war er nicht hektisch. Er wirkte so, wie ich ihn aus meiner Bubenzeit in Erinnerung hatte, immer dann, wenn ich etwas gut oder richtig gemacht hatte. Wenn ich einen Fehler ausbessern konnte oder es einen Fortschritt bei mir zu verzeichnen gab.

Dann war mein Vater stolz auf mich. Und das konnte ich spüren.

Oberhalb der Leiter verflachte die Route und die mit feinstem Trittschnee überzogene Aufstiegsspur, frei von Stolpersteinen und lästigen Löchern, bereitete mir Freude beim Weitersteigen. Das Fixseil lag nun wieder an meiner linken Körperseite und das Gelände erschien mir jetzt aufgeräumt und unkompliziert.

Irgendwo zu meiner Linken, vielleicht ein Stückchen höher, musste jetzt die Gratkante verlaufen. Zu meiner Rechten fühlte ich den Schneehang sanft abfallen. Für mich gab es jetzt volle Entspannung. Hier gab es keine Gefahr, abzustürzen, so glaubte ich zumindest. Wolfi, der jetzt wieder vor mir ging, machte zum Gelände außerhalb meiner Spur keine Angaben. Erst zu Hause erzählte er mir, dass es zu unserer Rechten sehr wohl einen tiefen Abgrund gegeben hatte.

Dies tat zu diesem Zeitpunkt jedoch nichts zur Sache. Diese Gefahrenzone begann erst einige Meter entfernt vom Fixseil – wohin ich niemals gelaufen wäre. Solche Details sind sehr wichtig in unserem Zusammenspiel. Manchmal fürchte ich mich vor Abgründen, die gar nicht da sind, während ich mich, unmittelbar über einem tiefen Nichts balancierend, immer noch recht wohlfühlen kann.

Das hat mit meiner inneren Vorstellung zu tun. Wenn ich zum Beispiel eine Abbruchkante mit all meinen Sinnen genau orten kann, dann vermittelt mir meine Wahrnehmungszentrale, dass ich Herr der Lage bin. Wird von solchen Gefahrenlinien jedoch nur vage gesprochen, dann stellt sich in meiner Wahrnehmung ein diffuses Bild der Lage ein, was bei mir zu einer gewissen Unsicherheit führt.

So lief ich also seit vielleicht 15 Minuten hinter Wolfi her, als der sich lautstark aufregte: »Was ist denn mit dem da los? Was muss der sich jetzt genau hier niedersetzen?«

Wolfis Unmutsäußerungen galten einem Bergsteiger, der das Tempo anscheinend nicht mehr halten konnte und sich unmittelbar vor uns zur Rast auf den Boden gesetzt hatte. Für mich war dies nun alles ein wenig verwirrend. Welcher Bergsteiger sollte uns hier oben heute stören? Meine Schwächephase vor einer Stunde, dort unten zwischen Mushroom-Rock und der Aluminiumleiter, war für mich weder zeitlich noch räumlich einzuordnen. Nach meinem Empfinden hatte diese Phase viele Stunden lang gedauert; ich konnte mir deswegen schlicht nicht vorstellen, dass hier oben überhaupt noch irgendein anderer Bergsteiger unterwegs war außer uns dreien. Waren die anderen nicht alle schon weit voraus, auf dem Weg zum Gipfel? In Wahrheit hatte uns meine kleine Krise etwa zwanzig oder dreißig Minuten gekostet. Klemens und Wolfi hatten währenddessen die Stirnlichter der anderen Gipfelgänger im Auge behalten. Die mit Dutzenden Seilen verspannte, wackelige Leiter am Second Step hatte andere Bergsteiger offenbar in größere Schwierigkeiten gebracht als unser Team. So hatten wir die verlorene Zeit schon alleine am Second Step wieder aufgeholt.

Der fremde Bergsteiger, der nun vor Wolfgang am Boden saß, war derselbe, den wir gegen halb drei Uhr morgens, kurz vor meiner schwachen Phase, in der langen Querung zum Mushroom-Rock überholt hatten. Auch Klemens begann nun, sich lautstark über diesen Kletterer aufzuregen. Gott sei Dank trugen wir alle diese dicken Sauerstoffmasken, so dass das Geschimpfe meiner beiden Freunde bereits im Rohrsystem der Atemmasken verhallte. Währenddessen umrundeten wir den armen Mann ein zweites Mal ohne Komplikationen und konnten unseren Weg nach oben in rhythmischen Schritten fortsetzen.

Noch immer kam mir das Gelände sehr entgegen: Keine Stolperfallen, keine Löcher oder Seile zum Drübersteigen. Alles war wie für den *blind climber* angerichtet. Wenn jetzt der Eindruck entsteht, ich wäre mir in diesem Moment meiner Sache schon sicher gewesen und hätte den Gipfel bereits in der Tasche geglaubt, dann täuscht das gewaltig. Meine Grenzerfahrungen in dieser Nacht hatten mich demütig gestimmt. Und ich wusste um die leere Thermosflasche in meinem Rucksack. Meine innere Stimme wiederholte den immer selben Satz: »Andy, jeder Schritt, der dir gelingt, ist nicht zu wiederholen. Jeder Schritt bringt dich ein kleines Stück nach zu Hause.« Ich machte mir nicht einmal Gedanken über all die anderen Bergsteiger auf unserer Route. Wir waren die letzten, die gestern Abend aus dem Lager 3 gestartet waren. Oberhalb von Camp 3 hatten wir in den steilen Felsen eine kleine Gruppe überholt, sonst hatten wir noch niemanden getroffen. »Also gerade überlaufen ist diese Route wahrlich nicht«, bemerkte Klemens hinter mir.

Was war nun plötzlich mit meiner linken Körperhälfte los? Ich fühlte eine seltsame Erwärmung. Dagegen war meine rechte Seite kalt wie die Nacht. Selbst in meinen Handschuhen bemerkte ich diesen krassen Gegensatz. Ich fuhr mir mit der linken Hand über meine unbedeckte Wange, alles fühlte sich fein an. Als ich jedoch die rechte Hand über die andere Seite meines Gesichts gleiten ließ, konnte ich die Eiskristalle der gefrorenen Körperabwärme durch die Handschuhe deutlich spüren.

»Was ist da links drüben los?«, fragte ich meine Jungs.

»Andy! Die Sonne geht auf!«, war die begeisterte Antwort.

Dieser Sonnenaufgang, hier oben auf 8700 Metern, war für mich ein weiterer, magischer Moment unseres Aufstiegs. Noch nie in meinem Leben konnte ich die klare Linie zwischen Tag und Nacht, zwischen Licht und Schatten so plastisch spüren wie hier, auf dem Nordgrat des Mount Everest. Die wärmenden, noch zaghaften Strahlen der Sonne fühlte ich zuerst weit unten am Körper, im Bereich meines linken Knies. Die Sonne strahlte also von schräg unten!

Mir war, als würden wir uns Schritt für Schritt von der Erde entfernen, nach oben in die lebensfeindliche Stratosphäre. Und mitten durch mich verlief dieser Grat: Auf meiner rechten Hemisphäre war es eiskalt, nachtschwarz und lebensfeindlich, während die linke Hälfte in lebensspendende, wärmende Infrarotstrahlung getaucht war, eine Einladung zum Hinaufsteigen. Mir war, als würde ich auf einem schmalen Grat laufen, dem zwischen Leben und Tod.

Mein ganzes Leben schon war ich doch auf dieser schmalen Grenzlinie unterwegs, auf der Kante zwischen Sinn und Sinnlosigkeit, zwischen Aufgeben und Weitermachen. Diese Linie war mir von Kindesbeinen an vertraut.

Ich bin doch der geborene Grenzgänger. Immer wieder wage ich mich in die Dunkelheit, die Ungewissheit hinaus und vertraue jedes Mal aufs Neue auf das Licht, die Gewissheit. Und jetzt durfte ich, mit allen Sinnen empfindend und gemeinsam mit Wolfi und Klemens, auf diesem Grat dem First unserer Mutter Erde entgegensteigen.

Alle Schwächen blieben zurück, alle Zweifel waren pulverisiert in diesem Moment. Ich war unsagbar glücklich. »Den Mutigen gehört die

Welt – Die Zauderer sind das Futter des Zweifels«, so ging es mir durch den Kopf.

Aber wo waren wir jetzt tatsächlich, auf unserem Weg nach oben? Hatten wir eine reelle Chance, es bis ganz nach oben zu schaffen – oder stagnierten wir irgendwo und ich machte mir falsche Hoffnungen?

In Erwartung auf eine ernüchternde Antwort fragte ich Wolfgang, was er denn vor sich sehen konnte.

»Andy, wir sind vielleicht hundert Meter vor dem Third Step.«

»Hundert Meter? Abstands- und nicht Höhenmeter?«

»Ja. Es sind vielleicht noch hundert Laufmeter und dann steilt der Third Step auf. Der schaut aber nicht schwierig aus«, beschwichtigte mich mein Freund.

Hundert Meter! – mein kleines Jungenherz machte einen Freudensprung! Der Third Step liegt auf knapp über 8700 Metern – bis zum Gipfel fehlten also immer noch 150 Höhenmeter. Ich versuchte mich zu beruhigen. Wie lange waren wir unterwegs und wie viel Zeit blieb uns noch?

»Klemens! Wie spät haben wir es? Es wird wohl so gegen 11 oder 11 Uhr 30 sein, oder?«, fragte ich Klemens.

Klemens antwortete mir mit einem hörbaren Lächeln in der Stimme. »Nein Andy, du liegst völlig falsch. Wir haben es nun 5 Uhr 30 am Morgen.«

Meine innere Uhr ging tatsächlich nach dem Mond.

Halb sechs! Das bedeutete, wir waren seit unserem Aufbruch im Camp 3 gerade erst sechs Stunden auf den Beinen und standen schon jetzt kurz vor der dritten Stufe …

Ja, was sollten wir denn jetzt noch versäumen? Die Sonne war aufgegangen, laut meiner Freunde stand keine Wolke am Himmel und es war kein Windhauch zu spüren. Nach wenigen Minuten schlug Wolfgang vor, hier beim »Third Step« noch eine Pause zu machen. Ich fingerte noch einen Energieriegel aus der Tasche meines Daunenanzugs und lutschte den kleinen Kraftspender, als hätte er mir irgendwas an Flüssigkeit zu bieten.

Jetzt spürte ich auch unsere drei Sherpas wieder. Wie unsere Schatten waren sie uns während des gesamten Aufstieges gefolgt. Nicht einmal hatten sie in unser System eingegriffen; offenbar waren sie zufrieden mit unserem Vorankommen. Ich hätte mir meinen Aufstieg zum Dach der Welt nicht schöner erträumen können.

Es gab wirklich nur den Berg, meine Freunde und meine Schwierigkeiten. Da war niemand, der uns aufhielt, niemand, der uns drängte. Wir stiegen einfach, wie daheim in unseren einsamen Bergen, zu dritt unserem Gipfel entgegen. Heute ist mir bewusst, dass wir besonderes Glück hatten an diesem Tag.

Es gibt auf dem Weg zum Gipfel auch ganz andere Tage; solche, an denen die Bergsteiger im Sturm auf 8600 Metern im Stau am »Second Step« warten und dort halb erfrieren. Speziell an der Südroute kommt es vor, dass sich an den aufgrund des Wetters nur ganz wenigen Gipfeltagen eine regelrechte Menschenkette den Berg hinaufwälzt.

Als nächstes galt es nun, die dritte Stufe zu überwinden. Der »Third Step« ist eine etwa 15 Meter hohe Felsenstufe, die leicht geneigt nach oben führt. Wolfi stieg direkt vor mir ein in dieses massive Bollwerk. Hier galt es nun, sich mittels Stemmtechnik die kaminartige, schräge Verschneidung nach oben zu arbeiten. Meine Seilklemme schob ich zur Sicherung Schritt für Schritt mit mir höher und es war ein Genuss, mit dieser mir wie auf dem Leib geschneiderten Klettertechnik nach oben zu steigen.

Die Temperatur war mittlerweile so mild, dass ich nur dünne Überhandschuhe an meinen Fingern trug. Dies ermöglichte mir eine fast optimale Tastfähigkeit. Nach wenigen Minuten hatten wir auch den Third Step bewältigt. Von hier aus mussten wir eine kurze, unangenehme Querung über ein kleines Blockfeld und eine anschließende ausgesetzte Querung über dem Abgrund bewältigen. Diese Querung ähnelte der, die uns zum Mushroom-Rock geleitet hatte.

Und nun stiegen wir ein ins Gipfelfirntrapez, das auch schon vom ABC aus zu sehen gewesen war.

Sabine war jetzt wieder präsent in meinen Gedanken. Zu Hause in Tristach musste es jetzt etwa 1 Uhr 30 sein. *Heute Nacht ist sie wohl bei mir, heute Nacht wird sie wohl nicht schlafen gegangen sein*, so fühlte ich in diesem Moment. Zum ersten Mal spürte ich, dass wir es tatsächlich schaffen können. Allein der Gedanke daran, was dieser Schritt für Sabine bedeuten würde, überwältigte mich.

Meine Sabine stand wohl sicher schon mehr als einmal mit Blick auf mich an ihrer ganz persönlichen Schwelle der Sinnlosigkeit. Doch immer wieder hat sie sich davon frei gemacht und versucht, den Sinn zu erkennen. Wenn ihr blinder Ehemann in die schwierigsten Felswände der Dolomiten einsteigen will, wenn er mit seinen Skiern die steilen Rinnen zwischen den Abgründen abfahren und dann auch noch die höchsten Berge der Erde besteigen muss.

Wenn es dann mal schiefging und sie mich im Krankenhaus besuchen oder gar hinaus auf den Friedhof begleiten musste, dann ist es keine Frage, dass selbst sie an ihr Limit gerät. Aber meine Sabine steigt insgeheim mit mir hinauf. Sie vermittelt mir immer wieder, dass ihr meine Erfolge sehr viel bedeuten. Genauso leidet sie auch enorm unter meinen Rückschlägen. Wir sind einfach ein ganz starkes Basisteam. Und jetzt war ich so nahe dran, für Sabine und mich diesen Gipfelerfolg mit nach Hause zu nehmen.

»Andy!«, riss mich Wolfi aus meiner Gedankenwelt. »Andy! Jetzt kommt eine sehr schmale Querung.« Wir schlichen, ähnlich wie auf einem Fenstersims, einige Meter über eine vielleicht 25 Zentimeter schmale Schneebahn, über einen Abgrund hinüber. Bergseitig stieg das Gelände fast senkrecht an. Und zur andern Seite klaffte die Leere nach unten.

Hier gab es einen Knackpunkt: Es galt, eine vielleicht achtzig Zentimeter lange Unterbrechungsstelle dieses Gesimses zu übergrätschen. Weil ich die genaue Trittkante an der gegenüberliegenden Seite dieser Unterbrechung ja nicht sehen konnte, bedeutete dieser Schritt eine nicht unerhebliche Schwierigkeit für mich. Hier war kein Platz für irgendwelche Versuche, der erste Tritt musste passen. Ich fragte Wolfi, ob ich nicht einen Zwischenschritt hinunter in die Unterbrechung machen dürfe.

»Nein! Auf keinen Fall!«, erwiderte mir Wolfgang.

Er wollte vermeiden, dass ich einen kraftraubenden, tiefen Schritt in dieses nicht einsehbare Loch wagte. Es war einfach nicht einzuschätzen, ob der Schnee dort mich halten würde.

Andererseits war meine Balance hier zu unsicher, um mich gemäß Wolfis Anweisungen mit einem langen Schritt über diese ungute Stelle zu schwindeln. Ich tat also einen vielleicht fünfzig Zentimeter tiefen

Schritt und landete mit meinem Fuß in einem wunderbar weichen Schneebett. Den nächsten Fuß setzte ich nun, Wolfis Ansage folgend, exakt auf die Kante des nun wieder verlässlichen Schneesimses. Geschafft!

Das Gelände wurde immer steiler und der schmale Schneepfad ging nun in ein sehr gut gangbares Firnfeld über. Die Steilheit und der Schneeuntergrund gaben mir die Möglichkeit, mich frei und ohne Fremdnavigation stetig höher drücken zu können.

Ich spürte jetzt eine tiefe Gelassenheit. Meine Intuition sagte mir einfach, dass der Gipfel uns von hier ab nicht mehr zu nehmen war.

Aus meiner heutigen Perspektive war dies natürlich ein hochmütiger Gedanke. In der Gipfelregion des Mount Everest möchte jeder einzelne Höhenmeter ehrlich erkämpft werden. Dort oben haben sich im Laufe der Jahre auf fast jedem Höhenmeter Dramen zwischen Mensch und Berg abgespielt. Man hat den Berg dort in diesen unmenschlichen Höhen nie im Griff.

Mittlerweile waren wir auf jemanden vor uns aufgelaufen. Klemens bediente sich wieder seines rüden Vokabulars, das er in solchen Situationen gerne auspackt. Wolfgang, der vor mir lief, musste sein Tempo drosseln und sogar stehen bleiben. Auch von seiner Seite fielen einige derbe Bemerkungen über den Kandidaten vor uns. Ich wollte genau wissen, wo das Problem lag.

»Das Problem liegt nicht, nein, es sitzt vor uns«, bemerkte Wolfi sarkastisch. Der Unglücksrabe vor uns war einfach am Ende seiner Kräfte und hatte sich, durch das Fixseil gesichert, direkt auf die Trittspur zur Rast niedergelassen. Ein Passieren war hier nicht machbar.

Von Zeit zu Zeit raffte der Bergsteigerkollege sich wieder auf, um sich einige Schritte weiter nach oben zu quälen. Es lag also kein richtiger Notfall vor, der uns zum Handeln gezwungen hätte. Vielmehr zwang er uns seinen ganz eigenen Gehrhythmus auf. Für mich war dieses intervallartige Ansteigen kein Ärgernis. Ich denke sogar im Nachhinein, der Mann hat mir womöglich einen Gefallen getan, indem er uns diese Entschleunigungsphase aufgenötigt hat. Unsere Körper hatten ja seit Stunden nichts mehr zu trinken bekommen und diese Strapazen gingen nicht spurlos an mir vorüber. Einzig meine mentale Klarheit hatte mich aufrecht gehalten und mich so bis hier hinaufgetragen.

Dass mein Organismus in diesem Zustand überhaupt noch funktionierte, das verdanke ich unseren konsequenten Trainingsblöcken, in denen wir genau diese Ausnahmesituationen simuliert hatten. Hier und jetzt, nur hundert Höhenmeter unter der Spitze der Welt, war mir klar, dass wir uns perfekt vorbereitet hatten. Immer wenn sich nun unser Fremder vor Wolfgang zu einer kurzen Rast hinsetzte, konnte ich aufatmen und mein Glück genießen. Ich versuchte, den Unmut meiner beiden Gefährten zu zerstreuen.

»Jungs! Was soll uns denn hier noch passieren. Wir sind alle drei gut drauf und der Gipfel ist noch hundert Meter entfernt. Es ist noch nicht mal 6 Uhr am Morgen und das Wetter könnte nicht schöner sein. Wir genießen jetzt die letzten Meter und lassen uns nicht von unserem neuen Freund demotivieren«, so redete ich in meine Sauerstoffmaske hinein. Ich weiß nicht einmal, ob Wolfi und Klemens mich überhaupt verstanden haben. Wie auch immer: Wir kamen Meter für Meter höher und ich fühlte mich im Gleichgewicht.

Über uns hörte ich nun Stimmen. Wolfgang bestätigte mir, dass uns von oben nun zwei, drei Leute am Fixseil entgegenkamen. Wenige Augenblicke später erkannte ich die Stimme von Martin, unserem Tiroler Münchner. Wir nahmen uns in die Arme in unseren voluminösen Daunenoveralls und Martins Sauerstoffmaske stieß an die meine. Ich freute mich unsagbar, dass wir unseren Martin zu seinem Gipfelerfolg gratulieren durften. Martin war schon vor uns im Lager 3 aufgebrochen und stieg jetzt gemeinsam mit seinem Sherpa und unserer deutschen Teilnehmerin Anja mit ihrem Sherpa wieder hinab. In sagenhaften sechs Stunden erreichten die vier den Gipfel des Mount Everest – exakt zum Sonnenaufgang.

Nach Martin konnten wir auch Anja zu ihrem Gipfelerfolg beglückwünschen. Diese wunderbare Begegnung brachte mir den Gipfel wieder ein Stück näher. Da ist dieser Punkt, den ich »den Gipfel freischalten« nenne: Das passiert genau dann, wenn du dir sicher bist, es zu schaffen. Natürlich löst dieser Punkt auch eine gewisse Euphorie aus: Es ist bewegend zu wissen, worauf man sich freut.

Aber ich habe auch die Erfahrung gemacht, dass die Emotionen, in die man dann gerät, der Konzentration abträglich sein können; man ist dann eben nicht mehr ganz da im Jetzt, sondern mit einem Bein schon oben. Auf diesem Aufstieg hielt ich mir bewusst und bis zum Schluss die Option offen, umzukehren und ohne Gipfel wieder abzusteigen.

Aber ab jetzt hielt mich nichts mehr zurück. Ich legte ein, zwei schnelle Schritte ein, so dass ich auf Wolfi auflief. Dann umarmte ich meinen Freund von hinten und flüsterte ihm ins Ohr: »Wolfi, ich glaube, wir steigen nun wirklich auf den Mount Everest«. Mir kamen die Tränen und auch bei Wolfgang fühlte ich eine große Erregung. Genau diese Momente sind es, in denen ich so deutlich spüre, dass mein Schöpfer es trotz des vergessenen Augenlichtes gut mit mir meint. Dass diese gepflegte Abhängigkeit, die ich von erster Stunde an lebe, wohl mein Sinn des Lebens ist.

Und dass das Bergsteigen in solcher Konfiguration ein ganz besonderes Bergsteigen ist, gemeinsam mit meinen Freunden. Tief dankbar stiefelte ich im gleißenden Morgenlicht wieder hinter Wolfgang her hangaufwärts, dem Ziel unserer Sehnsucht entgegen. Bald schon gab die Steilheit unseres Gipfelfirnfeldes deutlich nach; das Fixseil an meiner linken Seite begann, ganz leicht nach rechts zu führen. Wir waren nun direkt unter der felsigen Gipfelpyramide.

Von hier aus führte die Route nun zwischen den steilen Felsen an der linken Seite und dem Trittschnee an der rechten, talseitigen Seite in einer Rechtsquerung direkt unter der Gipfelpyramide hinüber. Nach einigen Metern der Querung stieg der Pfad nun wieder etwas an und direkt an meiner linken, bergseitigen Körperseite konnte ich bereits die glatten, aufgeschichteten Felsplatten der Gipfelpyramide fühlen. An einer gewissen Stelle blieb Wolfi nun vor mir stehen, weil unser Fixseil sich von da aus nun direkt gerade hinauf, hinein in diese abschüssigen Felsplatten zog.

Hier waren wir zum Warten gezwungen, weil circa 15 Meter weiter oben andere Bergsteiger in den Seilen hingen und mit der Steilheit kämpften. Plötzlich vernahm ich auch die Stimmen unserer beiden Holländer. »Andy! Very good!«, rief Olivier zu mir runter.

Ich konnte nicht ermessen, ob die Jungs noch im Auf- oder schon im Abstieg waren. Alle aus unserem Team waren ja einige Zeit vor uns aus dem Lager 3 gestartet – und jetzt kamen wir hier so kurz unter dem Gipfel wieder zusammen.

Schließlich waren die nächsten Meter wieder frei für uns und ich begann mit meinen Steigeisen, orientiert an Wolfgang, die steile Gipfelpyramide in Angriff zu nehmen. Auch hier durfte ich auf meine Routine als Kletterer vertrauen. Aber angesichts der Tatsache, dass wir uns ja bereits auf 8800 Metern befanden und mein Körper schwer entkräftet gewesen sein muss, hatte ich doch allen Grund, mich voll zu konzentrieren. Nach diesen 15 Metern deutete das Fixseil nach links hinüber und es wurde für kurze Zeit flacher. Hier galt es jetzt, eine Berührung der anderen mit den scharfen Zacken meiner Steigeisen tunlichst zu vermeiden. Niemand war hier oben noch voll in seiner Aufmerksamkeit und den wenigsten wäre wohl aufgefallen, dass der mittlere Kletterer unseres Trios ein blinder Bergsteiger war, der es einfach nicht sehen konnte, falls sich jemand mit seinem Fuß oder seiner Hand genau dort abstützt, wo dieser Blinde gerade seine Steigeisen platzieren möchte. Aber meine Partner hatten das im Griff; auch dieses Kunststück meisterten Klemens und Wolfi genial.

In dieser hochkonzentrierten Kletterei drohte mir mein Zeitgefühl gerade wieder zu entfliehen. Schon wieder hatte ich dieses Gefühl von »Mittagszeit« und dass wir knapp dran wären und es bald wieder dunkel werden würde. An die letzte, felsige Passage vor dem Erreichen der Gipfelfirnschneide kann ich mich gut erinnern.

Dieser Abschnitt erinnerte mich an die zahllosen Klettertouren mit meinem Alpinvater Hans Bruckner. Mit ihm war ich ja jahrelang im leichten, nicht immer ganz festen Fels unterwegs. Viele Male kletterten wir dabei in genau solchen schräg liegenden Kaminverschneidungen, wie sie nun unmittelbar vor mir lag, eine nach links aufwärts geneigte, vielleicht ein Meter breite Rinne. Einige Meter stemmte ich mich an der rechten, gipfelseitigen Kaminwand höher, bis ich beim Schlund dieses Kamins angekommen war. Die Kaminrinne endete abrupt und dort hing mir ein vielleicht eineinhalb Meter hoher und leicht überhängender Felsbauch entgegen. Mithilfe eines tief in mir abgespeicherten Bewegungsmusters gelang es mir, mich über die rechte Seite über diese letzte Barriere zu wuchten; ich kam schnaufend auf einer vielleicht zwei Quadratmeter großen, ebenen Steinplatte zu stehen. Wolfi bedeutete mir, dass wir nun die Felsen der Gipfelpyramide hinter uns gelassen hatten. Bald schon spürte ich wieder harten Schnee unter meinen Füßen und die nun wieder geneigtere Steilheit war angenehm zu gehen Der Firnschnee unter mir begann, sich zu einem gut fühlbaren, flach verlaufenden Grat auszubilden. Ich musste nun versuchen, mal an der einen, mal an der anderen Seite der Firnschneide den jeweils nächsten Schritt sicher zu setzen. Die Steilheit hatte nun völlig nachgelassen und ich konnte, auch ohne Augenlicht, fast räumlich empfinden, wie erhaben über den Abgründen der Erde wir uns nun auf dem First der Welt bewegten.

Alle Last war jetzt abgefallen, alle Bedenken wegen der fehlenden Flüssigkeit waren verdrängt. Ich spürte meine Sabine bei mir. Der Bruckner Hans war mir ganz nahe. Auch mein Papa war wieder mit von der Partie, er tanzte jetzt wieder lebhaft vorne links am Fixseil, so als könnte er meinen Erfolg kaum erwarten. Auch meine Mutter, die mir nach dem Tod meines Vaters mit ihrer Ehrlichkeit und Gelassenheit den Weg freigegeben hatte, war ganz nah bei mir.

Und ich dankte dem lieben Gott. Durch sein Erbarmen durfte ich ja überhaupt mein Leben so frei leben, wie ich es tue.

Nach einigen Schritten hörte ich etwas weiter vorne, in vielleicht zwanzig Metern Abstand, Stimmen. Verdammt lang ist mir dieser letzte Firngrat vorgekommen. Nicht dass mir jetzt die Kräfte fehlten – nein, ich konnte es einfach nicht mehr erwarten.

»Wir sind da!«, schrie es aus mir raus.

Nein, noch nicht. Jetzt blieb Wolfi plötzlich vor mir stehen und wich ein Stück zur Seite. Von hinten überholte mich Klemens und reihte sich vor mir am Fixseil ein. Wolfgang trat hinter mir in die Spur.

Was war jetzt los?, dachte ich. Ich konnte es zu diesem Zeitpunkt einfach nicht begreifen, welch große Geste mein Freund Wolfgang für seinen Partner Klemens gerade gezeigt hatte: Er wollte Klemens einfach den Vortritt auf den Gipfel schenken. Nur wer Wolfi kennt, kann erahnen, wie viel Symbolik und Zurückhaltung diese Aktion tatsächlich enthielt.

Wir stolperten in einer derartig vereinten Freude zum allerletzten Schritt auf das Dach der Erde, dass dies wohl auch den wenigen, anderen Menschen aufgefallen sein wird, die sich zusammen mit uns in dieser Nacht heraufgekämpft haben. Ich hielt das Fixseil in meiner Linken und tastete mit dem Skistock den Bereich rechts neben meinen Beinen ab. Der harte Firngrat kippte hier offenbar jenseits meines rechten Fußes bedrohlich in die Tiefe. Das lockere Fixseil erlaubte zwischen den weit auseinanderliegenden Haltepunkten eine große Schwankungsbreite zu beiden Seiten; so musste ich höchst konzentriert bleiben, um den Schritten von Klemens punktgenau folgen zu können. Seit ein paar Minuten war jetzt auch ein leichter Wind von vorne links zu verspüren. Dies war für mich ein weiteres Indiz, dass wir jeden Moment den höchsten Punkt erreichen würden.

Die von der anderen Seite des Berges anströmende Luftmasse bekam nun, hier am obersten First, die Gelegenheit, sich wieder frei nach allen Himmelsrichtungen ausbreiten zu können. Solche Luftverwirbelungen nutze ich auch sonst für meine Orientierung. Ich rechne die von mir registrierte Luftbewegung rückwärts und kann damit recht genau ermessen, wie das Gelände vor mir aussieht, In einer Entfernung von mehreren Dutzend Metern vermischt sich die Luftströmung dann wieder mit anderen Luftbewegungen und mein Bild wird dort diffus. Am besten spüre ich dieses Phänomen etwa zwei bis drei Meter vor der Abbruchkante eines Berges.

Jetzt kam plötzlich Bewegung in die Luft und meine Ohren halfen mir dabei, genau in der Spur hinter meinem Vordermann zu bleiben. Nur wenige Meter links vor Klemens konnte ich jetzt jemanden wahrnehmen. Es war wohl ein Sherpa, der sich einige Schritte links von unserer Spur aufgehalten hatte.

Und jetzt hörte ich eine Stimme direkt vor Klemens: Das war doch Olivier, unser Holländer! Ich wusste zu diesem Zeitpunkt nicht, dass wir schon während der Erkletterung der Gipfelpyramide hinter Olivier her gestiegen und ihm im selben Schritt gefolgt waren.

Oliviers Stimme kam näher, Klemens' Schritte verlangsamten sich. Der Sherpa zu meiner linken Seite war nun schon vielleicht fünf Meter hinter mir. Klemens blieb stehen. Wolfi schloss von hinten auf, bis er an meiner Seit war.

Wir waren da.

Klemens und Wolfi schlangen ihre Arme um meine Schultern und wir standen einfach da. Der ganz große Moment der Emotionen blieb aus.

Während der letzten zehn Minuten am schmalen letzten Firngrat zum Gipfel kämpfte ich gehörig mit den aufkommenden Tränenschüben; meine Emotionen schlugen mir sogar auf die Atmung. Die Vorfreude auf das, was jetzt kommen würde, schnürte mir regelrecht den Hals zu, einige Schluchzer schüttelten mich durch. Es war ein unbeschreiblich schönes Gefühl, das ich im Leben nicht missen möchte.

Und jetzt, hier direkt auf dem Gipfelpunkt, legten sich diese eruptiven Glücksgefühle plötzlich wieder. Dabei hätte unsere Gipfelszene nicht schöner sein können. Wir teilten unsere Freude und unsere Dankbarkeit. Wir waren uns einig: Keiner von uns wäre ohne den anderen hier. Niemand blieb heute jemandem etwas schuldig. Der Everest-Gipfelsieg gehörte uns allen dreien zu gleichen Teilen.

Es war genauso beeindruckend, wie ich es mir während der langen Vorbereitungen und in manch wacher Nachtstunde vorgestellt hatte. Jetzt, an diesem Punkt, war mir auch völlig bewusst, dass ich die beiden ersten Versuche an diesem Berg bitter nötig gehabt habe, um den heutigen zu bestehen.

Auf dem schmalen Gipfelgrat versuchten wir, uns für ein Foto zu gruppieren; Boden und Platzverhältnisse waren dazu alles andere als optimal und uns fehlte allen die Energie, lange nach einer geeigneten Position zu suchen; Olivier und Wolfis Sherpa Kunga hatten die Apparate zur Hand.

Mir war jetzt danach, mich einfach mal hinzusetzen.

Jemand bemerkte, dass es nun wohl 7 Uhr 20 wäre. Wir hatten uns also in weniger als acht Stunden vom Lager 3 bis zum Gipfel bewegt.

Meinen Rucksack hatte ich abgenommen, aber ich fand keine geeignete Stelle, wo ich ihn sicher hätte abstellen können. Immer wieder drohte mein Körper auf der harten Eisfläche nach unten abzurutschen. Das hier war kein Ort zum Sitzen: Alles war hart, kalt und schräg. Es war, als säße ich auf dem vereisten schrägen Dach eines

Wolkenkratzers. Mein Oberkörper ragte wahrscheinlich knapp über die höchste Geländekante und so bekam ich den Aufwind von der anderen Seite des Berges jetzt kalt im Rücken zu spüren.

Es war einfach so etwas von ungemütlich.

An diesem Morgen waren auch Bergsteiger über die Hillary-Route aus Nepal heraufgekommen. Es waren zu diesem Zeitpunkt vielleicht dreißig Personen auf dem Gipfel, verteilt auf der kleinen Eiskappe des Mount Everest.

Ich bat Klemens, noch einige Gipfelbilder zu machen. Wochen zuvor hatte ich mir alle möglichen Gedanken gemacht, wie die wichtigen Gipfelfotos wohl am besten zu machen wären. Und jetzt war einfach keine Energie für diese Aufnahmen mehr übrig geblieben. Heimlich ärgerte ich mich. Ich konnte deutlich hören, dass sich die anderen Leute sehr emsig um das Fotografieren ihrer Gipfelstunde kümmerten. Klemens und Wolfi gelangen tatsächlich doch einige recht eindrucksvolle Bilder. Im Nachhinein wundert es mich, dass wir unter diesen Umständen doch noch brauchbares Material vom Gipfel mitgebracht haben.

Unseren Sherpa Mingma hörte ich mit jemandem am Satellitentelefon sprechen. Vermutlich hatte er unseren Gipfelsieg schon in die Welt hinaus gesandt.

Oft haben mich im Nachhinein Journalisten gefragt, welche Emotionen so ein Gipfelsieg, gerade für jemanden wie mich, freisetzt. Meine Antwort darauf fällt recht nüchtern aus: Als wir die höchste Stelle erreicht hatten und ich mich am Boden zur Rast gesetzt hatte, fiel neben der körperlichen Anspannung auch meine emotionale Aufregung völlig von mir ab. Meine vitalen Lebensfunktionen übernahmen wieder das Kommando und versetzten mich zurück in diesen fast sachlichen Überlebensmodus, in dem kein Platz für große Gefühle bleibt.

Im Zuge dieser wiedererwachten Vernunft wanderten meine Gedanken vom Gipfel zurück über den schmalen Grat nach unten, über die glatten Felsplatten der Gipfelpyramide weiter hinab bis über die Leiter des »Second Step« in Richtung Mushroom-Rock. Wie sollte ich diese lange, ausgesetzte Traverse hinüber zum »First Step« noch einmal unfallfrei meistern? Es gab nichts zu trinken.

Viele Bergsteiger, die von ihrer Gipfeletappe auf der Nordroute nicht mehr nach Hause gekommen sind und deren Körper hier oben auch heute noch als stumme Zeugen am Wegesrand liegen, bekamen erst beim Abstieg den letzten Kick zur anderen Seite des Lebens. Und genau dieser Teil des Weges stand uns jetzt bevor.

Wieder war da dieser Moment der Klarheit: Es war nicht Angst, die mich jetzt quälte. Es war meine Gewissheit, dass alles, was jetzt kam, Erfolg oder Untergang, Applaus oder Trauer, allein von mir selbst abhing. Manchmal schenkt mir diese Gewissheit der eigenen Verantwortung ein erhebendes Gefühl, manchmal lastet sie auch tonnenschwer auf meinen Schultern. In beiden Fällen weiß ich damit umzugehen.

Wieder war mir die Zeit entglitten. Wie lange schon waren wir hier oben?

Papa, Sabine und Mama kamen mir jetzt nicht mehr in den Sinn. Mein ganzer Organismus war jetzt nur noch auf die eine Aufgabe fokussiert: Ich wollte aus diesen lebensfeindlichen Höhen in die sicheren Lagen absteigen, ich wollte mich hinunter in die Sicherheit retten. Wolfi kam zu mir und mahnte zum Aufbruch.

Der Abstieg entscheidet, ob du es schaffst

Es war etwa gegen 8 Uhr am Morgen, als wir uns vom höchsten Punkt der Welt verabschiedeten. Wolfgang war nun vor mir und Klemens hinter mir, als wir die ersten, talwärts führenden Schritte machten.

Diese ersten Schritte bergab fühlten sich ungelenk an. Die viele Stunden und Tage des eintönigen Aufwärtssteigens, die wir jetzt gemeinsam gemeistert hatten, ließen mir die Bewegung des Abwärtsgehens beinahe fremd erscheinen. Beim Abstieg wirken völlig andere Kräfte auf den Körper; ein Stolpern oder Stürzen hat zudem wesentlich gröbere Folgen, als dies beim Aufstieg der Fall ist.

Wie ein betrunkener, gefühlloser Klotz taumelte ich die ersten Schritte hinter Wolfi her. Sein Tempo war mir viel zu schnell. Ich erinnerte mich erst nach einigen Metern, dass hier ja meine Rucksacktechnik vielleicht das Mittel der Wahl wäre. Mit einer Hand ertastete ich Wolfis Rucksack, um an seinen Bewegungen den Untergrund vor mir lesen zu können.

Wieder ging mir Wolfgang zu schnell und ich fauchte ihn an, auf mich Rücksicht zu nehmen und es langsamer angehen zu lassen. Dies waren die einzigen Momente der gesamten Reise, in denen wir uns nicht miteinander im Gleichtakt befanden. Wahrscheinlich tobten in Wolfgangs Kopf dieselben Sorgen über den Abstieg wie in meinem und diese trieben ihn zur Eile. Dieses anstrengende Aus-dem-Takt-Laufen dauerte maximal fünf Minuten. Als sich Wolfgang dann einbremste und wir wieder, Körper an Körper und aufeinander hörend und miteinander fühlend, die nächsten Meter auf dem schmalen Firngrat nach unten stiegen, stellte sich umgehend unsere gewohnt harmonische Gangart ein. Bald gelangten wir wieder an die Ecke zum kurzen Schrägkamin der obersten Gipfelpyramide und begannen, uns mit beiden Händen am Fixseil bremsend, nacheinander nach unten gleiten zu lassen.

Die Energie, die man für den Abstieg im Vergleich zum Aufstieg benötigt, lag hier oben in keinem Vergleich zu den Verhältnissen, die parallel dazu an niedrigeren Bergen zu finden sind. Für dieselbe Strecke an Höhenmetern verbrauchte ich während unseres Abstieges nur einen Bruchteil der Kraft, die ich für den Aufstieg derselben Strecke benötigt hatte. Die Schwerkraft kam mir hier oben also enorm entgegen.

Im Nu hatten wir die steinige Gipfelpyramide über uns gelassen und neben mir nahm ich die anderen Bergsteiger mit ihrem Geschnaufe und dem Kratzen ihrer Eisen am Fels wahr, die offenbar wesentlich härter mit den technischen Herausforderungen zu kämpfen hatten als unser Trio. Auch die Rechtstraverse, direkt unterhalb der Gipfelpyramide, glitt einfach an mir vorbei.

Als wir uns dann über das steile Gipfelfirnfeld geradlinig am Fixseil hinunterbewegten, spürte ich zum ersten Mal so etwas wie Erleichterung. Fast so zügig, wie wir es auf vergleichbaren Passagen in unseren Trainingsbergen zu Hause vollzogen hatten, kamen wir jetzt auch hier voran, auf immer noch über 8700 Metern. Auch bei Wolfi und Klemens verspürte ich Euphorie.

Jeder Meter, den wir es sicher nach unten schafften, war für uns ein gewonnener Meter. Jetzt waren wir wieder an diesem schmalen Schneegesimse angekommen, knapp oberhalb des »Third Step«, der Abgrund lag jetzt an meiner linken Seite. Ich fragte Wolfi nach der Unterbrechungsstelle, die mir noch vom Aufstieg in Erinnerung war. Wolfgang gestattete mir dieses Mal ein tiefes Absteigen in den weichen Schnee zwischen den beiden Unterbrechungskanten des Gesimses. Meine Burschen wissen, dass ich mir diverse Problemstellen beim Aufstieg so detailgetreu einpräge, dass ich dieselben Punkte dann beim Abstieg selbstständig und problemlos meistern kann. Der Abstieg über die steile Felsstufe des »Third Step« brachte mich noch einmal zum Schnaufen. Mit dem Gesicht zur Wand hangelte ich mich am Fixseil diese 15 Meter nach unten. Ich schlang das Sicherungsseil zwei-, dreimal um meinen Unterarm, was vorzüglich als Bremse funktionierte.

Mit den Steigeisen stieg ich nun Schritt für Schritt tiefer; Wolfi sagte mir von unten an, wenn eine größere Felsspalte einen weiter ausgegrätschten Schritt verlangte. Sehr entspannt gingen wir dann die relativ flache Strecke weiter hinunter bis zum Beginn der Zweiten Stufe Hier galt es nun wieder, hoch konzentriert zu bleiben. Das Gelände fällt von einem zum nächsten Zentimeter von sehr flach nach senkrecht ab. Die Aluminiumleiter des Second Step reicht nicht bis ganz an die oberste Kante des Felsabbruchs, an dem wir gerade standen. Nur ein armdicker Seilzopf, gewickelt aus vielen alten Reepschnüren, lag dort an der Felskante und führte die vielleicht 3 Meter nach halb rechts unten zum Kopf der Leiter.

Wolfi stieg als Erster in den Second Step ein. Nun war es an mir, mich über diesen wackeligen, alten Seilstrang nach unten in die Vertikale zu hangeln. Die Zacken meiner Steigeisen wollten einfach keinen Halt an der glatten Felsplatte finden. Wahrscheinlich waren schon kleine Ritzen dafür vorhanden. Aber ohne Augenlicht hatte ich keine Chance, die Spitzen der Stahlzacken genauso zu platzieren, dass ich mich mit meinem ganzen Körpergewicht hätte daraufstellen können. Meinen Sicherungskarabiner hatte Klemens in diesen dicken Seilstrang eingehängt und so robbte ich Zentimeter für Zentimeter tiefer und suchte mit meinen Füßen verkrampft nach der obersten Sprosse der Aluleiter.

An dieser anstrengenden Stelle schoss mir der Durst in meinen ausgetrockneten, klebrigen Mund. Irgendwie schaffte ich es, die Leiter zu ertasten und schon kam ich wieder in meine Komfortzone. An dieser vertikalen Leiter abzusteigen bedeutete für mich nun wieder fast eine Entspannung. Die beiden Übergänge zwischen den drei Leiterstücken am Second Step konnte ich dank Wolfgangs genauer Ansagen souverän abklettern.

Nun stolperten wir drei hinaus in Richtung Mushroom-Rock, auf dem ich mir vor Stunden noch nicht hätte vorstellen können, den Gipfel je zu erreichen.

Und genau an dieser Passage kam in mir wieder dieses unangenehme Gefühl, mich übergeben zu müssen, hoch. Ganz entspannt zog ich meine Sauerstoffmaske zur Seite und entließ die letzten Tropfen meines Mageninhaltes ins Freie. Niemand von uns wurde deshalb nervös. Die schwierigen Nachtstunden und mein in dieser Aufstiegspassage streikender Körper hatten uns Gelassenheit gelehrt.

Angdorchi machte sich nun an meiner Sauerstoffflasche zu schaffen und klopfte mir anerkennend auf die Schulter, während mir wieder einfiel: Hier beim Mushroom-Rock werden die Flaschen wieder gewechselt. Jetzt ging es hinein in diese lange, gefürchtete Querung hinüber zum »First Step«. Wieder stand ich mit dem Gesicht zur Felswand und versuchte Schritt für Schritt, mit den Steigeisen Halt an den abschüssigen Felsen zu finden. Das lasche Fixseil vor meiner Nase nahm ich jetzt nicht sonderlich ernst; ich kletterte so, als wäre ich ohne Sicherung unterwegs. Ein Abrutschen hätte für mich also gleichzeitig einen unaufhaltbaren Absturz die Everest Nordwand hinunter bedeutet. Mir ist es in meinem Leben schon sehr oft bewusst gewesen, dass mein sicheres Vorankommen einzig und alleine von mir selbst abhängt. Natürlich war mein Sicherungskarabiner im Fixseil eingehängt und Klemens oder Wolfi hängten den Karabiner alle fünfzig Meter zum nächsten Seilstrang um. Auf den zähen Metern in dieser unangenehmen Querung brachte mich vor allem mein Durst zur Verzweiflung. Ich schob mir immer wieder mal einen der hier vereinzelt zu findenden Schneeballen in den Mund. Doch aufgrund der enormen Trockenheit des Schnees brachten mir diese Aktionen keine echte Erleichterung. Nach gefühlten Stunden des Traversierens gelangten wir endlich wieder auf fein gangbaren Untergrund aus Schnee und Eis.

Ich konnte mich genau an die Details unseres Aufstieges erinnern und fragte Wolfi nun nach dem »First Step«, den wir nach meinen Schätzungen bald erreicht haben sollten. Nach wenigen Minuten bedeutete mir Wolfgang, dass ich nun vorsichtig sein solle. Wir bewegten uns nun in eine sehr steile und ausgesetzte Querung im reinen Eis. »Aha! Der First Step!", schoss es durch mein Gehirn.

Relativ problemlos, doch mit völlig ausgetrocknetem Körper und Mundhöhle, schaffte ich die Barriere der Ersten Stufe im Abstieg. Wir gelangten nun auf ein etwas weniger steiles Schneefeld und ich konnte mich während des Absteigens wieder etwas entspannen.

Dann kam mir Wolfi mit einer seltsamen Botschaft. »Andy!, Ich glaube da unten steht Karma. Es sieht so aus, als hätte er eine Cola für dich mitgebracht!«

Was sollte das jetzt? Karma mit einer Cola, na klar. Mir war, was meinen Durst betraf, nicht zum Scherzen zumute; ich fand es fast frech, was Wolfi hier für ein Spiel mit mir abzog. Wieso quält er mich mit so einer Fata Morgana, wenn er doch weiß, dass ich seit Stunden an diesem verdammten Durst leide?

Aber dann bestätigte auch Klemens die Vermutung, dass dort unten wohl tatsächlich Karma auf uns wartete. Langsam ließ ich mich auf dieses Hirngespinst ein. Gegen diesen Wunschgedanken war ich einfach machtlos. Ein tiefer Schluck sprudelnder, zuckriger Cola – das wäre jetzt die Krönung!

Und tatsächlich: Vielleicht zehn Meter vor uns konnte ich Satzfragmente von Karma wahrnehmen. Ich fand mich wenige Momente später in seinen Armen wieder. »Andy! Gratulation!« Er war spürbar happy mit unserer Leistung und schon spürte ich diese Halbliter-Plastikflasche mit den berühmten Längswellen an der Seitenwand und dem sternförmigen Flaschenboden in meinen Händen.

»Andy! I have some Coke for you!", rief mir Karma herüber.

Anscheinend hatte sich die Geschichte unseres Wassermangels per Funk schon den ganzen Berg hinunter bis zu unserem Chef-Sherpa durchgesprochen. Er war daraufhin an diesem Morgen von Camp 2 auf 7650 Metern ins Camp 3 aufgestiegen und bewegte sich nun auf etwas über 8500 Metern direkt auf uns zu. Dieser Moment wird mir ewig im Gedächtnis bleiben: Als ich den Drehverschluss öffnete ... wie es zischte und ich gleich wieder zudrehen musste, um das wertvolle Getränk nicht aus der Flasche zu sprühen ... Behutsam brachte ich die Kohlensäure unter Kontrolle – dann war es endlich so weit. Mit meiner Rechten führte ich die Energiebombe an meine Lippen. Der erste Kohlensäureschub verhinderte einen tiefen Schluck – aber dann endlich ließ ich, Schluck für Schluck, die zuckrig-braune Flüssigkeit die Kehle hinablaufen. Mein Körper quittierte diesen Zuckerschock mit einem Hochgefühl – und einem herzhaften Rülpser.

»Ich bin gerettet!«, rief ich meinen Jungs zu.

Natürlich hätten Klemens und Wolfi in diesem Moment auch gerne etwas getrunken, aber im Gegensatz zu mir mussten sie für die gleiche Etappe bei Weitem nicht so viel Energie aufwenden, so dass sie mit dem Flüssigkeitsmangel viel besser zurechtkamen als ich. Sie gönnten mir die Cola, damit wir als Gesamtsystem wieder ins Lot kamen.

Innerhalb der nächsten Minuten gelangte ich in einen völlig anderen Befindungsbereich meines Körpers. Alles öffnete sich. Ich hörte besser, ich balancierte besser. Ich war einfach wieder voll da.

Ich berichtete Karma detailliert von unserem Gipfelgang und erkundigte mich nach unserem Daniel. Hatte er noch eine Chance, aufzusteigen? Laut Karma weilte Daniel bereits unten im ABC, er sei sehr schlecht beisammen gewesen. Jetzt ging es ihm offensichtlich schon wieder besser. Mir tat es unendlich leid, dass Daniel nicht gemeinsam mit uns diesen Gipfel hatte besteigen können. Zu diesem Zeitpunkt gingen wir aber davon aus, dass Daniel noch seine Chance bekommen würde. Karma sagte mir auch, dass die Sherpas einen kleinen Teil unserer Lagerkette für Daniel hatten stehen lassen, um gemeinsam mit ihm bei nächster Gelegenheit zum Gipfel vorzustoßen. Bis Ende Mai würde dazu Gelegenheit sein; diese Variante hielt also alle Möglichkeiten offen für Daniel.

Bald schon gelangten wir ans Ende der Flachpassage; das Fixseil leitete uns nach links hinunter, unmittelbar in diese steilen Schneerinnen und Felsstufen unterhalb der Everest-Schulter. Auch diese ausgesetzte Teilstrecke machte keine Probleme. Teilweise waren hier senkrechte, kurze Felsstufen abzuklettern und ein Abrutschen in eine dieser sehr steilen Eis- und Schneerinnen hätte einen katastrophalen Absturz zur Folge gehabt. Das Fixseil war jetzt unser Garant, um einem solchen Absturz vorzubeugen.

Wieder holten wir hier andere Bergsteiger ein, die ebenfalls auf dem Weg in die tieferen Lager waren. Es wird wohl so gegen 12 Uhr 30 gewesen sein, als die Steilheit des Geländes abnahm und in das kleine Schneeplateau von Lager 3 überging. Nur noch wenige Schritte gingen wir hier zwischen den Zelten anderer Teams hindurch und dann hatten wir unser Hochlagerzelt erreicht.

In mir nahm jetzt zum ersten Mal das Gefühl Gestalt an, es wirklich geschafft zu haben. Aber das war ein voreiliger Schluss: Unser Höhenmesser zeigte immer noch 8300 Meter. Der Cho Oyu zum Beispiel, dieser Gigant, ist mit einer Seehöhe von 8201 Metern der sechsthöchste Berg dieser Erde. Wir befanden uns hier also immer noch hundert Meter höher und wollten glauben, bereits in Sicherheit zu sein. Mein Plan war es von vornherein, mich nach einem eventuellen Gipfelgang noch einmal auf Camp 3 auszuruhen und eine Nacht zu verbringen.

Andere Bergsteiger ziehen es dagegen vor, diesen lebensunfreundlichen Platz möglichst schnell zu durchsteigen, um gleich in tieferes, sichereres Gelände zu gelangen. Die Blockhalden rund um das Lager 2 ließen diesen Plan für mich dagegen als wenig praktikabel erscheinen. Ich wollte es mir und meinen Jungs nicht zumuten, geschwächt vom Gipfelgang durch dieses Gewirr von Steinblöcken zu steigen. Dort unten, auf vielleicht 7900 Metern, hätte ein möglicher Knöchelbruch für mich immer noch katastrophale Folgen; aus der Höhe könnte mich wohl niemand nach unten tragen. Eine Nacht der Ruhe dazwischen schien also dringend angeraten.

Gleichzeitig war mir das gesundheitliche Risiko einer weiteren Übernachtung auf über 8000 Metern voll bewusst. Klemens und Wolfi trugen diese Entscheidung mit. Immer noch war uns das Wetter gewogen; es ging kein Windhauch und die Sonne wärmte uns. So schlüpften wir schließlich alle drei in unser kleines Zelt.

Als ich mich in die schützende Hülle meines Schlafsacks zurück-
zog, fühlte ich mich getragen von einer großen Erleichterung. Ich hatte
das Bedürfnis, mit Sabine zu sprechen, und genau wie beim Aufstieg
gelang es mir, mich ins chinesische Netz einzuwählen.
Zuhause in Tristach war es jetzt 8 Uhr 45 am Morgen. Als Sabine
in der Leitung war, schnürte es mir den Hals zu. Da waren einfach zu
viele Emotionen, zu viel war geschehen in den letzten 14 Stunden.

*Wir sind brutal stolz; das war wirklich ein 4 Jahre langes Programm, dreimal
hergefahren, viel Geld gekostet, viele Enttäuschungen und jetzt sind wir endlich am Gipfel gewesen ...*

So fasste Sabine meinen kurzen Anruf vom Lager 3 im Blog zusammen. Durch unsere Agentur war sie schon zuvor darüber informiert
worden, dass wir alle auf dem Gipfel gestanden hatten und nun im
Abstieg in Richtung Camp 3 unterwegs wären. Unser erstes Telefonat
verlief also relativ unspektakulär und ich war froh darüber. Mir war
auch bewusst, dass uns noch ein hartes Stück Arbeit bevorstand, um
diesem großen Berg endgültig zu entkommen.
Eine Stunde später schrieb ich diese Zeilen nach Hause, die Sabine
in den Blog stellte:

*Wir sind so glücklich. Es ist gelungen. War extrem hart. 8 Stunden Aufstieg und
5 Stunden Abstieg bis Camp 3. Morgen runter ins ABC. Ohne Papa wäre nichts
gegangen. Er war immer bei mir. Freu mich wahnsinnig auf daheim. Tapfer
waren wir. LG, Andy.*

Der weitere Nachmittag verging mit viel trinken und möglichst
viel essen. Wir lehnten alle drei nebeneinander im kleinen Zelt, später
kam auch Sherpa Karma dazu. Er bat uns, zusammenzurücken, damit
er die Nacht mit uns hier verbringen könnte. Alle anderen Teilnehmer
waren bereits ins Camp 1 abgestiegen und so wollten die Sherpas nun
möglichst viele Zelte schon mal abbauen und hinuntertragen. Die
Stunden zu viert im engen Zelt waren eine sehr angenehme und für
mich unvergessliche Zeit. Karma lag beim Zelteingang und war ununterbrochen mit Schneeschmelzen beschäftigt. Im Zweistundenrhyth-

mus wanderte ein Liter aus Karmas Kochtopf in eine unserer Thermosflaschen und alle vier konnten wir unseren Flüssigkeitshaushalt wieder auffüllen.

Meine Gedanken kreisten nicht nur um den Gipfel, meine Sabine und meine Familie. Ich dachte an Daniel und wie es ihm ging. Ich wollte seine Stimme hören und wissen, wie er sich fühlte. Ich wollte ihm Mut für seinen Aufstieg zusprechen. Karma gab mir sein Funkgerät, über das er mit allen Crewmitgliedern verbunden war. Ich vermutete, dass Martin, Olivier und die anderen aus unserem Team schon in Camp 1 auf 7050 Metern eingetroffen waren. Und tatsächlich: Da war Martins Stimme, die sich kratzend aus dem Lautsprecher des Funkgerätes meldete. Er war offenbar sicher im Camp 1 eingetroffen und jetzt völlig übermüdet.

Martin hatte von Camp 1 aus direkte Sicht hinunter ins ABC – somit bestand auch eine gute Funkverbindung mit unserem Bergführer Daniel. Ich ließ unseren Daniel über Martin ausrichten, dass wir gut im Lager 3 angekommen waren und am nächsten Tag in einem Zug bis ins ABC absteigen würden. Außerdem bat ich Martin, Daniel meinen Trost und meine Hochachtung auszurichten. Immerhin hatte er als ausführender Bergführer alle Teilnehmer des Teams zum Gipfelerfolg geführt.

Nur für ihn selbst hatte es nicht gepasst und das tat mir leid. Als einziger unserer Truppe musste er schon auf 7650 Metern umkehren. Aber er hatte doch noch die Chance: Ohne auf einen seiner Kunden Rücksicht nehmen zu müssen, könnte er es alleine mit seinem Sherpa hinauf zum Gipfel versuchen.

Wir waren zu diesem Zeitpunkt die letzten aus unserem Team, die noch im höchsten Camp am Berg verweilten. Mir ging es von Stunde zu Stunde immer besser und so konnte ich in der Nacht sogar richtig gut schlafen.

Jetzt war mein Papa wieder bei mir. Wie früher, wenn wir etwas Großes zusammen geschafft hatten, war er zufrieden und ganz ruhig; er hockte zwischen Klemens und mir auf meinem Schlafsack. Diese seltsam konkreten Begegnungen mit meinem Vater waren einfach ein Teil meines Erlebens, sie gaben mir Kraft und Trost und waren kein Grund zu der Annahme, dass mit meiner Psyche etwas nicht stimmte.

Am nächsten Morgen war Karma wieder fleißig mit dem Wasserkochen beschäftigt und zum Frühstück gab es noch einmal heimischen Käse und Speck. Irgendwann am frühen Vormittag waren wir dann bereit für den weiteren Abstieg. Wir klinkten uns ins Fixseil ein und Wolfi startete mit mir, Karma und Klemens folgten uns im Abstand von zehn Minuten.

Das Absteigen ging mir leicht von der Hand, mir war fast heimelig zumute hier oben. Recht flott gelangten wir an den Rand der Plattform von Camp 3; unmittelbar danach knickte das Fixseil steil nach unten. Hier hatten wir uns also vorgestern heraufgeplagt. Jetzt wunderte es mich nicht mehr, dass ich beim Erreichen von Lager 3 so fertig war. Richtig steil liefen die ersten fünfzig Meter den Abhang nach unten; ich hatte Mühe, mich mit dem um meinen Unterarm gewickelten Seil zu bremsen.

Nach wenigen Schritten hielt Wolfi inne und das hatte einen sehr traurigen Grund. »Andy, du musst jetzt aufpassen. Bitte bleib auf der rechten Seite des Fixseiles. Dein Sicherungskarabiner wird nun gleich an einer vom Fixseil nach links abzweigenden Reepschnur hängen bleiben und dann musst du umhängen.«

An dieser Stelle unserer Route hing die Leiche eines australischen Bergsteigers. Er war anscheinend in derselben Nacht wie wir vom Camp 3 aus in Richtung Gipfel aufgebrochen. Wie uns später berichtet wurde, hatte ihn auf circa 8500 Metern ein Schwächeanfall ereilt; er verlor mehrmals sein Bewusstsein. Sogar die Ärztin, die an seiner Seite war, konnte nichts für ihn tun. Sein Team hatte dann in einer gemeinsamen Anstrengung versucht, ihn in tiefere Lagen zu bringen. Sie schafften es nach stundenlanger Schinderei aber nur bis knapp unterhalb von Camp 3. Hier hing der Sterbende dann immer noch auf über 8200 Metern am Fixseil, bis ihn der Lebenswille verließ.

Ich bat Wolfgang, mir genau zu beschreiben, was er sehen konnte. In solchen Situationen hilft es mir einfach, wenn ich mir ein möglichst umfassendes Bild der Lage machen kann. Erst dann kann ich so ein schreckliches Szenario für mich verarbeiten. Wenn ich dagegen in einer diffusen Wahrnehmung gelassen werde, dann tue ich mich wesentlich schwerer, damit fertigzuwerden. Meine Fantasie mischt sich zu stark ein und das macht die Verarbeitung für mich viel langwieriger.

Im weiteren Abstieg ging mir diese Begebenheit sehr nahe. Wie dicht liegen doch Gipfelglück und letzter Atemzug hier auf weit über 8000 Metern zusammen. Ich glaube nicht, dass dieser Australier ein schlechter Bergsteiger gewesen ist. Er war nur wenig älter als ich. Genauso euphorisch und zuversichtlich wie wir war er vom letzten Lager aufgebrochen, um seinen Traumberg zu ersteigen.

Mir kam meine eigene, erdrückende Situation während unseres Aufstieges auf Höhe des Mushroom-Rocks in den Sinn. Auch ich habe in diesem Moment eine Grenze erfahren und das Gefühl für die eigene Sterblichkeit. Niemand kann auf die eigene Lebensuhr schauen. Vielleicht hatte ich einfach nur Glück, dass während meines Tiefs der Weg nicht steil, sondern flach verlief und dann in Richtung »Second Step« sogar leicht abwärts. Genau zum richtigen Zeitpunkt – als Klemens meine Hand auf die erste Sprosse der Aluminiumleiter gelegt hatte – fuhr die Kraft in mich zurück und sogar der senkrechte »Second Step« konnte mich nicht mehr bremsen.

Während der nächsten Stunde stiegen Wolfi und ich die steile Schneeflanke hinunter bis zum Beginn der Rechtsquerung, hinüber zum obersten Punkt von Camp 2. Klemens war mittlerweile nachgekommen und zeigte ebenfalls eine große Empathie wegen des verstorbenen Everestkollegen. Und so konnte ich mit Klemens und Wolfgang ganz offen über meine innerste Gefühlswelt in Bezug auf den Bergtod sprechen.

In der Traverse kamen uns Bergsteiger von unten entgegen und wir mussten immer wieder mal zur Seite ausweichen. Leider hörte der für mich so hilfreiche Schneestreifen hier auf und Steinklötze und Stufen folgten. Wir waren am obersten Punkt von Lager 2 angekommen und hatten die magische Grenze von 8000 Metern unterschritten.

Jetzt kamen diese gut 250 Höhenmeter des grausigen Blockgeländes mit jeder Menge Stolperfallen auf mich zu. Genau wegen dieser respekteinflößenden Etappe hatte ich mich nach unserem Gipfelgang zu einer weiteren Nacht auf 8300 Metern entschlossen. Wie richtig diese Entscheidung für uns alle war, bewiesen mir die folgenden 45 Minuten. Problemlos und nicht mal langsam hüpften wir von Block zu

Block, stiegen über riesige Stufen und balancierten über schmale Felsbänder. Noch vor zwei Tagen beim Aufstieg hätte ich mir diese Leichtigkeit in diesem Gelände nicht vorstellen können. Wir waren zu diesem Zeitpunkt einfach perfekt aufeinander eingespielt und das funktioniert so: Wolfi analysiert die nächste Stufe, den nächsten Schritt, das nächste Hindernis – sein Körper führt die optimalen Bewegungen aus, sein ganzes System bleibt in Balance und der nächste Schritt kann folgen. Klemens tut dasselbe. Und hier setzt nun unsere extrem enge Verbindung ein.

Diese Befehlskette von Wolfis beziehungsweise Klemens' Gehirn wird parallel, mittels knapper, konkreter verbaler und taktiler Kommunikation an mein Gehirn übertragen, ich sende dieselben Befehle auch an meine Körperteile, als Lösung für die nächste Geländestufe. Ich bewege mich – zumindest für mein Empfinden – also nahezu synchron zu den Körpern von Wolfi und Klemens und nur so ist es möglich, in einem so extremen Umfeld relativ zügig und energiesparend voranzukommen. Es würde mir als blindem Kletterer dagegen nur wenig helfen, wenn jemand krampfhaft versuchte, meine Hände oder meine Füße an die vermeintlich richtige Stelle zu stellen.

Bald gelangten wir an die Stelle, wo wir vor zwei Tagen noch Camp 2 verlassen hatten und wo sich Daniel hatte verabschieden müssen. Hier stand wieder einer unserer lieben Sherpas und reichte mir eine Flasche mit Orangensaft. Wie Benzin floss der Saft in meine Adern und wieder schoss ein Energieschub durch meinen Körper. Langsam begannen diese Steinbarrieren mir sogar Spaß zu machen – schon weil ich wusste, dass der Weg nun bald mal in den steilen Firnbuckel überging, der uns direkt hinunter zum Nordsattel bringen würde. Dieser Firnbuckel gab mir nun wieder die Freiheit, völlig selbstständig am straff gespannten Fixseil nach unten zu gleiten. Klemens oder Wolfi mussten mir nun keine Stufen oder Löcher mehr ansagen.

Von 7500 Metern hinunter auf 7050 Meter ging es wie bei einem Höllenritt. Wie beim Wettrennen trieben wir uns gegenseitig an und der Firn spritzte nur so unter unseren Steigeisen. Der Höhenverlust und die damit verbundene Sauerstoffzunahme waren deutlich spürbar.

Erst ganz unten, knapp vor unserem Camp 1 am Nordsattel, bekam ich noch einmal Schwierigkeiten. Wir mussten diesen ganz kurzen Gegenanstieg hinauf auf die Kuppe von Lager 1 steigen. Diese Etappe von nur wenigen Metern nahm mir noch einmal die Puste. Ich hatte mich während unseres Wettrennens wohl ein wenig übernommen.

Die letzten Meter zu unserem Küchenzelt verliefen nun flach, nur einige Trittlöcher von anderen Bergsteigern machten mir Mühe. Ich fiel gleich drei- oder viermal hin und es kostete mich meine letzte Kraft, mich immer wieder auf die Beine zu stellen. Selten in meinem Leben konnte ich diese scharfe Grenze zwischen vermeintlicher Vollkraft und größter Schwäche so krass verspüren. Ich war offenbar vollkommen ausgebrannt.

Aber die Rettung war nah: Tirin hatte für uns Suppe gekocht. Sogar hartgekochte Eier hielt er für mich bereit – und schon ging die sprichwörtliche Sonne wieder auf. In wenigen Minuten hatte ich zwei Tassen Suppe und einige Eier verdrückt, eine zischende, zuckrige Cola vervollständigte dieses herrliche Mahl auf dem Nordsattel. Wieder verspürte ich unbändigen Auftrieb in mir. Ich hatte das Bedürfnis, mit Daniel zu sprechen.

»Tirin«, fragte ich unseren liebenswürdigen Nepalesen, »do you have a radio?« Der Koch lieh mir sein Funkgerät. Nach einigen Versuchen bekam ich Daniel an den Empfänger. Mir wurde es heiß und kalt. Ich wollte ihm einfach meine Energie zukommen lassen und ihm Mut machen. Aber Daniel klang sehr gefasst; seiner Stimme war weder Enttäuschung noch Verzweiflung anzumerken.

Dieses Gespräch stimmte mich zuversichtlich hinsichtlich der weiteren Chancen für ihn. Daniel war derweil bemüht, von seiner Situation abzulenken; er gratulierte mir zu unserem Gipfelerfolg und fragte, was wir heute zu Abend essen wollten.

»Bitte sag der Küchenmannschaft, sie sollen doch bitte 25 Kilo Pommes für uns drei bereithalten – und alles, was sonst noch so dazu passt. Bier wäre großartig!«

Während ich mich in diesen Stunden gerade auch mit Daniel, der es bis jetzt noch nicht geschafft hatte, in wirklich warmherziger Verbindung fühlte, schaute die Sache von seiner Seite wohl etwas anders

232

aus. Daniel hielt sich in den darauf folgenden Tagen auffallend im Hintergrund; er begann, sich von Wolfi, Klemens und mir emotional zu entfernen. Zu diesem Zeitpunkt hatte er wohl – aus mir unverständlichen Gründen – schon mit mir gebrochen. Alle meine Bemühungen, ihn zu motivieren, aufzubauen und den freundschaftlichen Draht zu ihm aufrechtzuerhalten, waren zum Scheitern verurteilt: Daniel blieb unnahbar. Ich kann nur spekulieren, was in ihm vorgegangen ist. Vielleicht hatten ihm seine körperlichen Probleme mit der Höhenanpassung doch mehr zugesetzt als wir ahnten. Und jetzt fehlte ihm einfach die Kraft für einen eigenen Gipfelvorstoß – trotz des bestehenden Angebots der Agentur, ihm alle Unterstützung dafür zu gewähren. Er war das Scheitern bis hierhin wohl noch nicht gewohnt, ganz im Gegenteil. Seine mit 33 Jahren noch junge Bergsteigerlaufbahn war bereits gespickt mit zahlreichen Highlights und Erfolgen, von denen andere nur träumen können. Nun war er zum zweiten Mal am Everest angetreten und die Enttäuschung über das erneute Misslingen war für ihn vermutlich schwer zu verkraften. Noch dazu scheiterte Daniel dieses Mal nicht an Naturgewalten oder einer Behördenentscheidung.

War der Bruch mit mir nun allein auf seinen bergsteigerischen Misserfolg und die Enttäuschung darüber zurückzuführen? Ich konnte mir das nicht vorstellen. Jemand aus dem Team vermittelte mir später, dass sich Daniel während unserer Expedition von mir übergangen gefühlt hatte. Es ging dabei anscheinend um die heikle Phase unmittelbar vor unserem Gipfelgang, als seine Informationen zum Wetter unser Team nicht zufriedenstellen konnten. Als ich dann die Initiative ergriff und mir Charly Gabl die perfekte Prognose für unseren Aufstieg lieferte, orientierten sich auch die anderen Teammitglieder logischerweise an »meinem« Wetterbericht. Daniel fühlte sich dadurch anscheinend von mir ausgebootet.

Das war nie meine Absicht; ich hatte ihn ja offen in meine Erkundigungen eingebunden. Er war mir zu diesem Zeitpunkt sogar dankbar für mein Engagement. Wahrscheinlich habe ich trotz allem mit dieser Aktion an seinem Selbstverständnis als Bergführer gekratzt. Wie auch immer: Daniel war mir in all den Jahren mein Freund und verlässlicher Partner. Sein Bruch mit mir tat weh und warf einen Schatten auf die Freuden unseres Gipfelerfolges.

Frieden mit dem Everest

Langsam bereiteten wir drei uns für die letzte Etappe hier vom Nordsattel hinunter ins ABC vor. Für die ersten vierzig Meter nutzten wir diesmal unsere Abseilachter am Fixseil als Bremse, um Kraft zu sparen. So wie das Gelände etwas flacher wurde, stiegen wir relativ zügig die nächsten Passagen hinunter. Die Linkstraverse, die steileren, halbschrägen Übergänge und all die mir bereits bekannten Teilabschnitte zogen an uns vorbei.

Zügig erreichten wir den Fuß der Steilflanke; nun hatten wir nur noch ein flaches Gletscherfeld zu überqueren bis zum Crampon-Point. »Zum letzten Mal während unserer Reise zum Mount Everest nehmen wir jetzt unsere Steigeisen von den Schuhen. Das Zeug brauchen wir zumindest am Everest nie mehr«, bemerkte ich zu meinen Jungs. Was für eine Entspannung war das für mich, als mir jemand meine Trekkingschuhe herüberreichte. Jetzt war es ein einziger Genuss für meine Füße, aus den ungelenken, schweren Expeditionsstiefeln herauszusteigen und in die leichtgängigen Trekkingschuhe zu wechseln.

Und genauso war mein Gefühl, hier an diesem Ort: Unbeschreiblich leicht und glücklich.

Die letzten Höhenmeter über diese Blockmoräne erledigten wir mithilfe der Rucksacktechnik und das war nun eine leichte Übung. »Praktisch ein lockeres Auslaufen«, wie ich zu Klemens bemerkte, der mich jetzt wieder führte.

Ein Riesenkompliment erfuhr ich auf dieser kurzen Strecke hinunter zum ABC auch von Alex, dem Chef der russischen Everest-Agentur. Alex hatte mich schon vor unserem Gipfelerfolg akzeptiert und ab und an saßen wir auch bei ihm in seinem großen, domartigen Zelt bei einer Tasse Tee. Er war wohl einen Tag nach uns mit seinen Kunden auf dem Gipfel und war einen Tag schneller vom Gipfel heruntergestiegen als wir. Jetzt wirkte er sichtlich erschöpft und musste diesen

Wahnsinnsstrapazen Tribut zollen. Trotz aller Müdigkeit war Alex die Herzlichkeit in Person; er zeigte sich begeistert über unser Vorankommen und unseren Gipfelsieg. Während all der Wochen und schon bei unserem zweiten Versuch im Jahr 2015 hatte er uns immer im Auge behalten. Alle beobachtende Distanz war nun abgefallen und wir nahmen uns herzlich in die Arme.

Die letzten Schritte führten durch das vorgeschobene Basislager; unsere kleine Zeltstadt lag im unteren Bereich des ABC und so mussten wir an den anderen Camps vorbeilaufen, bei den Chinesen, den Indern und den Amerikanern. Von überall gab es herzliche Gratulationen. Auch mein Name fiel und Klemens sah viele, die den Daumen nach oben hielten. Es war wie ein kleiner Siegeszug; zu spüren, dass alle uns den Gipfelsieg von Herzen gönnten, gab mir ein Gefühl von tiefer Befriedigung.

Auch Kari war unter den Gratulanten und nahm mich in seine Arme. Er war ja einige Male selbst auf dem Gipfel und konnte sehr gut einschätzen, welche Leistung und welches Potential an Teamwork meine beiden Freunde gemeinsam mit mir für diesen Erfolg investiert hatten.

Ralph, einer der besten Höhenbergsteiger unserer Zeit, hatte auf mich gewartet. Mit ihm verbindet mich seit dieser Everest-Reise eine herzliche Freundschaft. Ralph vermittelte mir einfach, dass wir Ähnliches fühlen und eine verwandte Motivation in uns wohnt. Aus den eigenen Möglichkeiten das Beste herauszuholen, das war auch Ralphs Maxime. Er hatte längst alle 14 Achttausender bestiegen und wollte jetzt noch versuchen, den Gipfel des Mount Everest ohne Zuhilfenahme von Sauerstoff zu erreichen. Und so ähnlich mache ich es ja auch: Gemeinsam mit meinen Freunden und ohne Zuhilfenahme von Licht die höchsten Berge zu besteigen und den Menschen im Tal durch meine Geschichte vielleicht sogar etwas Mut geben zu können. Es war ein schöner Moment, als mich Ralph drückte.

Die Stimme meines Vaters kam mir in den Kopf. »Andy, wenn du dich bemühst, dann wirst du auch mal auf der Siegerseite stehen und deinen Lohn erhalten.« All diese Herzlichkeiten und Komplimente waren für mich tatsächlich der wahre Lohn für die Bemühungen.

Und dann hörte ich die mir so vertraute Stimme von Daniel. Er stand vor unserem Essenszelt und hielt mir tatsächlich einen riesengroßen, prall mit Pommes gefüllten Teller entgegen. Ich umarmte ihn und dann fiel ich gierig über die Pommes her. Martin reichte mir dazu eine Dose Lhasa-Bier. Es war wie im Schlaraffenland.

Martin war mit den anderen Teilnehmern unseres Teams schon am Vortag gemeinsam im ABC eingetrudelt und machte einen gut erholten Eindruck. Unsere Niederländer, Olivier und Bastian, standen genauso glücklich da wie Anja, die junge Deutsche. Auch sie nahm ich in den Arm und bekundete ihr meinen größten Respekt vor ihrer mentalen Leistung während der letzten sieben Wochen. Sie hatte ja erst vor zwei Jahren mit dem Bergsteigen begonnen.

Gemeinsam saßen wir an der Tafel im Essenszelt; es gab eine Menge Gesprächsstoff. Jeder von uns hatte seine Gipfelstunde anders erlebt, jeder hatte auf der Route seine Probleme und auch seine Hochphasen.

Weil alle im Team – mit Ausnahme von Klemens, Wolfgang und mir – schon einen ganzen Tag früher im ABC angekommen waren, wollten sie gleich am nächsten Tag in einem Zug hinunter ins Basislager absteigen. Für mich selbst war das eindeutig zu früh. Ich wollte die Strapazen der letzten Tage mit einem Ruhetag im ABC abklingen lassen und wusste Wolfi und Klemens auf meiner Seite bei diesem Wunsch. Martin schloss sich unserem Plan an; alle anderen stiegen am nächsten Morgen in Richtung Basislager ab. Unser Münchner Tiroler ist mir auf dieser Reise sehr ans Herz gewachsen. Martin ist im echten Leben IT-Spezialist und betreibt eine Firma in München. Er hat mich während unserer Reise zum Dach der Welt immer wieder mit seiner Expertise genial unterstützt. Zudem stellte er mir sein Satellitentelefon immer gerne zur Verfügung. Mit Sabine war ich so immer in Verbindung. Auch mit meiner Mutter konnte ich so in Kontakt bleiben. Sie lebt seit dem 21. April alleine, denn ihr Mann, mein Papa, war ja nach seinem Tod sozusagen mit mir am Everest unterwegs.

Diesen 23. Mai verbrachten wir mit Relaxen und gemütlichem Zusammenpacken. Wir machten ein paar letzte Videoaufnahmen und Interviews. Es war ein friedlicher, sonniger Tag für mich. Der 24. Mai brachte für uns dann noch die letzte, große Herausforderung. Einmal noch mussten mich meine Freunde unfallfrei über diese endlosen 25 Kilometer durch die Blockhalde nach unten bis ins Basislager leiten. Mit dem Gipfelsieg in der Tasche erschien uns diese Aufgabe sehr machbar. Aber schon nach gut einer Stunde spürte ich deutlich, dass mir die Energien, die ich beim Bezwingen dieses Berges gelassen hatte, jetzt fehlten. Nach bewährter Art wechselten sich Wolfgang und Klemens wieder in der Führung ab. Martin lief unmittelbar hinter uns und so war es trotz der Schinderei ein freudiger Abstieg. Ich hatte meinen Frieden mit dem Mount Everest gefunden und alles war einfach nur gut. Irgendwann zog das Mittelcamp an mir vorbei; ich wollte und konnte mir beim besten Willen nicht mehr vorstellen, noch einmal auf dieser mit Yakdung übersäten Moränenhalde zu übernachten.

Langsam rückten ganz andere Wunschträume in meinen Fokus: die Gedanken an ein weiches Daunenbett, Fantasien von kühlem Quellwasser oder frischem Blattsalat aus Sabines Garten. Es war jetzt nach knapp acht Wochen wirklich an der Zeit, mich vom Everest zu verabschieden.

Im Basislager wackelte ich, fix und fertig, hungrig und durstig, in unser Gemeinschaftszelt, wo unsere Kollegen uns erwarteten.

Schließlich kam es am Abend noch zu einer sehr förmlichen Ansprache unseres Bergführers. Zum einen ging es um die Auszahlung des im Vornherein vereinbarten Gipfelbonus für unsere Sherpas und die Trinkgelder für die Küchenmannschaft. Zum anderen mussten die Details für unseren morgigen Aufbruch vom Basislager geklärt werden.

In der darauffolgenden Nacht schlief ich tief und selig; die Luft hier im Base Camp fühlte sich mit einem Mal so sauerstoffsatt an wie die Seeluft während eines Segeltörns.

Am Morgen des 25. Mai trafen mehrere Geländewagen und ein LKW im Camp ein, die uns zusammen mit den Sherpas, den Küchenjungs und der gesamten Ausrüstung zurück in die Zivilisation bringen sollten. Die Stimmung war ausgelassen und jedem war die Vorfreude auf sein Zuhause anzumerken. Nach Wochen unter flatternden Zeltplanen inmitten wilder Natur bot allein die Autofahrt ein Gefühl von echter Zivilisation. Sechs Stunden saß ich entspannt auf dem Beifahrersitz des komfortablen Geländewagens. Die Route führte in Richtung Nordosten über die uns von der Anreise bekannten Pässe nach Xigaze.

Dort verbrachten wir unsere erste Nacht in einem Hotelzimmer mit weichen Betten und warmen Duschen – für uns alle ein beinahe exotisches Ambiente. Krönung des Abendessens war ein Stück Yak-Fleisch in bester Steakqualität. Schon recht früh verließen wir am anderen Morgen die feinen Federn; wieder verbrachten wir an die sieben Stunden im SUV der chinesischen Mountaineering-Agentur. Ich schwebte auf einer rosa Wolke aus Glück, alles fühlte sich unbeschreiblich leicht an. Die Stimmung in unserem Wagen war so ausgelassen, dass wir sogar unseren spröden, chinesischen Fahrer zum Lachen brachten.

Am Spätnachmittag trudelten wir in unserem Hotel in Lhasa ein. Seltsam: Jetzt standen hier keine Heizgeräte mehr in den Zimmern, Kellnerinnen und Kellner waren nicht mehr in Daunenjacken gehüllt. Es war warm geworden, der Sommer hatte auch in Lhasa Einzug gehalten. Diese Wärme bescherte mir ein wohliges Gefühl und meine Freude auf das sonnige Osttirol wuchs. Schon früh am nächsten Tag ging unser Transfer zum Flughafen. Der knapp eineinhalbstündige Flug führte über den Himalayakamm zurück nach Kathmandu. Hier zeigte das Thermometer bereits 29 Grad; die Kälte und das ewige Eis an den Flanken des Mount Everest waren jetzt endgültig Vergangenheit.

Bei unserem Mittagessen im »Fire & Ice« machte mich Wolfi auf einen interessanten Gast aufmerksam. »Ich glaube, Andy, da am Nebentisch sitzt Wolfgang Nairz.«

Ich ließ mich von Wolfi dort hinleiten und durfte den Leiter der legendären Messner-Habeler-Erfolgsexpedition von 1978 begrüßen. Wolfgang Nairz zeigte sich gleichermaßen erfreut und gesellte sich zu uns. Es ist einfach immer wieder schön, wie klein die Welt ist.

Hier noch mal ein Auszug aus meinen Zeilen an Sabine:

Hallo Sabine,
ich schwebe immer noch auf dieser wunderbaren Wolke aus reiner, tiefer Freude.
Sogar die hundert Schlaglöcher in den Straßen von Kathmandu können mich

nicht aus dem Gleichgewicht bringen. Es ist einfach ein Traum, hier gemeinsam mit Wolfi und Klemens unseren Erfolg auszukosten.

Heute Vormittag spazierten wir, begleitet von unserem Freund Martin, in die Stadt, um letzte Besorgungen und Mitbringsel für die Heimkehr zu organisieren. Mittags war ich mit Billi Bierling, der Achttausenderhistorikerin und Nachfolgerin der »Everest-Chronistin« Elizabeth Hawley, zum Meeting verabredet. Billi kenne ich schon lange und sie freute sich genau wie ich auf unser Wieder-»Sehen«. Fasziniert notierte sie unsere detaillierten Erklärungen zu unserem gemeinsamen Gipfelgang zum MT. Everest.

Zurück im Hotel wurde ich an die Rezeption gerufen – es sei eine Message für Andy Holzer da. Tenzing, mein lieber Sherpa von 2015, hatte mich vor einer halben Stunde im Hotel besuchen wollen, er war telefonisch erreichbar und er wollte mich vor unserer Heimreise noch mal sehen. Eine halbe Stunde später kam er noch mal ins Hotel und wir feierten unseren Gipfelerfolg.

Er sagte mir, er habe für uns gebetet und er sei so glücklich über diesen Ausnahmeerfolg. Ich sagte ihm, er sei Teil dieses Ereignisses, weil er mir über viele Tage, über viele Steine und Stufen im Jahre 2015 bei unserem zweiten Versuch am Everest an dessen Nordroute so tapfer und treu zur Seite gestanden hatte.

Ich glaube ganz sicher, Tenzing wird mir im Leben wieder begegnen und ich bin so tief dankbar, dass mir so viele Menschen aus Europa im Jahre 2015 nach dem verheerenden Erdbeben in Nepal dabei geholfen haben, die Häuser von Tenzing und seiner Familie wieder aufzubauen. Tenzing verabschiedete sich nach einer guten Stunde wie immer in tiefer Dankbarkeit und es war irgendwie so traurig …

Aber ich weiß, das gehört dazu und alles ist gut, wie es ist.

Heute Abend möchte ich mit meinen Jungs noch mal so richtig herzhaft in ein dickes, saftiges Steak beißen, um dann morgen früh die lang ersehnte Heimreise anzutreten.

Wir, Wolfi, Klemens und ich, sind happy!

Gruß aus Kathmandu, Andy mit seinen Buam.

HEIMKEHR II

... Wir müssen jetzt auf dem Weg zur Dorfstube in Tristach sein. Sabine biegt scharf links ab, ich höre den Schotter unter den Reifen knirschen; wir rollen offenbar auf den Parkplatz der Dorfstube, unserem Wirtshaus in Tristach. Dann steht der Wagen.

Noch während ich das Gurtschloss öffne, höre ich die Blasmusik. Ich drücke die Autotür auf, schwinge mich aus dem Wagen, mächtiger Applaus brandet uns entgegen – das müssen Hunderte sein, die gekommen sind!

Die Trachtenkapelle von Tristach schmettert uns den »Freiherr von Schönfeld-Marsch« von Carl Michael Ziehrer entgegen, fünfzig Bläser, die volle Besetzung. Wolfis und Klemens' Familien sind gekommen, außerdem unzählige Freunde und Unterstützer – das ganze Dorf scheint auf den Beinen zu sein!

Um Gottes willen, was ist hier los? Es ist Montagabend und bereits nach 22 Uhr – wo kommen all diese Leute her? Haben tatsächlich all diese Menschen unser Herzensprojekt begleitet und über Wochen mit uns gefiebert? Ich kann das kaum glauben. Gerade wollte ich noch ins Bett, aber jetzt ist meine Müdigkeit wie weggeblasen, ich habe eine Gänsehaut. Wir baden in der Menge, getragen von Jubel und hundertfachen Willkommenswünschen. Was uns hier entgegenschlägt, ist schlicht überwältigend.

ENDE